Conoce todo sobre redes de ordenadores e Internet. Servicios y aplicaciones

2.ª Edición

Conoce todo sobre redes de ordenadores e Internet. Servicios y aplicaciones

2.ª Edición

Álvaro Gómez Vieites
Carlos Otero Barros

La ley prohíbe
fotocopiar este libro

Editado por:
RA-MA Editorial
Madrid, España
Colección American Book Group - Informática y Computación - Volumen 58.
ISBN No. 978-168-165-768-4
Biblioteca del Congreso de los Estados Unidos de América: Número de control 2019935237
www.americanbookgroup.com/publishing.php

Maquetación: Gustavo San Román Borrueco
Diseño Portada: Antonio García Tomé
Arte: Pikisuperstar / Freepik

*Dedicado a nuestras respectivas familias, que siempre
nos han apoyado con su cariño y comprensión.*

Carlos Otero Barros es Licenciado en Ciencias Físicas por la Universidad Autónoma de Madrid, Executive Master in Business Administration (MBA) por la Escuela de Negocios Caixanova. Actualmente al frente de Colímera Consultores SL, donde desarrolla una intensa actividad en el campo de la consultoría estratégica y tecnológica para la empresa privada y la Administración. Anteriormente fue Business Development Manager en Sun Microsystems Ibérica SA y director de la empresa de software Fractal Info Ingenieros SL.

E-mail: carlos.otero@colimera.com

PRÓLOGO

El sector de las Tecnologías de la Información y la Comunicación (TIC) está sometido a un ritmo de cambio continuo y vertiginoso, donde las novedades tecnológicas, la aparición de nuevos servicios y el desarrollo de aplicaciones avanzadas se suceden a una velocidad asombrosa. Además, las TIC e Internet han ido adquiriendo en estos últimos años un creciente protagonismo que afectan ya de forma imparable al conjunto de la sociedad, condicionando la competitividad de las empresas y las reglas de juego de muchos sectores económicos.

La progresiva digitalización de los contenidos, unido al fenómeno imparable de las redes sociales y la popularización de nuevos servicios basados en la movilidad y en la geolocalización están contribuyendo de forma decisiva a la transformación de nueva sociedad, condicionando aspectos tan esenciales como el acceso a la información, la educación, el ocio, las propias comunicaciones personales o las relaciones sociales.

Por tanto, transcurridos ya ocho años desde la publicación de la primera edición de esta obra, y teniendo en cuenta su buena acogida en el ámbito académico y universitario, nos vemos animados a revisar y actualizar los contenidos para lanzar al mercado esta segunda edición del libro sobre redes de ordenadores y los servicios ofrecidos por Internet. En esta nueva edición hemos tratado de reflejar los principales servicios y aplicaciones que se han venido popularizando en estos últimos años, prestando especial atención a nuevos servicios basados en la movilidad, la geolocalización y realidad aumentada, las redes de banda ancha o el papel desempeñado por las redes sociales.

Con todo ello, nuestra intención ha sido acercar los conocimientos técnicos necesarios para analizar las ventajas que pueden aportar estas tecnologías y nuevos servicios, desde un punto de vista práctico y sencillo, tratando de evitar en la medida de lo posible la impenetrabilidad de muchos manuales y libros técnicos.

Quisiéramos expresar nuestro agradecimiento a todas aquellas personas e instituciones que han contribuido a la publicación de esta segunda edición del libro.

Así, en primer lugar quisiéramos expresar nuestro reconocimiento al papel desempeñado por la Escuela de Negocios Caixanova como principal referente para la formación de directivos en el Noroeste de España y Norte de Portugal. Esta entidad nos ha formado en gestión empresarial y en la aplicación práctica de las nuevas tecnologías, completando la perspectiva técnica con la importancia del factor humano y organizativo. Desde entonces, hemos tenido la oportunidad de mantener una estrecha y fructífera colaboración con esta Escuela de Negocios, ya en el papel de profesores y consultores.

También quisiéramos destacar la colaboración de los asistentes a nuestros cursos y seminarios para directivos y profesionales, que han contribuido de forma decisiva, con sus intervenciones, comentarios y aportaciones, al desarrollo de la documentación que hemos utilizado para la preparación y actualización de los contenidos de este libro.

En este libro se presentan los conceptos básicos y las características generales de las redes de ordenadores, los protocolos de comunicaciones, los distintos dispositivos de interconexión (*hubs*, *switches*, *routers*...), las redes de área local y sus características y tipos, las redes inalámbricas, las líneas de transmisión de datos, las redes privadas de datos, el funcionamiento de Internet, las alternativas para la conexión a Internet, los servicios clásicos y avanzados ofrecidos por Internet, la seguridad en las redes de ordenadores y los fundamentos de la criptografía, entre otros temas.

Con ello también pretendemos que el lector pueda conocer las características esenciales de las distintas tecnologías disponibles en el mercado y valorar las ventajas e inconvenientes de cada una de ellas, al tiempo que disponer de una relación completa de las alternativas tecnológicas que completan el panorama actual del mercado de las telecomunicaciones.

Álvaro Gómez Vieites y Carlos Otero Barros

Enero de 2011

Capítulo 1

FUNDAMENTOS DE LOS SISTEMAS DE TELECOMUNICACIÓN

1.1 PRINCIPALES CARACTERÍSTICAS DE LOS SISTEMAS DE TELECOMUNICACIÓN

En un **sistema de telecomunicación** podemos distinguir los siguientes elementos fundamentales:

- Fuente que genera los datos a transmitir.

- Transmisor, dispositivo encargado de codificar y transformar los datos procedentes de la fuente, para generar señales electromagnéticas que podrán ser enviadas a través de algún sistema de transmisión.

- El canal o medio de transmisión.

- El receptor, dispositivo que detecta la señal procedente del medio de transmisión y la transforma y decodifica para tratar de recuperar los datos originales que había generado la fuente.

- Destino al que van dirigidos los datos procedentes de la fuente.

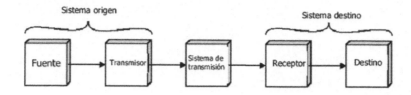

Figura 1.1. Esquema de un sistema de telecomunicación

Un **medio de transmisión** constituye el canal que permite la transmisión de información entre dos terminales dentro de un sistema de telecomunicación. En la actualidad las transmisiones se realizan utilizando ondas electromagnéticas que se propagan a través del canal.

Una **onda electromagnética** se caracteriza por una determinada frecuencia y longitud de onda, tal y como se presenta en la siguiente figura:

Figura 1.2. Onda electromagnética (frecuencia y longitud de onda)

La frecuencia mide el número de ciclos o de oscilaciones por segundo, y se mide en hertzios (Hz), estando relacionada con la longitud de onda mediante la siguiente expresión:

$$f = \frac{c}{\lambda},$$

donde c es la velocidad de la luz (300.000 km/seg en el vacío) y λ es la longitud de onda. En general, a mayor frecuencia de oscilación será posible codificar una mayor cantidad de información en una señal electromagnética.

Las señales que se emplean en los sistemas de telecomunicación pueden ser analógicas o digitales. En las primeras, la señal podrá tomar todos los posibles valores dentro de un determinado intervalo continuo (amplitud de la señal), mientras que en las segundas la señal sólo puede adoptar determinados valores discretos.

Cada medio de transmisión presenta una determinada respuesta en frecuencia y un ancho de banda que limita la cantidad de información que puede transmitir y que determina la distorsión que va a provocar en las señales que se propagan por él.

En los medios de transmisión, las señales experimentan una serie de transformaciones que pueden dificultar su recuperación en el destino:

- **Atenuación:** la señal pierde intensidad con la distancia recorrida. Para compensar esta pérdida de nivel se utilizan amplificadores que se encargan de regenerar las señales originales.

- **Interferencias:** las señales procedentes de otras transmisiones pueden provocar interferencias que degraden la información original. Estas interferencias también pueden ser ocasionadas por una propagación multitrayecto[1] de la señal con la información deseada.

- **Distorsiones:** las señales enviadas también experimentan alteraciones provocadas por su propagación a través del medio, que modifican su aspecto original y dificultan su recuperación. Así, por ejemplo, los pulsos de luz transmitidos por el interior de una fibra óptica experimentan un ensanchamiento progresivo que limita la distancia máxima a la que puede situarse un receptor o un equipo regenerador de la señal.

- **Perturbaciones provocadas por ruidos:** los ruidos pueden estar provocados por fuentes electromagnéticas, perturbaciones atmosféricas, motores, etcétera. Se trata de señales espurias que degradan las señales que transportan información a través del canal y que pueden ser eliminadas en gran medida empleando filtros.

---

[1] En un canal de radio una señal puede recorrer distintos trayectos entre el transmisor y el receptor, debido a la existencia de reflexiones y refracciones. Las señales que siguen distintos trayectos son copias de la señal transmitida pero con amplitudes y fases diferentes, por lo que provocan interferencias con la señal que se ha propagado a través del camino directo y que ha sido recibida en primer lugar.

Dependiendo de la forma de conducir la señal a través del medio, los medios de transmisión se pueden clasificar en dos grandes grupos: medios de transmisión guiados y medios de transmisión no guiados.

En los **medios guiados** la información se transmite como una señal eléctrica u óptica por el interior de un cable. En los **medios no guiados** se utilizan ondas electromagnéticas que viajan por el espacio (radiopropagación) como medio de transmisión.

El concepto de **ancho de banda** (*bandwith*) desempeña un papel fundamental en el tratamiento de señales y representa el tamaño que ocupa el espectro de una señal, obtenido mediante una transformación matemática que permite determinar las distintas frecuencias que la componen. El ancho de banda también se mide en hertzios y en sus unidades múltiplos: kilohertzios, megahertzios, gigahertzios (kHz, MHz, GHz…).

El concepto de ancho de banda está relacionado con la cantidad de información que transporta la señal: cuanta más información, mayor número de variaciones por unidad de tiempo, con lo cual la señal posee componentes espectrales a mayores frecuencias, y, en consecuencia, un mayor ancho de banda.

Mediante las técnicas de modulación y filtrado, se realiza la adecuación de una señal para que pueda ser transmitida por el canal, adaptándose a las características del medio de transmisión y a las exigencias impuestas por los organismos encargados de ordenar su utilización.

En el proceso de modulación la información que se desea transmitir modifica las propiedades de una señal portadora para obtener una señal modulada. De este modo, se produce una traslación y un cambio del espectro de la señal original. Como señal portadora se suele utilizar un tono puro, que es una señal sinusoidal que tiene una única componente espectral, su frecuencia de oscilación.

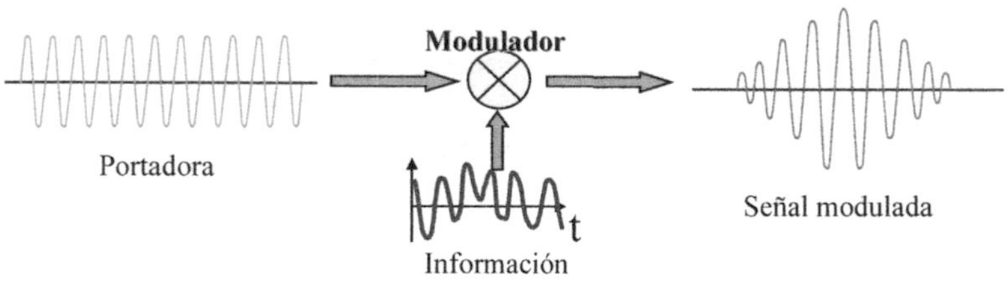

Figura 1.3. Proceso de modulación

Se distinguen varios tipos de técnicas de modulación:

- **Modulación de amplitud** (**AM**, *Amplitude Modulation*): la señal que contiene la información modifica la amplitud de la señal portadora.

- **Modulación de frecuencia** (**FM**, *Frequency Modulation*): la señal que contiene la información modifica la frecuencia de oscilación de la señal portadora.

- **Modulación de fase** (**PM**, *Phase Modulation*): la señal que contiene la información modifica la fase de la señal portadora.

- **Modulaciones digitales** (**ASK, PSK, QAM, FSK**, etcétera): en las modulaciones digitales se transmiten al medio una serie de señales básicas, denominadas símbolos, cada una de las cuales representa a un conjunto de bits. De este modo, se utiliza una constelación de símbolos, cuya forma depende del esquema de modulación empleado:

  - **ASK:** *Amplitude Shift Keying*, esquema de modulación basado en los cambios de amplitud de las señales portadoras (símbolos).

  - **PSK:** *Phase Shift Keying*, esquema de modulación basado en los cambios de fase de las señales portadoras (así, por ejemplo, la modulación 8-PSK emplea ocho símbolos).

  - **QAM:** *Quadrature Amplitude Modulation*, esquema de modulación basado en los cambios de amplitud y de fase de las señales portadoras (16-QAM emplea 16 símbolos, 64-QAM emplea 64 símbolos, etcétera).

  - **FSK:** *Frecuency Shift Keying*, esquema de modulación basado en los cambios de frecuencia de las señales portadoras.

Por otra parte, mediante las **técnicas de filtrado** se limita el espectro de la señal, eliminando las componentes no deseadas (fuera de la banda de frecuencias asignadas para su transmisión), así como los ruidos e interferencias que la han distorsionado durante su transmisión.

Existen cuatro tipos básicos de filtros:

- **Filtro paso-bajo:** elimina las componentes espectrales que se encuentran por encima de una determinada frecuencia de corte, por lo que el filtro se queda, de este modo, con las bajas frecuencias de la señal.

- **Filtro paso-alto:** elimina las componentes espectrales que se encuentran por debajo de una determinada frecuencia de corte, por lo que el filtro se queda con las altas frecuencias de la señal.

- **Filtro paso-banda:** se queda con la parte del espectro de la señal situada entre dos frecuencias determinadas.

- **Filtro de banda-eliminada:** elimina la parte del espectro de la señal situada entre dos frecuencias determinadas.

En general, los sistemas de telecomunicación se pueden clasificar de acuerdo con el sentido en que puede tener lugar la comunicación. De este modo, se distinguen tres tipos de sistemas:

- **Sistemas símplex:** son sistemas unidireccionales, en los que la comunicación tiene lugar en un solo sentido. Por ejemplo, el sistema de distribución de la señal de televisión, en el que sólo se recibe información, pero no se puede transmitir desde los televisores.

- **Sistemas half-dúplex:** son sistemas bidireccionales, en los que la comunicación tiene lugar en los dos sentidos, si bien no puede ser mantenida de forma simultánea en ambos sentidos, por ejemplo, un sistema de comunicación inalámbrica basado en equipos *walkie-talkie*.

- **Sistemas full-dúplex:** son sistemas bidireccionales, en los que la comunicación tiene lugar en los dos sentidos, pudiendo ser mantenida de forma simultánea en ambos sentidos, por ejemplo, el sistema de telefonía fija o el sistema de telefonía móvil.

Por último, cabe citar las técnicas de **multiplexación**, que se utilizan para compartir un mismo medio de transmisión entre varias señales, sin que éstas interfieran entre sí para sacar un mayor rendimiento de los recursos disponibles. El objetivo es, por tanto, rentabilizar al máximo la utilización del medio.

1.2 MEDIOS DE TRANSMISIÓN GUIADOS

1.2.1 Cable de par trenzado

El cable de par trenzado es un cable barato, flexible y fácil de instalar, que consiste en un par de hilos de cobre conductores que están cruzados entre sí. Esta configuración permite reducir el ruido de diafonía[2], de tal modo que a mayor número de cruces por unidad de longitud del cable, mejor es el comportamiento ante el problema de diafonía.

En el mercado se distinguen dos tipos de cables de par trenzado: **par trenzado no apantallado** (*Unshielded Twisted Pair* –UTP–) y **par trenzado apantallado** (*Shielded Twisted Pair* –STP–). Este último cuenta con una protección metálica externa que proporciona una mayor protección frente a interferencias, si bien el más utilizado en la actualidad es el cable UTP, por ser el más económico.

En la norma EIA/TIA-568[3] se definen las características de los cables empleados en edificios e instalación de redes, distinguiéndose las siguientes categorías de cables, dependiendo de la calidad de los materiales, del tipo de trenzado de los hilos de cobre y de las técnicas de transmisión empleadas:

- **Categoría 1:** es el cable telefónico de par trenzado no apantallado tradicional, por el que se puede transmitir voz, pero no datos, debido a su escaso ancho de banda.

- **Categoría 2:** es el cable de par trenzado no apantallado certificado para la transmisión de datos con una velocidad de hasta 4 Mbps. Este cable tiene cuatro pares trenzados.

- **Categoría 3:** admite una tasa de transferencia de 10 Mbps, siendo válido para redes locales Ethernet y Token Ring de 4 Mbps.

- **Categoría 4:** está certificado para una tasa de transferencia de 16 Mbps, siendo válido para redes Token Ring que operan a esta velocidad.

---

[2] Diafonía: se trata de un acoplamiento no deseado entre las líneas que transportan las señales electromagnéticas, y cuyo efecto es similar al de un ruido o una interferencia.
[3] EIA/TIA: Asociación de Industrias de Electrónica/Asociación de Industrias de Telecomunicaciones.

- **Categoría 5:** es el cable de par trenzado a cuatro hilos de 100 Ω de impedancia, que puede transmitir datos hasta 100 Mbps, siendo válido para redes Fast Ethernet.

- **Categorías 6 y 7:** pueden proporcionar tasas de transferencias superiores a 100 Mbps.

Figura 1.4. Cable UTP

Los cables de par trenzado se utilizan en dos aplicaciones principales:

- **Bucle de abonado:** es el último tramo de cable existente entre el teléfono de un abonado y la central a la que se encuentra conectado. Este cable suele ser UTP categoría 3.

- **Redes locales:** en este caso se emplea UTP categoría 5 o superior para la transmisión de datos, alcanzando una velocidad de varios cientos de Mbps.

Estos cables emplean conectores denominados RJ (*Registered Jack*), siendo los más comúnmente utilizados los RJ-11 (de 4 patillas), RJ-12 (de 6 patillas) y RJ-45 (de 8 patillas).

Figura 1.5. Conector RJ-45

1.2.2 Cable coaxial

El cable coaxial está formado por un alambre de cobre duro en su parte central, recubierto por una capa de material aislante y por un conductor externo cilíndrico. Esta configuración ofrece una mayor protección frente a interferencias y proporciona un mayor ancho de banda que el par trenzado (ofrece varios cientos de MHz de capacidad).

Por este motivo, se empezó a utilizar en los años sesenta para los enlaces de alta capacidad en los sistemas telefónicos, siendo el medio escogido para construir los primeros cables transoceánicos. En la década de los años ochenta y principios de los noventa se utilizó para la transmisión de datos, facilitando la construcción de redes locales Ethernet operando a una velocidad de 10 Mbps (cable coaxial de 50 Ω de impedancia) y para la transmisión de vídeo (redes de televisión por cable –sistemas CATV– utilizando cable coaxial de 75 Ω de impedancia).

Figura 1.6. Cable coaxial

En la actualidad, los cables coaxiales se pueden utilizar en los hogares para realizar la conexión entre la antena y el televisor; en las redes para la distribución de señal de vídeo; en las redes urbanas de televisión por cable (CATV) e Internet; en las redes de transmisión de datos como Ethernet en sus antiguas versiones 10BASE2 y 10BASE5; en las redes telefónicas interurbanas y en los cables submarinos.

Los cables coaxiales se pueden clasificar atendiendo a su grosor. Así, podemos distinguir entre cable coaxial delgado (*thin coaxial*) y cable coaxial grueso (*thick coaxial*). Los cables coaxiales delgados, como los RG-58, son menos rígidos y, por tanto, resultan más fáciles de instalar. A su vez, los cables coaxiales gruesos, como el RG8 o el RG11, permiten una transmisión de datos a una mayor distancia debido a que en ellos se produce una menor atenuación de la señal, pero para ello es necesario trabajar con cables más pesados (y costosos) y más difíciles de instalar.

1.2.3 Cable de fibra óptica

En el cable de fibra óptica la información se transmite mediante la propagación de pulsos de luz por el interior de una fibra de silicio purificado.

Figura 1.7. Cables de fibra óptica

Se aprovecha el fenómeno físico de la reflexión total de la luz para que ésta viaje confinada entre las paredes de la fibra de silicio. Para ello, la fibra está compuesta por dos capas de cristal purificadas de silicio, denominadas núcleo (*core*) y recubrimiento (*cladding*), con índices de refracción[4] distintos: el índice de refracción del núcleo, n_1, es superior al del recubrimiento, n_2. El tamaño de la fibra es microscópico, habiéndose estandarizado la medida de 125 micrómetros (μm) para su construcción.

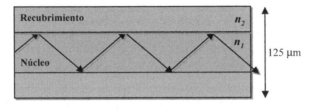

Figura 1.8. Propagación de la luz por el interior de una fibra óptica

---

[4] El "índice de refracción" determina el comportamiento de la luz al atravesar un determinado material (los rayos de luz experimentan una modificación de su trayectoria al entrar y al salir del material).

Para la emisión de los pulsos de luz se utilizan diodos electroluminiscentes (LED) o láseres (estos últimos empleados en los sistemas de mayor capacidad) y, para su detección, se emplean dispositivos fotorreceptores.

Los pulsos de luz experimentan una atenuación y una dispersión (ensanchamiento) al propagarse por el interior del cristal de silicio. Por este motivo es necesario utilizar amplificadores que regeneren la señal durante su recorrido. No obstante, la atenuación en las fibras ópticas es menor que la producida por otros medios de transmisión.

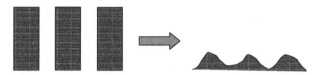

Figura 1.9. Dispersión (ensanchamiento) y atenuación de los pulsos de luz

Para minimizar los efectos de la atenuación y la dispersión, se utilizan dos "ventanas de transmisión", en las longitudes de onda de 1.310 y 1.550 nanómetros (nm), donde la atenuación experimentada por la luz al atravesar el cristal de silicio es menor, del orden de 0,25 dB por kilómetro recorrido.

De este modo, se consigue incrementar la distancia a la que hay que situar amplificadores que regeneren la señal óptica (se trata de un sistema digital, donde no se requiere restaurar la forma de la señal original, sino detectar qué símbolos se habían transmitido).

En el mercado se utilizan dos tipos de fibras ópticas, las **multimodo** y las **monomodo**. En las multimodo el tamaño del núcleo (*core*) es mayor que en las monomodo y esto provoca que por su interior se puedan dar múltiples modos de propagación de los rayos de luz. Dado que cada modo de propagación viaja a una velocidad distinta, en estas fibras la dispersión de los pulsos es mayor, por lo que su capacidad de transmisión se ve reducida notablemente. No obstante, permiten emplear dispositivos transmisores y conectores más económicos.

Por su parte, las fibras monomodo tienen mucha más capacidad, a costa de complicar su proceso de fabricación y requerir equipos más costosos. Este tipo de fibras se utiliza en los enlaces de alta capacidad de los operadores de telecomunicaciones.

Los últimos avances en la tecnología óptica han permitido desarrollar amplificadores ópticos a partir de fibras dopadas con erbio, que proporcionan energía a los pulsos de luz sin necesidad de realizar una conversión óptico-eléctrica y una regeneración de la señal, alternativa que resulta más cara.

Además, si se transmiten varias señales de luz por la misma fibra óptica, cada una con una determinada longitud de onda (técnica de multiplexación DWDM), con un único amplificador óptico se pueden amplificar todas de forma simultánea, mientras que, si se emplean regeneradores eléctricos, se requiere uno de estos dispositivos para cada una de las longitudes de onda transmitidas.

La fibra óptica es el medio que en la actualidad permite ofrecer la mayor capacidad de transmisión (del orden de varias decenas de Gbps), con la ventaja adicional de su total inmunidad frente a las interferencias electromagnéticas. Por este motivo, los operadores de cable están desplegando sus redes en las ciudades empleando fibra óptica, para poder desarrollar servicios de banda ancha, entre los que destaca la conexión a Internet de alta velocidad.

1.3 MEDIOS DE TRANSMISIÓN NO GUIADOS

Los medios de transmisión no guiados son aquéllos en los que la información se transmite mediante señales electromagnéticas que se propagan a través del aire o del espacio, recurriendo a equipos transmisores y receptores que emplean antenas, amplificadores, moduladores y codificadores/decodificadores.

La transmisión no guiada puede ser direccional u omnidireccional. Así, en el primer caso la radiación se emite en una determinada dirección, mientras que en la transmisión omnidireccional la radiación se emite en todas direcciones, de tal modo que la señal podría ser recibida por varias antenas. Generalmente, cuanto mayor es la frecuencia de la señal transmitida es más fácil confinar la energía en un haz direccional.

Hay que tener en cuenta que el espectro electromagnético está compuesto por las ondas de radio, las infrarrojas, la luz visible, la luz ultravioleta, los rayos X y los rayos gamma. El **espectro radioeléctrico** es la porción del espectro electromagnético que ocupan las ondas de radio, utilizadas para la transmisión en los medios no guiados.

Sigla	Denominación	Longitud de onda	Frecuencia	Aplicaciones
VLF	VERY LOW FREQUENCIES (FRECUENCIAS MUY BAJAS)	30.000 a 10.000 m	10 a 30 KHz	Enlaces de radio a gran distancia
LF	LOW FREQUENCIES (FRECUENCIAS BAJAS)	10.000 a 1.000 m	30 a 300 KHz	Enlaces de radio a gran distancia. Sistemas de ayuda a la navegación aérea y marítima.
MF	MEDIUM FREQUENCIES (FRECUENCIAS MEDIAS)	1.000 a 100 m	300 KHz a 3 MHz	Radiodifusión
HF	HIGH FREQUENCIES (FRECUENCIAS ALTAS)	100 a 10 m	3 a 30 MHz	Comunicaciones de todo tipo a media y larga distancia
VHF	VERY HIGH FREQUENCIES (FRECUENCIAS MUY ALTAS)	10 a 1 m	30 a 300 MHz	Enlaces de radio a corta distancia, con aplicaciones para la transmisión de señal de televisión y de emisoras de radio FM
UHF	ULTRA HIGH FREQUENCIES (FRECUENCIAS ULTRA ALTAS)	1 m a 10 cm	300 MHz a 3 GHz	Enlaces de radio Transmisión de señal de televisión Sistemas de ayuda a la navegación aérea Señales de radar
SHF	SUPER HIGH FREQUENCIES (FRECUENCIAS SUPER ALTAS)	10 a 1 cm	3 a 30 GHz	Enlaces de radio de microondas Señales de radar
EHF	EXTRA HIGH FREQUENCIES (FRECUENCIAS EXTRA ALTAS)	1 cm a 10 mm	30 a 300 GHz	Enlaces de radio de microondas Señales de radar

Tabla 1.1. Espectro radioeléctrico

Las señales de frecuencia entre 1 y 300 GHz se conocen como microondas, y en la actualidad tienen muchas aplicaciones para la transmisión de datos por radio, despliegue de redes inalámbricas, comunicaciones vía satélite, etcétera.

1.4 TÉCNICAS DE CONMUTACIÓN

Las centrales de conmutación facilitan la interconexión de los terminales que forman un sistema de telecomunicación. Estos equipos desempeñan un importante papel en el sistema, ya que la interconexión total de todos los equipos no resulta viable.

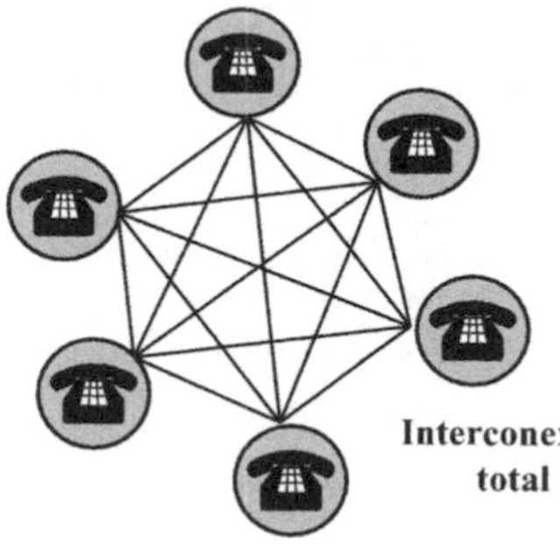

Interconexión total

Figura 1.10. Conexión sin recurrir a una central de conmutación

Las centrales de conmutación se encargan de establecer los circuitos que permiten conectar los equipos que intervienen en una comunicación, sin que sea necesario la existencia de un enlace permanente entre ambos, tal y como se muestra en la siguiente figura:

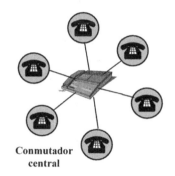

Conmutador central

Figura 1.11. Conexión a través de una central de conmutación

Por otra parte, un sistema de telecomunicación puede ofrecer **servicios orientados a conexión** y **servicios sin establecimiento de conexión**. En los primeros se requiere de una fase previa a la comunicación para negociar y establecer los recursos necesarios para llevar a cabo dicha comunicación, mientras que en los segundos se procede al envío inmediato de la información, sin que exista este establecimiento previo de la conexión.

Se distinguen tres tipos de conmutación: **conmutación de circuitos**, **conmutación de mensajes** y **conmutación de paquetes**.

1.4.1 Conmutación de circuitos

En los sistemas que emplean la conmutación de circuitos se establece una conexión física entre los terminales que participan en la comunicación. Esta conexión física será utilizada en exclusiva mientras dure la comunicación.

Para ello, es necesario un proceso previo de establecimiento de la conexión, donde se soliciten los recursos necesarios al sistema de telecomunicación. Dado que la capacidad (número de líneas) de una central de conmutación es limitada e inferior al número total de equipos que dependen de ella (por razones de economía, se diseñan las centrales para proporcionar servicio a un determinado número de comunicaciones simultáneas), puede ocurrir que en algún momento todos los recursos estén ocupados, por lo que en ese caso no será factible establecer la conexión. En estas circunstancias nos encontraríamos ante una situación de bloqueo de la central de conmutación.

En las antiguas centrales analógicas la conmutación se realizaba mediante matrices con puntos de interconexión constituidos por relés. En cambio, hoy en día en las centrales digitales se utilizan conmutadores temporales que alteran el orden de los bits incluidos en las tramas de datos.

La principal ventaja de la conmutación de circuitos estriba en garantizar un determinado ancho de banda a sus usuarios mientras dure la comunicación, ya que éstos van a disponer de un circuito físico que los une en exclusiva a través de la central de conmutación.

Sin embargo, esta característica también se convierte en su principal inconveniente, ya que se pueden desaprovechar los recursos del sistema si los circuitos asignados no son utilizados al máximo de su capacidad. De hecho, en el caso de las conversaciones telefónicas se producen tiempos muertos en los cuales no se transmite información, y los usuarios no suelen hablar al mismo tiempo, por lo que sólo se utiliza uno de los dos sentidos que ofrece el circuito *full-dúplex*.

1.4.2 Conmutación de mensajes y conmutación de paquetes

En los sistemas de conmutación de mensajes y de conmutación de paquetes el esquema de funcionamiento es similar al del sistema postal. Se basa en un sistema de almacenamiento y reenvío de mensajes o de paquetes de datos, en el que no se requiere un establecimiento previo de la conexión para poder enviar la información.

Los circuitos no se asignan en exclusiva para una comunicación, sino que son compartidos entre varias comunicaciones, cursando los mensajes o paquetes de datos que correspondan en cada momento. Por este motivo, la conmutación de mensajes o de paquetes hace un uso más eficiente del canal, utilizando la técnica de multiplexación estadística.

No obstante, dado que los circuitos son compartidos, no se puede garantizar la misma calidad y capacidad que en la conmutación de circuitos, sobre todo en situaciones de mucho tráfico en la red de comunicaciones que desborde la capacidad de almacenamiento de los nodos intermedios, produciéndose lo que técnicamente se conoce como **congestión de la red**. En estos casos los nodos intermedios comenzarán a descartar paquetes, aceptando sólo aquéllos que puedan ser procesados.

Los protocolos de encaminamiento se encargan de seleccionar la ruta más adecuada que deberá seguir cada mensaje o paquete, de acuerdo con las condiciones del tráfico existente en el sistema. Por este motivo, cada mensaje o paquete puede seguir un camino distinto para alcanzar su destino, lo cual puede provocar que lleguen desordenados e, incluso, que alguno se pierda si se produce una situación de congestión, en cuyo caso los paquetes de datos perdidos tendrán que ser retransmitidos por la fuente.

La diferencia entre la **conmutación de mensajes** y la **conmutación de paquetes** consiste en que en la primera se envía cada uno de los mensajes de información como un único bloque, mientras que en la segunda se produce una fragmentación de estos mensajes en paquetes de datos más pequeños, que pueden tener un tamaño fijo o variable, pero que en cualquier caso van a estar limitados a un tamaño máximo. De esta forma, se facilita el diseño de los equipos encargados de realizar el almacenamiento y reenvío de los paquetes, incrementando notablemente las prestaciones del sistema de conmutación.

En la actualidad, las redes de conmutación de paquetes cuentan con nuevos protocolos diseñados para garantizar un determinado ancho de banda en las comunicaciones de los usuarios que así lo requieran. Para ello se asignan a los paquetes distintas prioridades, de modo que los marcados como prioritarios puedan ser tratados de forma preferente por el sistema de telecomunicación, a costa de aplicar una tarifa superior por esta modalidad de servicio.

Por otra parte, en las redes de conmutación de paquetes también se facilita el establecimiento de "**circuitos virtuales**", mediante la creación de una ruta predeterminada que seguirán todos los paquetes de datos correspondientes a una comunicación y asignando una capacidad (ancho de banda) de forma permanente para dicha comunicación. En este caso se trata de un "servicio orientado a conexión", que garantiza que todos los paquetes de datos serán entregados en el mismo orden en que fueron transmitidos.

En contraposición, un "servicio no orientado a conexión" se basa en el envío de paquetes de forma independiente, conocidos como "**datagramas**", que podrán seguir distintas rutas por las redes y llegar desordenados a su destino.

1.4.3 Comunicación mediante líneas dedicadas punto a punto

En los sistemas conmutados las líneas de comunicación podrán ser utilizadas por todos los usuarios conectados, en algunos casos de forma exclusiva (conmutación de circuitos) y en otros en modo compartido (conmutación de paquetes y de mensajes). Por este motivo, se trata de redes de carácter público, en las que se pueden dar situaciones de congestión y de bloqueo de las centrales de conmutación si se supera su capacidad.

Sin embargo, cuando se desea garantizar la disponibilidad total y en exclusiva de la comunicación entre dos puntos (por ejemplo, entre las oficinas centrales de una empresa y una de sus delegaciones), se recurre a líneas dedicadas punto a punto, que permiten desplegar redes de carácter privado, accesibles sólo a los usuarios de una determinada organización. Se trata de una alternativa mucho más cara que un acceso conmutado, pero que ofrece mejores prestaciones y mayor seguridad.

1.5 SISTEMAS DE TELEFONÍA FIJA

Por su especial interés para facilitar la conexión a Internet, presentaremos en este apartado una breve descripción de los sistemas de telefonía fija (analógica y digital) y de telefonía móvil.

1.5.1 Red telefónica conmutada

Los sistemas de telefonía fija se basan en las redes públicas telefónicas conmutadas (RTC), diseñadas hace muchos años para poder transmitir voz humana de una forma más o menos reconocible, económica y accesible a la mayor parte de la población.

La voz humana es una señal analógica cuya información principal se puede considerar contenida en un ancho de banda de 4 kHz (el espectro audible por el oído humano llega hasta los 20 kHz). Por este motivo, los canales telefónicos se limitan a tan sólo 4 kHz de ancho de banda.

La RTC es un sistema jerárquico, en el que las centrales de conmutación se clasifican en locales (urbanas), provinciales, nacionales e internacionales, dependiendo de su situación y del papel que desempeñan. Estas centrales están conectadas con enlaces de alta capacidad para poder cursar varios miles de conversaciones de forma simultánea.

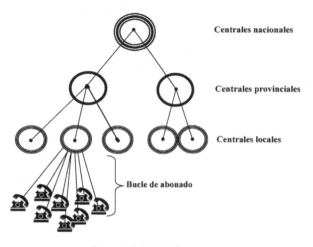

Figura 1.12. Red telefónica conmutada

El **bucle de abonado** es el circuito que une cada equipo telefónico con la correspondiente central de conmutación local mediante un par de hilos de cobre, empleándose un conector del tipo RJ-11 para cada equipo telefónico.

La **red telefónica básica** (RTB) utiliza un canal de voz analógico, limitado a un ancho de banda muy reducido por las características del propio bucle de abonado. Se trata de una alternativa barata y sencilla, debido al amplio despliegue del par trenzado telefónico que llega a la inmensa mayoría de los hogares de los países desarrollados. Sin embargo, sus limitadas prestaciones la convierten en una alternativa inadecuada para ofrecer servicios multimedia de una cierta calidad.

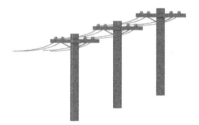

Figura 1.13. Postes del tendido telefónico

El medio de transmisión está formado por dos hilos de cobre aislados y entrelazados para minimizar interferencias, y tiene una capacidad de transmisión bastante reducida, con un ancho de banda de unos pocos MHz, que se limita a 4 kHz en los canales de voz telefónica.

1.5.2 Red digital de servicios integrados

La red digital de servicios integrados (RDSI) surgió a principios de los años ochenta, desarrollada por los operadores de telecomunicaciones con la intención de substituir el sistema telefónico analógico por uno digital que permita integrar más servicios (voz, vídeo, datos...). En esta época buena parte de las centrales de conmutación ya eran digitales, así como los enlaces de alta capacidad entre las centrales, por lo que el único tramo que empleaba una transmisión analógica era el bucle de abonado.

Con la RDSI se digitaliza el bucle de abonado, de forma que la comunicación sea totalmente digital en el sistema telefónico. Las recomendaciones básicas fueron aprobadas por el CCITT en 1984, con una interfaz normalizada consistente en dispositivo terminal de red TR-1, colocado por el proveedor del servicio, y un bus de datos pasivo (constituido por cuatro hilos de cobre) al que se pueden conectar directamente equipos RDSI u otros equipos analógicos mediante adaptadores. Un enlace RDSI puede soportar velocidades de hasta 2 Mbps.

De esta forma, consigue ofrecer una velocidad superior a la de un módem analógico, con unos tiempos de establecimiento de conexión mínimos (de apenas 0,5 segundos) y con una mayor calidad en la transmisión, ya que se producen menos errores y cortes en la línea.

Para su implementación práctica, se han definido los siguientes canales y servicios:

- **Canal B:** canal para transmisión de voz o datos, de 64 Kbps (flujo de bits requerido por un canal de voz digitalizado sin comprimir).

- **Canal D:** canal de señalización, de 16 Kbps o 64 Kbps. De este modo, se utiliza una señalización fuera de banda, empleando el protocolo de señalización[5] SS#7 (sistema n.º 7 del CCITT).

---

[5] Un sistema de señalización "fuera de banda" envía la información de señalización fuera del canal reservado para la propia comunicación.

- **Acceso básico:** este servicio proporciona dos canales B de 64 Kbps (56 Kbps en Estados Unidos y Japón) y un canal D de 16 Kbps para señalización.

- Cada canal B se puede utilizar para una conversación telefónica o para transmitir datos y además se pueden utilizar los dos canales B de forma simultánea, consiguiendo de este modo una conexión de 128 Kbps.

- **Acceso primario:** este servicio proporciona 30 canales B de 64 Kbps (23 canales de 56 Kbps en Estados Unidos y Japón) y un canal D de 64 Kbps para señalización, con una capacidad máxima de 2,048 Mbps (1,544 Mbps en Estados Unidos y Japón).

El usuario puede contratar un acceso primario o varios accesos básicos, en función de sus necesidades. Para poder utilizar directamente los servicios de una conexión RDSI, se tienen que utilizar dispositivos digitales: teléfonos RDSI, terminales fax del grupo 4, tarjetas RDSI para PC… No obstante, también se encuentran disponibles accesos mixtos, que incluyen una conexión analógica para equipos que no estén adaptados a la RDSI, como los terminales fax del grupo 3.

1.6 SISTEMAS DE TELEFONÍA MÓVIL

Los sistemas de comunicaciones móviles han experimentado un espectacular crecimiento en los últimos años, gracias a las ventajas que aportan a sus usuarios, debido sobre todo a la movilidad de los terminales. Se trata de sistemas más complejos que los equivalentes sistemas fijos, por la dificultad que entraña ofrecer los servicios de comunicaciones a terminales que cambian constantemente de ubicación.

Por este motivo, se recurre al espacio radioeléctrico como medio de propagación, desplegando una red de estaciones base de radiofrecuencia que se encargan de dar cobertura a una determinada zona geográfica.

Los sistemas de comunicaciones móviles se ven bastante afectados por el ruido y las interferencias, que pueden degradar de forma apreciable la calidad de las comunicaciones. Además, dado que la información viaja a través de ondas de radiofrecuencia, son sistemas en los que la confidencialidad podría verse comprometida si no se adoptasen las medidas adecuadas, consistentes en una encriptación previa de los datos a transmitir.

De hecho, los primeros sistemas de telefonía analógica transmitían la voz directamente sin cifrar, por lo que cualquier persona podía sintonizar un equipo de radiofrecuencia para escuchar las conversaciones de otros usuarios del sistema (así sucedía, por ejemplo, con el servicio de telefonía Moviline en nuestro país).

Por otra parte, en las comunicaciones móviles la aparición de obstáculos y zonas de sombra (edificios, túneles...) dificultan notablemente la comunicación. Dado que se emplean antenas omnidireccionales, que transmiten en todas direcciones para poder dar cobertura a una determinada zona geográfica en torno a una estación base, las señales transmitidas pueden llegar a un terminal siguiendo distintos caminos, con diferentes retardos, provocando interferencias por propagación multitrayecto que pueden deteriorar seriamente la calidad de la transmisión.

Por todos estos motivos, el diseño de los sistemas de comunicaciones móviles ha supuesto todo un reto tecnológico, debido a las dificultades que entrañan este tipo de comunicaciones. Un sistema de comunicaciones móvil celular utiliza un gran número de pequeñas estaciones transmisoras de radiofrecuencia para cubrir una determinada zona geográfica, dividiéndola en **celdas**.

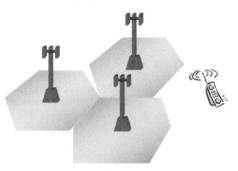

Figura 1.14. Red de estaciones base en un sistema de comunicaciones móviles

Cada estación base (*Base Transceiver Station* –BTS–) adapta su potencia de transmisión para dar cobertura únicamente a los usuarios que se encuentran dentro de la celda que le corresponde, utilizando una determinada frecuencia dentro de la banda asignada al servicio de comunicaciones.

La frecuencia de transmisión debe cambiar de una celda a otra adyacente, para evitar las interferencias entre estaciones base. Estas frecuencias se pueden reutilizar en celdas que se encuentran más alejadas, con lo que de esta forma se consigue un uso más eficiente del espacio radioeléctrico disponible. Las celdas adyacentes que utilizan distintas frecuencias de transmisión definen una agrupación de celdas, a la que se suele denominar **cluster**.

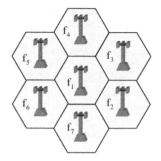

Figura 1.15. Cluster de celdas

Los sistemas celulares necesitan realizar un seguimiento de los terminales móviles dentro de la red, es decir, disponen de información puntual sobre su posición aproximada dentro de la zona de cobertura (en qué celda se encuentran en cada momento), de modo que, cuando alguien hace una llamada a uno de ellos, conocen en cada momento hacia qué estación base deben dirigirla para establecer la comunicación.

Esta característica se puede aprovechar para obtener servicios de posicionamiento similares a los que ofrece un sistema de localización geográfica GPS, aunque con una menor precisión. Así, por ejemplo, los teléfonos móviles con acceso a Internet podrían recibir información personalizada sobre los restaurantes o cines más próximos al usuario, u ofertas publicitarias de algún comercio que se encontrara en esa zona.

Esta capacidad de seguimiento de la posición de los terminales móviles (el sistema conoce en todo momento en qué celda se encuentra cada móvil que está operativo) se conoce como "itinerancia" o *roaming*. Gracias a esta característica, es posible moverse libremente por la red de un operador de telefonía móvil e, incluso, seguir disfrutando del servicio a través de redes de varios operadores con un acuerdo establecido de itinerancia (si bien en este caso las tarifas son considerablemente más altas).

Si el usuario y el terminal móvil se desplazan, es posible que durante el transcurso de una comunicación pasen de la zona de influencia de una estación base a la de otra, cambiando de este modo de celda, por lo que la comunicación se podría perder o, en cualquier caso, se degradaría la calidad de la señal. Por este motivo, los sistemas celulares prevén un mecanismo automático de traspaso de la comunicación de una a otra estación base, conocido como *handover*.

Por tanto, el traspaso o *handover* es el proceso por el cual se transfiere una comunicación de un canal dentro de una celda a un nuevo canal radioeléctrico disponible en otra celda, permitiendo que la red pueda ofrecer el servicio de manera continua y sin que el usuario perciba el cambio de una celda a otra.

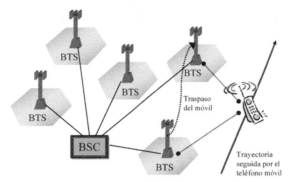

Figura 1.16. Handover o traspaso de comunicaciones entre celdas

A finales de los años setenta y principios de los años ochenta, además de la introducción de los sistemas celulares, los avances en la microelectrónica permitieron desarrollar terminales mucho más pequeños, ligeros y económicos. Se trata de sistemas que empleaban transmisiones analógicas y que constituyeron la denominada como **Primera Generación (1G)** de los sistemas de telefonía móvil.

En los países nórdicos se puso en marcha el sistema NMT (*Nordic Mobile Telephone*); en Estados Unidos el sistema AMPS (*Advanced Mobile Phone System*) y en Europa, el sistema TACS (*Total Access Communication System*, comercializado en España por Telefónica con el nombre de Moviline). El mercado experimentó un importante crecimiento, alcanzando prácticamente los 20 millones de usuarios en todo el mundo a finales de 1990.

La necesidad de incrementar la capacidad de los sistemas (cantidad de usuarios a los que pueden dar servicio en una determinada zona de cobertura), mejorar la calidad de la transmisión y proporcionar servicios adicionales impulsó el desarrollo a principios de los años noventa de los sistemas de **Segunda Generación (2G)**, basados en transmisiones digitales que proporcionan mayor calidad de voz y mejoran la robustez frente a interferencias. Así mismo, en estos sistemas de Segunda Generación se incorporan nuevos servicios y funcionalidades, como la transmisión de datos (no sólo voz), mensajes cortos SMS, cifrado de las transmisiones, etcétera.

Los avances en la tecnología de semiconductores y en los dispositivos de microondas permiten reducir de forma notable los terminales, con una importante mejora de las prestaciones y una drástica caída de los precios, factores que explican el espectacular crecimiento de la telefonía móvil desde mediados de los años noventa, hasta el punto de que en algunos países (entre ellos España) en la actualidad la telefonía móvil supera en número de líneas de abonado al servicio de telefonía fija.

Entre estos sistemas de Segunda Generación se incluyen el sistema GSM (*Global System for Mobile Communication*) utilizado en Europa, el sistema D-AMPS (*Digital-Advanced Mobile Phone System*) de Estados Unidos o los sistemas CDMA (*Code Division Multiple Access*) y PDC (*Personal Digital Communication*).

Desde la aparición del sistema de telefonía digital basado en el estándar GSM, es posible utilizar un teléfono móvil para transmitir datos desde un ordenador a otro y establecer una conexión a Internet, con la ventaja que ello representa desde el punto de vista de la movilidad. No obstante, esta tecnología presenta el inconveniente de su baja velocidad de transmisión para datos (9.600 bps).

El sistema GSM fue desarrollado en Europa como fruto de una iniciativa puesta en marcha en 1982, para construir un sistema paneuropeo que facilitara a los usuarios la utilización de las redes de los distintos operadores. La comercialización del sistema se inició en 1991, operando en la banda de frecuencias de 900 Mhz (GSM-900). Posteriormente, se desarrollaron otras versiones para operar en las bandas de 1.800 Mhz (GSM-1800) y 1.900 Mhz (GSM-1900).

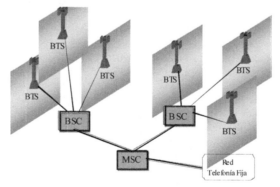

Figura 1.17. Arquitectura de una red GSM

Las estaciones base (BTS) incluyen todo el equipamiento de radiofrecuencia para establecer las comunicaciones dentro de una celda. Estas estaciones están conectadas a través de los equipos controladores de estaciones base (*Base Station Controller* –BSC–) a las centrales de conmutación de móviles (*Mobile Services Switching Center* –MSC–).

Cada equipo BSC puede controlar a un cierto número de estaciones base, encargándose de las funciones de *handover* (traspaso de llamadas entre estaciones), control de la potencia transmitida por cada estación y supervisión del tráfico en cada celda.

Con el desarrollo de los sistemas GPRS (*GSM Packet Radio Service*) y EDGE (*Enhanced Data rates for GSM of Evolution*), que algunos han denominado **telefonía móvil 2.5G** (como un paso intermedio entre los sistemas 2G y 3G), se ha mejorado de forma notable la velocidad de transferencia de datos, alcanzando de 56 a 144 kbps, recurriendo para ello a un servicio de transmisión de datos no conmutada (o por paquetes) vía radio sobre las redes GSM.

La telefonía móvil de **Tercera Generación (3G)** definida por la Unión Internacional de Telecomunicaciones (UIT) bajo el estándar IMT-2000, se conoce de forma genérica como sistema UMTS (*Universal Mobile Telecommunications System*) y está basado en la tecnología W-CDMA (*Wideband Code Division Multiple Access*).

Gracias al sistema UMTS se ha logrado una importante mejora en la velocidad de transmisión de datos (hasta los 3 Mbps por usuario) y en el acceso a redes de banda ancha desde los teléfonos móviles. Además, las redes 3G emplean el algoritmo de cifrado por bloques KASUMI en vez del anterior cifrador de flujo A5/1, ofreciendo un sistema bastante más seguro a sus usuarios.

De cara al futuro, se prevé la evolución de los sistemas 3G hacia una nueva generación conocida como **tecnología 4G**, basada totalmente en el protocolo IP de Internet, con el objetivo de proveer velocidades de acceso de 100 Mbps para terminales en movimiento y de hasta 1 Gbps para terminales en reposo.

De hecho, el WWRF (*Wireless World Research Forum*) define el sistema 4G como una red capaz de funcionar en la tecnología de Internet, combinándola con otras redes inalámbricas como Wi-Fi y WiMAX.

Capítulo 2

LAS REDES DE ORDENADORES

2.1 DESCRIPCIÓN GENERAL

Una red de ordenadores es un conjunto de ordenadores conectados entre sí mediante cables o canales de radiofrecuencia, de tal forma que puedan intercambiar información y compartir recursos, aplicaciones y servicios.

Las redes de ordenadores se han popularizado desde mediados de los años ochenta, propiciadas por la introducción del ordenador personal (PC, *Personal Computer*) en las oficinas. La presentación del IBM PC en 1981 supuso un hito en la historia de la informática, ya que permitió desarrollar un nuevo modelo de informática distribuido, alternativo al clásico sistema centralizado basado en un gran ordenador principal (*mainframe*) y un conjunto de "terminales tontos", denominados así porque no poseían capacidad de procesamiento y, simplemente, se encargaban de mostrar los datos enviados desde el ordenador principal y de capturar los comandos de sus usuarios.

La implantación de estos equipos de trabajo personales en las empresas planteó dos nuevos tipos de demandas:

- Por una parte, la necesidad de compartir información de forma ágil y sencilla entre los usuarios de estos equipos.

- Por otra parte, la posibilidad de compartir recursos escasos entre varios de estos equipos: impresoras, conexiones a Internet, discos duros ubicados en servidores, etcétera.

Tradicionalmente se han distinguido entre tres tipos de redes de ordenadores, dependiendo de su alcance geográfico y sus características de funcionamiento:

- **Redes de Área Local** (LAN, *Local Area Network*): limitadas geográficamente a una zona de reducida extensión, como una sala o un edificio.

- **Redes de Área Amplia** (WAN, *Wide Area Network*): permiten dar servicio a una zona geográfica muy amplia, para lo cual suelen recurrir a la utilización de servicios de transmisión proporcionados por los operadores tradicionales de telecomunicación.

- **Redes de Área Metropolitana** (MAN, *Metropolitan Area Network*): pueden dar servicio a una zona geográfica del tamaño de una ciudad o de un campus universitario.

No obstante, en los últimos años también se han popularizado dos tipos nuevos:

- **Redes de Área Personal** (PAN, *Local Area Network*): redes para espacios personales, que permiten conectar mediante cables (estándares USB o FireWire) o protocolos inalámbricos (tecnología Bluetooth, Zigbee o similares) equipos y dispositivos del usuario que se encuentran ubicados en una zona de trabajo de muy reducida extensión, como podría ser una habitación o planta de un edificio. Entre los dispositivos conectados podríamos citar agendas electrónicas, impresoras, ordenadores portátiles, teléfonos móviles, etcétera.

- **Redes de Área de Almacenamiento** (SAN, *Storage Area Network*): redes diseñadas para poder conectar de forma rápida, segura y fiable distintos elementos de almacenamiento, como servidores y *arrays* de discos duros, mediante tecnología de fibra óptica o iSCSI.

2.2 ESTÁNDARES Y PROTOCOLOS DE COMUNICACIONES

Uno de los principales problemas que ha tenido que afrontar la industria informática para el desarrollo de las redes de ordenadores ha sido el conseguir la interconexión de distintos tipos de redes y sistemas informáticos, en principio totalmente incompatibles entre sí. Para ello, se han definido una serie de estándares que permiten alcanzar la interoperabilidad entre los distintos sistemas.

Por tanto, los estándares facilitan el desarrollo de sistemas y servicios compatibles entre los distintos fabricantes del mercado. Existen diferentes organismos nacionales e internacionales encargados de la aprobación de los distintos estándares que afectan a la industria de la informática y las telecomunicaciones.

En la práctica se distingue entre estándares *de facto* y estándares *de iure*. Los estándares *de facto* surgen por la aceptación por parte del mercado de las soluciones desarrolladas por un determinado fabricante, mientras que los estándares *de iure* no tienen propietarios, en el sentido de que no pertenecen a una determinada empresa, sino que dependen de las decisiones de organismos nacionales o internacionales.

Algunos de los principales organismos responsables de la estandarización en el ámbito de la informática y las telecomunicaciones son el *Institute of Electrical and Electronic Engineers* (IEEE), la *International Telecommunications Union* (ITU), *American National Standards Institute* (ANSI), *European Telecommunications Standards Institute* (ETSI), *Committee for Telegraphy and Telephony* (CCITT) o la *International Standards Organization* (ISO).

Así, por ejemplo, el IEEE ha sido el responsable de elaborar la familia de estándares 802 para redes locales. Por su parte, la ITU ha definido, entre otras muchas, las normas para la transmisión de datos a través de un módem (V.22, V.22 bis, V.32, V.34, V.90, V.92, etcétera). A su vez, el organismo internacional ISO ha definido el modelo de Interconexión de Sistemas Abiertos (OSI), para facilitar la interconexión de equipos y redes de distintos fabricantes.

En el ámbito de Internet varios organismos se encargan de definir los estándares para dar soporte a los protocolos y servicios de la Red. Entre ellos destacan el *Internet Engineering Task Force* (IETF) y el *World Wide Web Consortium* (W3C).

Para poder establecer la comunicación entre los ordenadores que forman parte de una red, se utilizan "protocolos de comunicaciones", que constituyen una serie de normas y procedimientos definidos para poder resolver los problemas asociados al intercambio de información:

- **Transmisión fiable de los datos:** que los datos lleguen libres de errores y sin pérdidas a su destino.

- **Encaminamiento a través de la red:** que los datos se entreguen al ordenador destinatario atravesando otras máquinas conectadas a la red.

- **Gestión del diálogo entre máquinas:** establecer un orden en la comunicación entre las aplicaciones que se ejecutan en los ordenadores de la red.

Para resolver todas estas cuestiones, se ha definido un modelo en "capas" o niveles: el modelo OSI del organismo de estandarización ISO, que persigue construir una torre de protocolos estándar que facilite la interconexión de equipos y redes de distintos fabricantes. Cada capa ofrece una serie de servicios a la inmediatamente superior y se apoya, a su vez, en los servicios proporcionados por las capas inferiores:

- **Nivel físico:** se ocupa de las cuestiones relacionadas con la conexión eléctrica, el cableado, la definición de los tipos de señales y esquemas de codificación empleados, etcétera.

- **Nivel de enlace:** su misión es garantizar la transmisión fiable (libre de errores) entre máquinas que se encuentran directamente conectadas. Así mismo, se ocupa del control de acceso al medio (MAC, *Media Access Control*) en medios compartidos, como en el caso de un bus de datos de una red local.

- **Nivel de red:** se encarga del encaminamiento a través de la red, es decir, de conseguir que los datos se entreguen al equipo destinatario, atravesando, si es preciso, varios ordenadores y equipos de interconexión. También asume la gestión de los equipos de interconexión de redes (*routers*) y el control del tráfico para evitar situaciones de sobrecarga en las redes (congestión).

- **Nivel de transporte:** es el responsable de garantizar que la transmisión extremo a extremo a través de la red sea fiable, sin errores en las tramas de datos ni pérdidas de tramas. Así mismo, se responsabiliza del control del flujo, para evitar que equipos rápidos puedan llegar a saturar con sus transmisiones a otros más lentos.

- **Nivel de sesión:** se encarga de la gestión del diálogo entre las máquinas que intervienen en una comunicación a través de la red.

- **Nivel de presentación:** tiene como función llevar a cabo la codificación de los datos.

- **Nivel de aplicación:** es específico de la aplicación que proporciona el servicio final a los usuarios y define cómo tienen que actuar los ordenadores que intervienen en la comunicación para poder facilitar dicho servicio.

Los usuarios utilizan los servicios que se "montan" sobre los protocolos de comunicaciones:

- Acceso a servidores.

- Transferencia de ficheros.

- Impresión remota.

- Envío de mensajes de correo electrónico.

2.3 ELEMENTOS UTILIZADOS EN LAS REDES DE ORDENADORES

Para construir una red de ordenadores se emplean una serie de equipos hardware y herramientas software, cuya función es ofrecer los servicios necesarios para la transmisión de datos entre los ordenadores y otros dispositivos que se conectan a la red.

En primer lugar, es necesario instalar en cada ordenador o terminal una **tarjeta de red** (*Network Interface Card* –NIC–), encargada del envío y recepción de datos a través del medio de transmisión.

Así mismo, se requiere la instalación del cableado utilizado para construir el medio de transmisión compartido por todos los ordenadores y terminales: par trenzado UTP, cable coaxial o fibra óptica. El cableado no será necesario en el caso de las redes inalámbricas, basadas en equipos transmisores/receptores de radiofrecuencia.

Hoy en día, las más recientes técnicas de transmisión para par trenzado UTP (UTP de las categorías 5, 6 y 7) han permitido conseguir tasas de transferencia superiores a los 100 Mbps, mejorando a las ofrecidas por el cable coaxial.

Por este motivo, en las redes locales actuales se utiliza fibra óptica para el *backbone* (cable principal que constituye la columna vertebral de la red, la cual debe estar preparada para ofrecer una mayor velocidad de transmisión) y cable UTP de la categoría 5 o superior para la conexión de los equipos informáticos a los concentradores (*hubs* o *switches*).

En la transmisión mediante fibra óptica podemos distinguir dos tipos de fibra: monomodo y multimodo. Las fibras monomodo ofrecen mayores prestaciones pero son más caras que las fibras multimodo, ya que estas últimas permiten utilizar transmisores ópticos más baratos y sencillos, basados en diodos emisores de luz (diodos LED) en vez de dispositivos láser.

Por otra parte, los **dispositivos de interconexión** facilitan la interconexión de redes LAN y redes WAN de distintas características: *bridges*, *routers*, *gateways*, etcétera, que serán estudiados en el siguiente apartado.

Para garantizar la seguridad en la conexión se emplean **cortafuegos** (*firewalls*) y *proxies*, dispositivos hardware (es decir, ordenadores específicamente diseñados y construidos para realizar esta función) o aplicaciones software que se instalan en un ordenador conectado a la red de la organización.

Básicamente, un **cortafuegos** realiza un filtrado de paquetes de datos a partir de unas reglas definidas por el administrador de la red, en función de las direcciones IP fuente o destino (es decir, de qué ordenador provienen y a qué ordenador van dirigidos) y del servicio al que se corresponden (especificado mediante un número de puerto de comunicaciones). Así mismo, permite generar un registro (*log*) de la actividad en la red.

Por último, para implementar los distintos servicios ofrecidos por la red se necesitan instalar y configurar adecuadamente una serie de **servidores**, ordenadores de una cierta capacidad de proceso y de almacenamiento que cuentan con un sistema operativo de red (que soporta los protocolos de comunicaciones utilizados en la red) y en los que se instalan aplicaciones y herramientas específicas para gestionar cada uno de los servicios (acceso a páginas Web, transferencia de ficheros, correo electrónico, ejecución remota de aplicaciones, etcétera).

2.4 DISPOSITIVOS DE INTERCONEXIÓN

Podemos distinguir varios tipos de dispositivos que facilitan la interconexión de redes:

2.4.1 Repetidores

Los repetidores son dispositivos que regeneran la señal y la transmiten a un nuevo segmento de una red de área local (LAN), sin interpretar la información ni tomar ninguna decisión sobre su origen y destino. En los dos segmentos se deben emplear las mismas técnicas de control de acceso al medio. Trabajan en el nivel 1 (nivel físico) del modelo OSI.

2.4.2 Puentes (*bridges*)

Los puentes se encargan de almacenar y reexpedir tramas de datos entre redes tipo LAN, facilitando la interconexión de redes LAN que utilicen distintas técnicas de control de acceso al medio. En este caso, se encargan de regenerar la señal para transmitirla a la otra red local sólo cuando sea necesario, es decir, cuando los datos vayan destinados a un equipo que se encuentra en esa otra red, realizando una adaptación a la técnica de control de acceso al medio empleada en esta segunda red. Trabajan en el nivel 2 (nivel de enlace) del modelo OSI.

2.4.3 Concentradores (*hubs* y *switches*)

Son dispositivos empleados en el cableado estructurado de edificios y oficinas, cuya finalidad es facilitar el despliegue de una red en topología en estrella, en la que todos los cables utilizados se conectan a los puertos (bocas de conexión) de uno de estos dispositivos. Trabajan en el nivel 2 (nivel de enlace) del modelo OSI.

Se distinguen dos tipos de concentradores:

- **Concentradores elementales,** también denominados *hubs*, que simplemente retransmiten la señal que reciben por uno de sus puertos a todos los demás puertos.

- **Concentradores inteligentes,** también denominados *switches* (que podríamos traducir por "conmutadores"), que utilizan una matriz interna de conmutación para retransmitir los datos que reciben por uno de sus puertos directamente por el puerto en el que se encuentra el equipo al que van dirigidos, sin utilizar el resto de los puertos.

- Es decir, el concentrador "aprende" a qué puerto se encuentra conectado cada equipo, por lo que sólo retransmite los datos por el puerto que corresponda en cada caso. De este modo, se consiguen reducir las colisiones y la utilización del medio compartido, incrementando la capacidad de transmisión de la red.

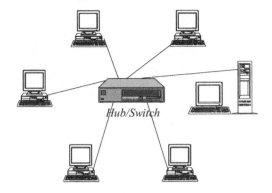

Figura 2.1. Dispositivo concentrador

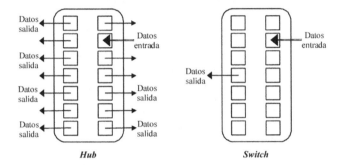

Figura 2.2. Diferencia entre un hub y un switch

2.4.4 Encaminadores (*routers*)

Los *routers* facilitan la interconexión de distintas redes de ordenadores, ocupándose del encaminamiento de los paquetes de datos, a partir de la interpretación de las direcciones de origen y de destino. Para ello utilizan tablas de enrutamiento con información sobre las rutas disponibles para alcanzar otras redes, buscando la trayectoria más corta posible (minimizando el número de saltos entre nodos). Por otra parte, también se encargan del control de la congestión, midiendo la cantidad de tráfico que deben cursar en cada instante. Trabajan en el nivel 3 (nivel de red) del modelo OSI.

2.4.5 Pasarelas (*gateways*)

Las pasarelas son dispositivos capaces de realizar una conversión de protocolos entre dos redes totalmente distintas. Así, por ejemplo, pueden realizar una conexión entre una red IPX/SPX de Novell con una red basada en el protocolo de Internet TCP/IP.

Capítulo 3

REDES DE ÁREA LOCAL (LAN)

3.1 INTRODUCCIÓN

Una red de área local ocupa un área geográfica reducida, generalmente limitada a un edificio o una planta dentro de un edificio. Se trata de una red de carácter privado, gestionada por una única organización y que posee una alta fiabilidad y seguridad, ofreciendo elevadas tasas de transferencias (cientos de Mbps o Gpbs).

Se construyen fundamentalmente para:

- Compartir recursos físicos: impresoras, discos duros ubicados en servidores, conexiones a Internet…

- Centralizar la información de la organización, que estará ubicada en servidores de ficheros y servidores de bases de datos en lugar de en los propios equipos de trabajo.

- Facilitar la gestión de los equipos.

- Compartir servicios y aplicaciones.

- Podemos distinguir varios tipos de redes de área local, en función del tipo de cable utilizado, la disposición o topología del cable, la velocidad de transferencia de datos a la que operan, los protocolos de comunicaciones y el método de control de acceso al medio compartido.

Cada equipo conectado necesita disponer de una tarjeta de red (*Network Interface Card* –NIC–).

3.2 ARQUITECTURA DE RED

3.2.1 Topología

La topología de la red define la forma en la que se despliega el cable para conectar los distintos equipos informáticos. Se distinguen tres tipos de topología:

- **Topología lineal:** se trata de una red en la que los equipos se conectan directamente a un único cable, que actúa como un bus de datos terminado por dos resistencias.

  Las primeras redes Ethernet basadas en cable coaxial empleaban esta disposición del cable y presentaban el problema de que una rotura en cualquier parte del cable provocaba una "caída" de toda la red (quedaban fuera de servicio todos los equipos conectados).

Figura 3.1. Topología lineal

- **Topología en anillo:** en esta topología el cable se cierra sobre sí mismo formando un anillo. Las primeras redes Token Ring utilizaban esta topología, presentando el mismo problema de "caída" de toda la red ante una apertura del anillo.

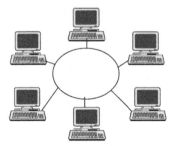

Figura 3.2. Topología en anillo

- **Topología en estrella:** en esta configuración todos los cables parten de una posición central (concentrador) hacia los equipos que constituyen la red. A cada equipo llega un único cable independiente, de tal modo que una rotura en dicho cable sólo deja aislado al equipo que depende de él, posibilitando que el resto de la red siga trabajando con normalidad.

  Además, esta topología presenta la ventaja adicional de ofrecer una mayor flexibilidad a la hora de ampliar la red con la incorporación de nuevos equipos.

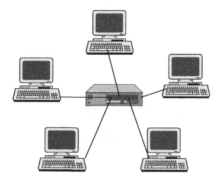

Figura 3.3. Topología en estrella

3.2.2 Control de acceso al medio

En las redes de área local se utiliza un único medio de transmisión compartido por todos los equipos conectados. La técnica de control de acceso al medio define la forma en que un equipo consigue enviar información a través de este medio compartido (cable o espacio radioeléctrico). Se han planteado varias alternativas, entre las que destacan los protocolos de contienda y los protocolos de paso de testigo.

En un **protocolo de contienda** las estaciones van a poder transmitir en cuanto tengan datos disponibles, sin que exista coordinación entre ellas, buscando con ello una minimización del retardo de acceso al medio.

Sin embargo, debido a que el acceso al medio es totalmente aleatorio, pueden producirse "colisiones" que afecten a las transmisiones de dos o más estaciones, ocasionando la destrucción de los datos transmitidos; al detectarse una colisión, las estaciones afectadas deberán realizar una retransmisión de los datos, siguiendo los pasos definidos en un algoritmo de resolución de colisiones (*Collision Resolution Algorithm* –CRA–).

Uno de los protocolos de contienda más utilizados es CSMA/CD (Acceso Múltiple con Detección de Portadora/Detección de Colisiones), en el que una estación comprueba, antes de iniciar una transmisión, si el medio ya está siendo utilizado por otra estación, para lo cual se emplea la técnica de detección de portadora (señal transmitida). Si el medio se encuentra disponible, inicia su transmisión y utiliza la técnica de detección de colisiones para comprobar que su intento no se ha solapado en el tiempo con el de otras estaciones, provocando con ello la consecuente destrucción de los datos. Cuando se ha producido una colisión, cada estación debe esperar un tiempo aleatorio antes de reintentar nuevamente la transmisión.

Debido a las colisiones y a las retransmisiones que provocan, el rendimiento de las redes regidas por protocolos de contienda se degrada a medida que se incrementa el tráfico en la red y el número de estaciones participantes. En estos casos es conveniente realizar una segmentación de la red, partiéndola en redes más pequeñas conectadas entre sí mediante dispositivos de interconexión.

Por su parte, los **protocolos de paso de testigo** evitan totalmente las colisiones implementando un sistema basado en la circulación de un testigo (*token*) entre las estaciones, de tal forma que sólo podrá transmitir aquella estación que se encuentre en posesión del testigo en un momento dado. No obstante, este planteamiento puede incrementar de forma importante el retardo en el acceso al medio.

3.3 PROTOCOLOS DE LAS REDES LAN

3.3.1 Ethernet

Las redes Ethernet son las más extendidas hoy en día en el ámbito de las redes locales y se basan en una topología lineal o en estrella con un protocolo de contienda (CSMA/CD) para el control de acceso al medio.

En la norma IEEE[6] 802.3 se definen los distintos tipos de redes Ethernet, en función del tipo de cable empleado, de la velocidad de transmisión y de la longitud máxima de la red:

---

[6] IEEE: *Institute of Electrical and Electronic Engineers.*

- 10Base-5: 10 Mbps con cable coaxial y longitud máxima de 500 metros.

- 10Base-2: 10 Mbps con cable coaxial RG-58 y longitud máxima de 185 metros.

- 10Base-T: 10 Mbps con cable par trenzado UTP y longitud máxima de 100 metros.

- 1Base-5: 1 Mbps con cable par trenzado UTP y longitud máxima de 500 metros.

- 10Base-F: 10 Mbps con cable de fibra óptica y longitud máxima de 4.000 metros.

- 100Base-TX: 100 Mbps con cable par trenzado UTP categoría 5 de ocho hilos (Fast Ethernet).

- 1000Base-T: 1 Gbps con cable par trenzado UTP.

- 10GBase-T: 10 Gbps con cable par trenzado UTP.

La longitud máxima de una red Ethernet se puede incrementar utilizando varios cables conectados mediante repetidores.

Por otra parte, en los últimos años ha cobrado especial protagonismo el nuevo estándar Gigabit Ethernet (GigaE), que permite alcanzar velocidades de 1 y 10 Gbps en redes Ethernet empleando cable UTP de categoría 6 o superior. En el año 2010 se han publicado estándares de Gigabit Ethernet a 40 y a 100 Gbps.

3.3.2 Token Bus

Token Bus es un tipo de red local que fue desarrollado fundamentalmente por empresas del sector del automóvil, con la intención de avanzar en la automatización de sus fábricas.

Utilizaba cable coaxial de banda ancha de 75 Ω de impedancia, alcanzando una velocidad máxima de transmisión de 10 Mbps, empleando un mecanismo de paso de testigo en bus (topología lineal) para el control de acceso al medio. Sus características se definen en la norma IEEE 802.4.

3.3.3 Token Ring

Token Ring es un tipo de red local desarrollado por IBM, que contó con una importante implantación en el sector de la banca, si bien hoy en día ha quedado totalmente desplazada del mercado por la tecnología Ethernet.

Sus características se definen en la norma IEEE 802.5, utilizando un mecanismo de paso de testigo en anillo para el control de acceso al medio. Permitía alcanzar velocidades de 4 Mbps o 16 Mbps y requería de un hardware más caro que Ethernet.

3.3.4 FDDI (Interfaz de datos distribuidos para fibras)

FDDI define un estándar para redes locales de fibra óptica, con una técnica de control de acceso basada en el paso de testigo en anillo, operando a 100 Mbps y cubriendo distancias de hasta 200 km. FDDI se diseñó con el objeto de conseguir un sistema de tiempo real con un alto grado de fiabilidad.

FDDI emplea fibras multimodo, suficientes para alcanzar la velocidad de 100 Mbps y mucho más económicas que las fibras monomodo. El cableado de la FDDI está constituido por dos anillos de fibras, uno transmitiendo en el sentido de las agujas del reloj y el otro, en el sentido contrario. De este modo, se consigue dotar a la red de elementos redundantes, ya que, en caso de rotura de uno de los anillos, se podría utilizar el otro en su sustitución.

Capítulo 4

REDES INALÁMBRICAS (WLAN)

4.1 INTRODUCCIÓN

Una red inalámbrica es un tipo especial de red de área local en la que los equipos se pueden conectar a través de ondas electromagnéticas o de puertos que utilizan infrarrojos, evitando de este modo la necesidad de cablear los edificios.

Este tipo de redes, también conocidas como *Wireless LAN* (WLAN), han experimentando un espectacular crecimiento en la primera década del siglo XXI, debido a la notable reducción del coste de los equipos necesarios, a la adopción de una serie de estándares que facilitan la interoperabilidad (normas Wi-Fi) y a la mayor oferta de productos disponibles en el mercado, hasta el punto de que hoy en día todos los ordenadores portátiles, *netbooks* (ordenadores mini-portátiles) y teléfonos móviles de última generación incorporan un chip interno para la conexión Wi-Fi.

De hecho, las redes inalámbricas han adquirido una gran popularidad en estos últimos años, tras su instalación en hoteles, aeropuertos, universidades, centros de negocios, cafeterías, restaurantes, bibliotecas, centros comerciales, locales de ocio, medios de transporte (trenes, autobuses…) y en los propios hogares de muchos ciudadanos. También están siendo utilizadas en algunas ciudades y pueblos para ofrecer un acceso gratuito a Internet a sus ciudadanos y visitantes.

Las redes inalámbricas más extendidas emplean tarjetas de red conectadas a pequeñas antenas que realizan las funciones de un transmisor/receptor de radiofrecuencia y que se conectan a un "punto de acceso a la red", dispositivo consistente en un *hub* o un *switch* que cuenta con un equipo transmisor/receptor de radiofrecuencia.

Las redes inalámbricas presentan dos importantes ventajas: la movilidad de los equipos dentro de la zona de cobertura, así como la facilidad y rapidez en el despliegue y puesta en marcha de la red, ya que no se requiere el tendido de cables por el interior del edificio.

No obstante, como inconvenientes caben destacar su menor velocidad de transmisión frente a las redes basadas en cable, así como su mayor vulnerabilidad frente a las interferencias y fuentes de ruido, que pueden degradar notablemente el funcionamiento de la red.

El número máximo de usuarios que pueden utilizar una de estas redes es de unas pocas docenas, si bien la capacidad de la red se degrada notablemente a medida que se incrementa el número de usuarios conectados de forma simultánea. No obstante, ampliando el número de puntos de acceso inalámbricos se puede dar cobertura a un mayor número de usuarios.

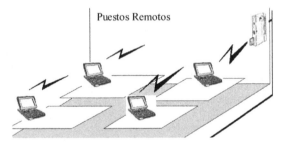

Puestos Remotos

Figura 4.1. Redes locales inalámbricas (WLAN)

Por tanto, en una red inalámbrica se pueden emplear varios puntos de acceso. Cada estación depende en todo momento de un único punto de acceso (equipo concentrador) con el que se comunica.

Las estaciones se encargan de monitorizar permanentemente la calidad de su transmisión, de modo que, si esta calidad se degrada, la estación en cuestión comenzará a buscar activamente un nuevo punto de acceso al que conectarse, mediante la función de *roaming* (similar a la utilizada en los sistemas de telefonía móvil para cambiar de una estación base a otra).

En lo que se refiere al control de acceso al medio, las redes inalámbricas presentan dos problemas adicionales:

- No se pueden detectar las colisiones.

- Puede haber dispositivos ocultos para el transmisor, pero no para el equipo de acceso.

Por este motivo, se utilizan dos técnicas de control de acceso al medio:

- CSMA/CA con confirmación de las tramas de datos: el punto de acceso debe enviar a la estación una trama de confirmación para indicar que ha recibido correctamente los datos que ésta le había transmitido previamente. Si no se produce esta confirmación, la estación deberá retransmitir sus tramas de datos.

- CSMA/CA con reserva del medio: las estaciones deben solicitar permiso al punto de acceso antes de iniciar una transmisión (mediante una señal RTS, *Request to Send*) y sólo podrá realizar la transmisión la estación que reciba la confirmación por parte del punto de acceso (mediante una señal CTS, *Clear to Send*).

En cualquier caso, estas técnicas incrementan el tráfico de la red ya que complican el control del acceso al medio con envíos de información adicional para confirmar las transmisiones o para solicitar/confirmar la reserva del medio.

CSMA/CA - RTS/CTS. Reserva del Medio

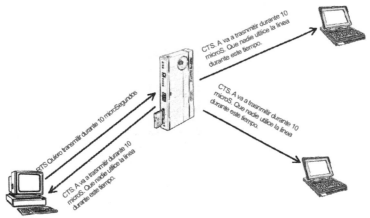

Figura 4.2. Control de acceso al medio en una red inalámbrica

Los clientes móviles cuentan con varias opciones para conectarse desde sus ordenadores portátiles, agendas electrónicas (PDAs), teléfonos móviles de última generación o tabletas electrónicas como el iPad: desde servicios que cobran por el tiempo de uso hasta suscripciones mensuales de tarifa única.

4.2 EL ESTÁNDAR 802.11 (WI-FI)

Las redes inalámbricas de la tecnología *Wireless Fidelity* (Wi-Fi) se basan en un estándar del IEEE publicado inicialmente en 1997, conocido como estándar 802.11.

Si nos situamos en el modelo de referencia OSI, este estándar define la capa física y parte de la capa de enlace: el Control de Acceso al Medio (*Medium Access Control*). El resto de la capa de enlace (*Logical Link Control*) está definido por el estándar IEEE 802.2. En la práctica, esto supone que para las capas superiores (como la capa de red), una red 802.11 es equivalente a una red Ethernet, facilitando así la interconexión entre redes locales heterogéneas basadas en los estándares del IEEE.

El estándar 802.11 propone cuatro mecanismos diferentes de transmisión:

- *Frequency Hopping Spread Spectrum* (FHSS), operando en la banda de los 2,4 GHz con unas velocidades de transmisión de 1 o 2 Mbps.

- *Direct Sequence Spread Spectrum* (DSSS), que opera en la banda de los 2,4 GHz con velocidades de transmisión de 1, 2, 5,5 y 11 Mbps.

- *Infrared* (IR), que ofrece velocidades de 1 y 2 Mbps mediante infrarrojos, pero que tiene un alcance muy reducido.

- *Orthogonal Frequency Division Multiplexing* (OFDM), que permite velocidades de 6 a 54 Mbps trabajando en la banda de los 5 GHz.

Una interesante característica de las redes inalámbricas es la posibilidad de realizar una adaptación dinámica de la velocidad de transmisión: si una estación detecta una tasa de errores muy grande, reduce su tasa binaria hasta que mejore la calidad de la transmisión.

Por otra parte, la red puede soportar múltiples velocidades de transmisión, de tal modo que cada estación podría operar a una velocidad distinta en función de la distancia que la separe del punto de acceso y de las interferencias y fuentes de ruido en su entorno.

4.2.1 Alternativas de transmisión en el estándar 802.11

Dentro del estándar 802.11 se han desarrollado varias alternativas, conocidas como 802.11a, 802.11b, 802.11g y la más reciente 802.11n.

La norma IEEE 802.11b, la más extendida en la actualidad, opera en la banda de los 2,4 GHz, ofreciendo distintas velocidades de transmisión en función de las distancias cubiertas y de las calidades de la transmisión, tal y como se refleja en la siguiente tabla:

Velocidad	Calidad	Distancia de los terminales
1 Mbps	Baja	115 metros
2 Mbps	Estándar	90 metros
5,5 Mbps	Media	70 metros
11 Mbps	Alta	50 metros

Tabla 4.1

La distancia a la que pueden operar los terminales depende de varios factores:

- Obstrucciones físicas.

- Fuentes de ruido.

- Utilización de antenas adicionales que mejoren la zona de cobertura de las señales.

Figura 4.3. Tarjetas y puntos de acceso a redes inalámbricas

En cuanto al alcance, el estándar 802.11b ajusta la máxima potencia que se puede transmitir en función de la normativa de cada país. Por ejemplo, en Estados Unidos se admiten potencias de transmisión de hasta 1.000 miliwatios, mientras que en Europa es de 100 miliwatios y en Japón es de 10 miliwatios/MHz. Con estos valores se pueden conseguir unos 100 metros de cobertura en entornos libres de obstáculos.

Cabe destacar que en la banda de los 2,4 GHz las tarjetas de la tecnología 802.11b pueden interferir con dispositivos de otras tecnologías, como Bluetooth, llegando a bloquear totalmente la capacidad de comunicación. Para resolver esta cuestión, el IEEE aprobó en marzo de 2002 el nuevo estándar 802.15.1 para redes inalámbricas en distancias cortas, que es totalmente compatible con Bluetooth 1.1.

La versión IEEE 802.11a permite alcanzar velocidades de transmisión de hasta 54 Mbps, operando para ello en la banda de 5 GHz, que presenta menos interferencias porque no existen otras tecnologías (Bluetooth, microondas, ZigBee, etcétera) que la estén utilizando. Sin embargo, dado que la banda de frecuencia es mayor su alcance es considerablemente menor que el de los estándares que trabajan a 2,4 GHz.

Al definir las normas 802.11, se pensó que la transición desde el estándar 802.11b a una tecnología basada en 802.11a (que ya fue aprobada en 1999) se podría hacer de una forma más rápida y sencilla, para poder aprovechar las mayores velocidades de transmisión (pasando de 11 Mbps a 54 Mbps). Así mismo, con esta transición se dejaría de utilizar la banda de frecuencias de 2,4 GHz, altamente saturada, para trabajar en la banda de los 5 GHz. Sin embargo, la transición hacia la norma 802.11a resultó más lenta de lo esperado, por el menor alcance obtenido por este estándar y por tener que utilizar equipos de mayor coste.

Posteriormente, se desarrolló el estándar 802.11g como una solución intermedia entre 802.11b y 802.11a, que permite alcanzar velocidades de transmisión de hasta 22 Mbps en la banda de frecuencias de 2,4 GHz, si bien en la actualidad es posible alcanzar ya velocidades de transmisión próximas a los 100 Mbps gracias a diversas técnicas de aceleración.

Más recientemente, en septiembre de 2009 se ha aprobado el nuevo estándar 802.11n, que trabaja a 2,4 GHz y a una velocidad de 108 Mbps, pudiendo alcanzar en el futuro una velocidad de hasta 600 Mpbs. Para ello se recurre a la técnica MIMO (*Multiple-Input Multiple-Output*), con el uso de múltiples antenas transmisoras y receptoras para mejorar el rendimiento de la red inalámbrica. La tecnología MIMO depende de señales multiruta, es decir, señales reflejadas que llegan al receptor un tiempo después de que la señal de línea de visión (*line of sight*, LOS) ha sido recibida. En una red no basada en MIMO, como son las redes

802.11a/b/g, las señales multiruta son percibidas como interferencias que degradan las prestaciones del equipo receptor. Sin embargo, la técnica MIMO es capaz de utilizar la diversidad de las señales multiruta para mejorar la habilidad del equipo receptor para recuperar los mensajes de la señal transmitida.

La conocida como "sopa de letras" de las redes Wi-Fi la completan las normas 802.11i, encargada de la seguridad en las redes inalámbricas, y 802.11e, encargada de la calidad de servicio. En su desarrollo trabajan instituciones como el IEEE y la *Wi-Fi Alliance*, organización creada para promover el uso del estándar 802.11 (anteriormente conocida por WECA).

Hoy en día en el mercado se pueden encontrar todo tipo de productos Wi-Fi homologados, es decir, que cuentan con el sello de certificación Wi-Fi de la *Wi-Fi Alliance*: tarjetas PC-Card para portátiles, puntos de acceso, dispositivos integrados en agendas electrónicas o teléfonos móviles, etcétera.

4.2.2 Seguridad en las redes Wi-Fi

Las redes inalámbricas Wi-Fi suelen recurrir a varias medidas de seguridad que podríamos considerar como muy elementales para evitar su utilización por parte de usuarios no autorizados.

Así, por ejemplo, se ha considerado que el uso de los identificadores SSID (*Service Set Identifiers*) constituye un instrumento básico de seguridad. Un SSID es un nombre de red utilizado por todos los equipos y los puntos de acceso que integran una red inalámbrica. Con la implantación de esta medida, cada dispositivo cliente que desee conectarse a la red inalámbrica debe incluir el SSID adecuado en su configuración de red, por lo que sólo los dispositivos que conozcan esta especie de "clave compartida" podrán acceder a los servicios de la red inalámbrica.

Sin embargo, en la configuración por defecto de muchos Puntos de Acceso se encuentra activada una función para difundir su SSID a través del equipo transmisor (difusión del identificador de la red), por lo que sería conveniente desactivar esta función si se quiere mejorar en cierta medida la seguridad, ya que de otro modo cualquier intruso podría escuchar las transmisiones de los Puntos de Acceso y obtener el valor del identificador SSID de la red, facilitando con ello sus intentos de intrusión. No obstante, conviene señalar que incluso aunque se desactivase la transmisión del SSID por parte de los Puntos de Acceso, un intruso podría utilizar un *sniffer* de radio para detectar la transmisión del SSID por parte de cualquier cliente legítimo de la red inalámbrica.

En lo que se refiere a la autenticación de los terminales o equipos cliente, se han adoptado dos posibles esquemas en los protocolos más básicos de las redes inalámbricas: la Autenticación por Clave Abierta (*Open Systems Authentication*), en la que no existe realmente un proceso de autenticación, o bien la Autenticación por Clave Compartida (*Shared Key Authentication*), en la que todos los terminales con acceso autorizado a la red inalámbrica comparten la misma clave de acceso.

Así mismo, también se ha recurrido a una autenticación optativa de terminales a partir de las direcciones MAC (*Media Access Control*) que identifican a cada una de las tarjetas de red de estos dispositivos, implantando para ello unas Listas de Control de Acceso (ACL –*Access Control Lists*–) en las que se incluyen sólo las direcciones que están autorizadas para poder trabajar en la red, de tal modo que los Puntos de Acceso rechazarán a cualquier dispositivo cuya dirección física no se encuentre en dichas listas.

No obstante, conviene destacar que esta dirección MAC podría ser falseada por un intruso mediante técnicas de *spoofing* (suplantación de la identidad), cambiando la dirección de su propia tarjeta inalámbrica: tras "escuchar" las transmisiones, podría seleccionar una dirección MAC de un dispositivo válido en la red, una vez que éste se haya desconectado. Así mismo, también se podría robar o extraviar una tarjeta de red con una dirección MAC autorizada.

La autenticación a partir de las direcciones MAC constituye, por tanto, un método poco fiable y que además requiere de una importante carga de trabajo manual, ya que es necesario realizar la configuración de la lista de direcciones MAC a las que se permite el acceso.

En cuanto a la confidencialidad de los datos transmitidos por los equipos conectados a la red, hay que tener en cuenta que en una red inalámbrica se transmite y se recibe toda la información vía radio, por lo que cualquier intruso podría "escuchar" este tráfico con un equipo de radiofrecuencia (antena y receptor que puede adquirir por muy poco dinero). Por este motivo, es recomendable emplear algoritmos de encriptación, como los previstos en el estándar WEP. El problema en la implantación práctica de las redes inalámbricas es que en muchas de estas redes no se emplea la encriptación por desconocimiento o descuido de sus administradores.

También conviene destacar que en muchas redes inalámbricas se emplea la configuración por defecto del fabricante y no se modifican las claves de las tarjetas de red ni de los Puntos de Acceso, situación que facilita en gran medida la labor de los intrusos.

4.2.2.1 EL PROTOCOLO WEP

El protocolo WEP (*Wired Equivalent Privacy*) es el sistema de cifrado estándar aprobado en la norma 802.11b. Pretende ofrecer un nivel de seguridad en una red inalámbrica equivalente al de una red de cable.

WEP contempla dos fases en su funcionamiento:

1. Autenticación del terminal.

2. Cifrado de los datos mediante un algoritmo simétrico y claves de "64" o "128" bits.

Los fabricantes de productos para redes inalámbricas anunciaron el lanzamiento de WEP como un sistema muy seguro, sobre todo cuando decidieron emplear claves de "128" bits (cuando en realidad el tamaño se reduce a 104 bits) en sus productos. Sin embargo, los técnicos sólo habían indicado en sus especificaciones iniciales que se trataba de un sistema "razonablemente seguro". De este modo, desde el punto de vista del marketing se trasladó al mercado la idea de que el sistema WEP era mucho más seguro de lo que realmente podía ofrecer la tecnología utilizada, situación que posteriormente se vio agravada por el descubrimiento de varias limitaciones y fallos en su diseño.

Para llevar a cabo la autenticación de terminales, en el estándar 802.11b se han previsto dos posibles modalidades:

- *Shared Key Authentication* (SKA): se emplea una clave compartida (*shared key*) para autenticar a los terminales. El Punto de Acceso envía un texto de prueba aleatorio ("desafío") al terminal, que debe encriptarlo usando la clave compartida para demostrar que conoce esta clave. De este modo, no es necesario enviar la clave para autenticarse, ya que sólo basta con demostrar que se conoce.

- *Open Systems Authentication* (OSA): no se utiliza ninguna clave (clave abierta), por lo que cualquier estación se podría conectar a la red, simplemente enviando el identificador SSID correcto para esa red inalámbrica. Debemos destacar que realmente en esta modalidad no se produce la autenticación del terminal.

Para el cifrado de los datos que se transmiten vía radio, WEP utiliza el algoritmo de cifrado simétrico RC4, con claves de 64 o 128 bits compartidas entre los equipos conectados a la red. Sin embargo, estas claves no se suelen cambiar con frecuencia, ya que en WEP no se ha previsto un protocolo de intercambio de claves entre los equipos, por lo que éstas se tendrían que cambiar de forma manual en cada equipo y cada Punto de Acceso a la red.

A pesar de su amplia aceptación, WEP es un protocolo bastante vulnerable, quizá por haber sido desarrollado y comercializado con demasiada rapidez. De hecho, a partir del año 2000 se han venido publicando numerosas vulnerabilidades que afectan a la seguridad de las redes que utilizan este protocolo. Desde el año 2001 se han podido localizar distintas herramientas en Internet capaces de explotar todas estas vulnerabilidades. Así, herramientas como AirSnort o WEPCrack son capaces de determinar la clave utilizada por el protocolo WEP (sobre todo cuando la clave empleada es estática), analizando para ello varios cientos de Megabytes de tráfico en la red inalámbrica. Estos ataques de fuerza bruta se ven favorecidos por el pequeño tamaño de la clave empleada.

Por otra parte, WEP no ofrece un proceso de autenticación de terminales demasiado seguro. De hecho, no se contempla la autenticación mutua, por lo que un equipo podría conectarse a un Punto de Acceso falso. De este modo, el usuario podría ser "secuestrado" por un atacante, haciéndole creer que se encuentra conectado a la red legítima cuando no es así.

Las claves de cifrado WEP son estáticas, característica que dificulta la administración de la red, sobre todo cuando ésta tiene un número importante de equipos, ya que se requiere del cambio manual de las claves en los equipos y Puntos de Acceso.

En definitiva, todos estos problemas y vulnerabilidades de WEP han tenido como consecuencia un cierto descrédito en el mercado de la tecnología de redes inalámbricas, por las continuas noticias sobre los fallos y agujeros de seguridad detectados.

4.2.2.2 ESTÁNDARES PROPUESTOS PARA MEJORAR LA SEGURIDAD DE LAS REDES WI-FI

El camino hacia unos estándares más seguros en estas redes depende en gran medida del grupo de trabajo 802.11i del IEEE, creado específicamente para mejorar la seguridad en las redes inalámbricas.

Para incrementar la seguridad en estas redes se han propuesto dos soluciones:

1. Desarrollar un nuevo protocolo compatible con todo el hardware ya instalado en el mercado, que permita resolver los problemas de seguridad del protocolo WEP: surgió así el estándar WPA (*Wi-Fi Protected Access*), aprobado en abril de 2003.

2. Desarrollar en paralelo un nuevo protocolo más robusto, que utilice un nuevo algoritmo criptográfico: se define así el protocolo RSN (*Robust Security Network*), el nuevo estándar oficial del grupo 802.11i, aprobado en junio de 2004, que utiliza el algoritmo criptográfico AES (*Advanced Encryption Standard*) para mejorar la seguridad de las redes inalámbricas.

En ambas soluciones se separa el proceso de autenticación del proceso de encriptación de los datos, utilizando para ello dos algoritmos totalmente independientes entre sí.

4.2.2.3 PROTOCOLO WPA (WI-FI PROTECTED ACCESS)

Se trata de un sistema más robusto que WEP, aprobado en abril de 2003 por la Alianza WiFi (*Wi-Fi Alliance*), dentro del estándar 802.11i.

WPA destaca por su compatibilidad con el hardware ya instalado en el mercado (tarjetas de red y Puntos de Acceso), que utilizaban el algoritmo simétrico RC4 del protocolo WEP como base para la encriptación de las transmisiones.

Así mismo, WPA emplea un nuevo protocolo de cifrado conocido como TKIP (*Temporal Key Integrity Protocol*), que permite reforzar la seguridad de las claves y proteger la red contra los ataques por falsificación o por repetición. Conviene destacar que este protocolo es compatible con el hardware utilizado para el algoritmo RC4.

En WPA se utilizan claves de cifrado de 128 bits que se pueden asignar de forma dinámica por usuario y por sesión, por lo que este sistema es mucho más robusto a ataques de fuerza bruta, superando además el problema de las claves estáticas y de tamaño reducido del protocolo WEP.

Por otra parte, para garantizar la integridad de los mensajes se utiliza un código MIC (*Message Integrity Check*), basado en un algoritmo conocido como "Michael", muy eficaz desde el punto de vista computacional, ya que permite realizar los cálculos necesarios sólo mediante desplazamientos y sumas (no requiere de multiplicaciones), por lo que se puede ejecutar en el hardware disponible en las tarjetas inalámbricas y los Puntos de Acceso sin penalizar su rendimiento (es decir, sin degradar las prestaciones de la red).

Por último, en WPA se emplea una autenticación de usuarios más robusta, basada en la norma 802.1x y el protocolo de autenticación EAP.

4.2.2.4 AUTENTICACIÓN ROBUSTA EN REDES INALÁMBRICAS: ESTÁNDAR 802.1X

Debemos destacar la problemática de la autenticación en las redes inalámbricas, bastante más compleja que en otro tipo de redes. Así, por ejemplo, en un entorno de acceso remoto mediante líneas telefónicas (*módems*), una vez autenticado correctamente el usuario ya no es necesario realizar una autenticación de cada transmisión de datos, puesto que se asume que no se va a producir un "pinchazo" en la línea telefónica para secuestrar la sesión iniciada por el usuario.

En cambio, en una red inalámbrica no sólo basta con la autenticación inicial del usuario, sino que es necesario garantizar que cada trama de datos es auténtica, para evitar un posible "secuestro de sesión" (situación que se podría producir si un usuario malicioso pudiese suplantar la identidad de otro, aprovechando una conexión ya establecida en la red inalámbrica). Para conseguir este requisito de seguridad, se podrían emplear claves de sesión compartidas por el equipo del usuario y el Punto de Acceso al que éste se encuentra asociado.

El estándar 802.1x, aprobado en 2001, define un método seguro de autenticación y autorización de conexiones a una red local (no necesariamente una red inalámbrica), en el que la autenticación se basa en la identidad del usuario y no en el equipo desde el que se conecta.

En el proceso de autenticación del estándar 802.1x el usuario puede emplear contraseñas o certificados digitales. Además, se recurre a protocolos de autenticación de capa superior (protocolos de autenticación y autorización conocidos como "AAA", *Authentication, Authorization, Accounting*), empleando un Servidor de Autenticación como RADIUS para poder centralizar el proceso de autenticación. De este modo, no es necesario guardar información sobre los usuarios en los Puntos de Acceso, por lo que la administración de la red es bastante más sencilla y se consigue reforzar su seguridad, ya que basta con utilizar una única base de datos centralizada de usuarios de la red.

Por tanto, en el estándar 802.1x se distinguen tres elementos: el cliente que pretende autenticarse ("suplicante"), el Punto de Acceso o servidor al que se quiere conectar ("autenticador") y el Servidor de Autenticación.

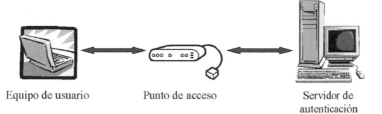

Equipo de usuario   Punto de acceso   Servidor de autenticación

Figura 4.4. Autenticación de usuario en el estándar 802.1x

En el esquema de funcionamiento del proceso de autenticación según el estándar 802.1x se distinguen tres pasos o etapas:

1. El equipo de usuario establece la asociación con el Punto de Acceso.

2. El equipo de usuario utiliza el protocolo EAPOL para intercambiar información con el Servidor de Autenticación a través del Punto de Acceso.

3. Si el Servidor de Autenticación autentica al equipo de usuario, éste podrá conectarse a la red a través del Punto de Acceso.

   Dentro del estándar 802.1x se emplea EAPOL (*EAP Over LAN*), una variante del protocolo EAP (*Extensible Authentication Protocol*, RFC 2284) para establecer la comunicación entre el equipo del usuario y el Punto de Acceso. Se trata de un protocolo de autenticación de capa superior, que protege las credenciales de los usuarios y la seguridad de los datos. Facilita una autenticación mutua robusta, entre el usuario y la red.

4.2.2.5 EL NUEVO ESTÁNDAR WPA2-RSN

El nuevo estándar 802.11i WPA2, también conocido por RSN (*Robust Security Network*), se basa en el algoritmo criptográfico AES (*Advanced Encryption Standard*), el sustituto del clásico DES. Para ello, se recurre a un modo de operación de AES conocido como CCMP (*Counter Mode-CBC MAC Protocol*), que permite garantizar la confidencialidad y la integridad de las tramas de datos transmitidas.

Además, el estándar WPA2 contempla la generación de claves de sesión para proteger las tramas de datos transmitidas, una vez que se ha superado correctamente el proceso de autenticación. Así, de esta forma se distinguen las claves primarias (claves de usuario, utilizadas en el proceso de autenticación) de las claves temporales o de sesión, empleadas para cifrar las transmisiones de datos en la red inalámbrica.

4.3 EL ESTÁNDAR WIMAX

En estos últimos años también ha surgido con fuerza la nueva tecnología **WiMAX** (*Worldwide Interoperability for Microwave Access*), que permite ofrecer un servicio inalámbrico de largo alcance y alta velocidad.

WiMAX se basa en el estándar IEEE 802.16, publicado en 2001, que se ha diseñado como una mejora importante de la tecnología Wi-Fi, ya que permite dar cobertura a distancias de varios kilómetros (constituyendo redes de área metropolitana –MAN–) con una velocidad de transmisión que podría llegar hasta los 124 Mbps. Esta tecnología de acceso inalámbrico punto-multipunto, similar a LMDS (*Local Multipoint Distribution System*), opera en la banda de frecuencias de 2,5 GHz a 3,5 GHz, por lo que requiere de línea de visión directa entre cada estación y el nodo central, con una cobertura máxima de 5 km.

También se ha propuesto el estándar 802.16a, y su versión más reciente, el estándar 802.16d, que opera en la banda de 2 a 11 GHz, con un ancho de banda de 70 Mbps y no requiere estrictamente de visión directa entre estaciones y nodo central (sería similar a la tecnología MMDS, *Multichannel Multipoint Distribution System*), con una cobertura de hasta 30 km.

4.4 BLUETOOTH Y OTRAS TECNOLOGÍAS SIMILARES

Se han propuesto otras tecnologías para desarrollar el mercado de redes inalámbricas, dirigidas tanto al ámbito doméstico como al empresarial: Bluetooth, Home RF, HiperLAN, Zigbee, etcétera. La existencia de tantas soluciones distintas e incompatibles entre sí ha contribuido a aumentar la confusión en el mercado.

De todas ellas, la tecnología **Bluetooth** ha conseguido una importante aceptación y el soporte por parte de un grupo destacado de empresas. El estándar Bluetooth fue aprobado en la primavera de 1998 por Ericsson, IBM, Intel, Nokia y Toshiba, con el objetivo de constituir una solución para comunicaciones inalámbricas con requisitos de espacio reducido, bajo coste y corto alcance entre ordenadores portátiles, periféricos (impresoras, escáneres, etcétera), agendas electrónicas (PDAs), teléfonos móviles, cámaras digitales y otros aparatos electrónicos, incluyendo distintos tipos de electrodomésticos (frigoríficos, hornos microondas, lavadoras…).

Bluetooth opera en la banda de los 2,45 GHz, con una técnica de transmisión que emplea múltiples saltos de frecuencia (la señal transmitida cambia 1.600 veces cada segundo sobre 79 frecuencias distintas) para reducir las interferencias con otros dispositivos que trabajan en esta misma banda, como los mandos de apertura de puertas de garajes. La señal es omnidireccional y atraviesa paredes y maletines, dentro de un radio de 10 metros, permitiendo alcanzar una velocidad teórica de transmisión de hasta 1 Mbps, si bien en la práctica esta velocidad se sitúa en los 725 kbps.

En cualquier grupo de dispositivos Bluetooth uno de ellos actúa como "maestro" y soporta hasta otros siete dispositivos, que trabajan como "esclavos". El "maestro" conecta los "esclavos" entre sí y controla el período y el salto de frecuencia de estos últimos para que puedan trabajar al unísono. Los dispositivos Bluetooth tan sólo necesitan un minúsculo chip (de 9 x 9 mm) para poder conectarse entre sí de forma totalmente compatible.

La tecnología Bluetooth se ha hecho muy popular entre los dispositivos electrónicos a medida que se ha ido extendiendo el uso de Internet móvil. No obstante, esta solución ha quedado relegada al ámbito de las redes domésticas, por su limitado radio de alcance y velocidad de transmisión.

Cabe destacar que el nombre de esta tecnología, un tanto extraño, proviene del rey danés Harald Bluetooth, que en el siglo X unió bajo un mismo reino a todas las tribus que poblaban el territorio de Dinamarca.

Por otra parte, la tecnología **ZigBee** se basa en el estándar 802.15 para el desarrollo de redes personales inalámbricas (*Wireless Personal Area Network*, WPAN). Este protocolo opera en la banda de 2,4 GHz y ha sido desarrollado para poder utilizar unos dispositivos con requerimientos muy bajos de transmisión de datos y de consumo energético, en redes en malla con características autoorganizativas y que permitan desplegar sensores empotrados, que puedan utilizarse para realizar control industrial, recolectar datos médicos, llevar a cabo labores de detección de humo o intrusos, aplicaciones domóticas, etcétera.

Una red ZigBee utilizará una cantidad muy pequeña de energía, de forma que cada dispositivo individual pueda tener una autonomía de hasta 5 años antes de necesitar un recambio en su sistema de alimentación. Para ello, un nodo ZigBee reduce su consumo gracias a que puede permanecer dormido la mayor parte del tiempo (incluso muchos días seguidos), de tal modo que cuando se requiere su uso, el nodo ZigBee es capaz de despertar en un tiempo ínfimo (unos 15 milisegundos), para volver al estado inactivo cuando éste deje de ser requerido.

Capítulo 5

REDES DE ÁREA AMPLIA

5.1 INTRODUCCIÓN

Las redes de área amplia (*Wide Area Networks* –WAN–) se caracterizan por su amplia extensión geográfica, de varias decenas o incluso miles de kilómetros. Suelen ofrecer una menor fiabilidad y calidad de servicio que las redes locales, con menores tasas de transferencia para los usuarios finales.

Una red WAN puede tener un carácter privado, si pertenece a una organización que la utiliza en exclusiva, o un carácter público, cuando pertenece a uno o varios operadores de telecomunicaciones que la utilizan para proporcionar una serie de servicios a sus clientes.

Estas redes persiguen ofrecer servicios de transmisión de todo tipo de información: ficheros de ordenador, correo electrónico, voz, imágenes, etcétera.

Los protocolos de las redes WAN utilizan la técnica de conmutación de paquetes para sacar el máximo partido a los recursos disponibles (enlaces de alta capacidad entre nodos), de tal forma que sobre cada circuito físico se puedan transmitir varios **circuitos virtuales**.

Estos circuitos virtuales (*Virtual Circuit* –VC–) pueden ser de dos tipos:

- **Circuitos virtuales permanentes** (*Permanent Virtual Circuit*): se establece una ruta permanente con unos recursos asignados (ancho de banda) para conectar dos redes locales o dos equipos a través de la infraestructura de la red WAN.

- **Circuitos virtuales conmutados** (*Switched Virtual Circuit*): la asignación de los recursos se realiza de forma dinámica, tras una etapa de establecimiento de la conexión donde se define la ruta que deben seguir todos los paquetes de datos asociados a esa transmisión.

Por otra parte, estos circuitos virtuales pueden ser punto a punto o punto a multipunto.

En las redes WAN también se pueden utilizar servicios de transmisión de paquetes de datos sin establecimiento de conexión. Estos paquetes, conocidos como "datagramas", podrán seguir distintas rutas y llegar desordenados a su destino.

En el siguiente apartado se analizan las principales características de los protocolos diseñados para la transmisión de datos en las redes WAN.

5.2 PROTOCOLOS DE LAS REDES WAN

5.2.1 X.25

X.25 fue el primer protocolo estándar basado en la conmutación de paquetes, definido por el CCITT en 1976. Se trata de un protocolo de enlace muy robusto, que ofrece un servicio fiable orientado a conexión, en el que se establece un circuito virtual (permanente o conmutado) entre los dos equipos que intervienen en la transmisión.

Este protocolo se diseñó para sacar el máximo partido a los medios de transmisión de los años setenta: líneas de baja velocidad con una elevada tasa de errores. Por este motivo se trata de un protocolo "pesado", que introduce un elevado *overhead* (bits adicionales incluidos en las tramas de datos) para facilitar la corrección de errores en las tramas de datos, con lo que su velocidad de transmisión no supera los 64 Kbps.

En la actualidad se encuentra en desuso, si bien todavía podría tener alguna utilidad en aplicaciones que requieren una baja velocidad de transmisión y un servicio muy fiable, como en el envío de información desde los terminales puntos de venta (TPV) de los comercios o la conexión de las redes de cajeros automáticos.

5.2.2 Frame Relay

El protocolo Frame Relay (que podríamos traducir por "Retransmisión de Tramas") nació en los ochenta como una mejora de X.25. Introduce menos *overhead* en las tramas de datos, ya que reduce notablemente los elementos de comprobación y corrección de errores, puesto que utiliza líneas más fiables y con tasas de error muy inferiores a las disponibles en los años setenta. De este modo, permite alcanzar velocidades de transmisión de hasta 2 Mbps.

Frame Relay introduce la posibilidad de contratar anchos de banda mínimos garantizados (*Committed Information Rate* –CIR–). Este parámetro define la mínima velocidad de transmisión que el operador de telecomunicaciones garantiza al cliente en situaciones de congestión de la red. Por otra parte, se define una tasa de exceso de información a través del parámetro EIR (*Excess Information Rate*), como el margen en que se puede superar el CIR contratado para esa línea de datos.

De este modo, un usuario puede aprovechar la capacidad sobrante de la red en las horas de menor utilización (horas valle), sin menoscabar la calidad del servicio que reciben otros usuarios que comparten los mismos recursos en las horas de mayor tráfico (horas punta), ya que entonces cada usuario se verá limitado a su CIR.

Gracias a su mayor capacidad de transmisión con respecto a X.25, el protocolo Frame Relay también se ha utilizado para transmitir voz digitalizada entre las delegaciones de una empresa u organización.

Frame Relay tuvo una gran aceptación en el ámbito empresarial, por su fiabilidad y calidad, siendo ofrecido en nuestro país por operadores como Telefónica (que construyó la Red Uno mediante enlaces Frame Relay) o British Telecom.

5.2.3 ATM

El protocolo ATM (*Asynchronous Transfer Mode*, Modo de Transferencia Asíncrono) fue desarrollado en los años noventa para poder transmitir vídeo, voz y datos sobre enlaces de alta capacidad, aprovechando el desarrollo de las comunicaciones sobre cable de fibra óptica. Algunos lo definieron en su día como la RDSI de banda ancha, ya que permite desarrollar una red digital de servicios integrados (se integran distintos tipos de tráfico) de muy altas prestaciones.

Su principal característica es definir paquetes de datos de tamaño fijo, de 53 bytes, de los cuales 48 bytes se dedican a datos y 5 bytes a información de control del protocolo (*overhead* que constituye la cabecera con los datos identificativos). Estos paquetes se denominan celdas y son mucho más manejables en situaciones de congestión, gracias a que tienen un tamaño fijo, lo cual facilita además en gran medida el diseño de los equipos de conmutación (en X.25 y Frame Relay los paquetes tienen una longitud muy superior y además son de tamaño variable).

Debido a que los medios de transmisión utilizados son mucho más fiables (en las fibras ópticas prácticamente no se producen errores debido a su inmunidad frente a ruidos e interferencias) y ofrecen mayores anchos de banda, los enlaces ATM eliminan el control de errores en la transmisión (este control se deja en manos de los equipos terminales) y permiten alcanzar velocidades que típicamente se sitúan entre 25 y 622 Mbps, mejorando de este modo notablemente las prestaciones de las redes WAN.

ATM se ajusta mucho mejor a las exigencias del tráfico multimedia, donde se producen notables variaciones en la cantidad de información enviada por cada equipo (por este motivo se denomina "tráfico a ráfagas"). El tamaño fijo y reducido de las celdas facilita el control de la congestión en la red y del retardo punto a punto. Esta mayor fragmentación de la información transmitida permite responder con mucha más rapidez a un tráfico de alta prioridad que puede llegar inesperadamente mientras se está transmitiendo otro menos urgente. Sin embargo, esta mayor fragmentación provoca una ineficiencia mínima del 10 %, debido a que en cada celda transmitida el 10 % de los datos se corresponde a información de control incluida en la cabecera. En otros protocolos que utilizan paquetes con un tamaño muy superior se reduce la proporción entre bytes de control y bytes de datos, por lo que mejora su eficiencia.

Al igual que X.25 y Frame Relay, ATM ofrece un servicio orientado a conexión, en el cual el equipo emisor negocia un contrato de tráfico con la red para establecer la conexión con el equipo de destino, reservando un determinado ancho de banda y estableciendo de antemano una calidad de servicio. En ATM también se utilizan los parámetros de CIR y EIR del protocolo Frame Relay y se ofrece la posibilidad de asignar distintos niveles de prioridad a las celdas en función del tipo de tráfico que soporten.

En este protocolo se definen cinco "clases de servicio", adaptándose a los distintos tipos de tráfico que se deseen incluir en un circuito virtual:

- **Velocidad constante** (CBR, *Constant Bit Rate*): se asigna una velocidad de transmisión constante para las celdas pertenecientes a esta conexión, emulando de esta forma el comportamiento de la conmutación de circuitos.

- **Velocidad variable para aplicaciones en tiempo real** (VBR-RT, *Variable Bit Rate-Real Time*): esta clase de servicio se destina para transmitir tráfico a ráfagas sensible a las variaciones en el retardo de las celdas, como en el caso de la transmisión de una sesión de videoconferencia.

- **Velocidad variable para aplicaciones que no requieren tiempo real** (VBR-NRT, *Variable Bit Rate-Non Real Time*): esta clase de servicio se destina para transmitir tráfico a ráfagas insensible al retardo de las celdas, como en el caso de la transferencia de ficheros de datos.

- **Velocidad disponible** (ABR, *Available Bit Rate*): en esta clase de servicio la red ofrece la mayor velocidad disponible en cada caso, en función del resto de tráfico transmitido. Se recomienda para enviar datos de baja prioridad, como pudiera ser el caso de la transferencia de ficheros o el correo electrónico.

- **Velocidad sin especificar** (UBR, *Unspecified Bit Rate*): en esta clase de servicio el comportamiento de ATM es similar al de las redes IP, ya que no se especifica la velocidad de transmisión ni los valores de retardo de las celdas.

Por otra parte, en ATM los circuitos virtuales se empaquetan en caminos virtuales (*Virtual Path* –VP–), donde se incluyen todos los circuitos virtuales que comparten un mismo punto de origen y de destino. De este modo, todas las celdas pertenecientes a un mismo camino virtual son encaminadas conjuntamente a través de la red ATM, facilitando de este modo la operación de la red.

ATM experimentó un gran impulso por parte de los operadores de telecomunicaciones desde mediados de los años noventa, siendo ampliamente utilizado en los troncales y enlaces de alta capacidad. De hecho, en nuestro país la empresa Telefónica inició en el año 1996 dos servicios de red ATM, denominados Servicio Gigacom y Servicio Cinco (Comunicaciones Integrales Corporativas).

Sin embargo, en la actualidad las velocidades para las que estaba pensada (hasta 622 Mbps) han sido superadas por otras tecnologías, como la utilización de GigaEthernet sobre redes de fibra óptica o la transmisión directa de paquetes de tráfico IP sobre fibra óptica (por ejemplo, mediante la tecnología *IP over DWDM* que impulsa el fabricante de *routers* CISCO).

5.2.4 SDH/SONET: Jerarquías digitales síncronas

Las tecnologías SDH y SONET (*Synchronous Digital Hierarchy* y *Synchronous Optical Network*) permiten transportar señales de distintas capacidades a través de una red óptica síncrona. SONET es el estándar definido por el organismo *American National Standards Institute* (ANSI) en Estados Unidos, mientras que SDH es el estándar europeo definido por el organismo *European Telecommunications Standards Institute* (ETSI).

Hasta la aparición de estos estándares, cada fabricante de sistemas basados en fibra óptica utilizaba sus protocolos propietarios, definiendo unos formatos exclusivos de tramas de datos, dificultando de este modo enormemente la interconexión de equipos de distintos fabricantes.

Por otra parte, tradicionalmente los sistemas de transmisión han sido asíncronos, de manera que cada terminal trabajaba con su propio reloj para definir la estructura de las tramas de datos, estableciendo el comienzo y el final de cada símbolo enviado al medio de transmisión, aspecto crucial para el correcto funcionamiento de los sistemas digitales, ya que los equipos transmisor y receptor deben trabajar con la misma velocidad para poder identificar los ceros y unos (bits) en el flujo de datos.

En las comunicaciones digitales síncronas, desarrolladas en los últimos años gracias al avance de las comunicaciones ópticas, las transiciones digitales de las señales ocurren exactamente en el mismo instante en todos los equipos conectados al sistema de telecomunicación. Para ello, es necesario emplear relojes mucho más precisos, que toman como referencia los pulsos emitidos por un reloj de referencia (*Primary Reference Clock* –PRC–).

Estos relojes son más caros, pero aportan importantes ventajas al sistema de telecomunicación, sobre todo porque es posible simplificar notablemente los equipos de multiplexación y de conmutación, lo cual permite alcanzar velocidades de transmisión muy superiores (de varios gigabits por segundo).

En las jerarquías digitales síncronas se han definido distintos niveles de multiplexación de los datos, sobre enlaces de fibra óptica que operan a distintas velocidades.

En el caso de SONET, la jerarquía digital con las distintas velocidades de transmisión es la que se muestra a continuación:

Señal	Velocidad	Capacidad
OC[7]-1	51.480 Mbps	28 x 24 canales de voz
OC-3	155.520 Mbps	84 x 24 canales de voz
OC-12	622.080 Mbps	336 x 24 canales de voz
OC-48	2.488.320 Mbps	1.344 x 24 canales de voz
OC-192	9.953.280 Mbps	5.376 x 24 canales de voz

Tabla 5.1. Jerarquía SONET

Por otra parte, Ethernet sobre SDH (EoSDH) o Ethernet sobre SONET es un conjunto de protocolos que permiten transmitir tráfico Ethernet sobre redes de fibra óptica SDH o SONET, de forma eficiente y flexible. Para ello, mediante estos protocolos las tramas Ethernet que son transmitidas sobre el enlace SDH/SONET se encapsulan mediante el protocolo GFP (*Generic Framing Procedure*), para crear un flujo síncrono de datos a partir de los paquetes asíncronos Ethernet.

---

[7] OC: *Optical Carrier.*

Capítulo 6

CARACTERÍSTICAS Y FUNCIONAMIENTO DE INTERNET

6.1 LOS ORÍGENES DE INTERNET

Internet, la gran Red mundial de redes de ordenadores, se ha convertido desde mediados de los noventa, momento en que deja de ser utilizada exclusivamente por la comunidad científica y universitaria, en todo un fenómeno social que transciende más allá de sus características tecnológicas.

El crecimiento que ha experimentado desde entonces está siendo espectacular, desarrollándose rápidamente todo tipo de usos y aplicaciones, destacando sobre todo las comerciales.

Los orígenes de Internet se remontan a finales de los años sesenta, cuando en plena Guerra Fría, con el apoyo del Departamento de Defensa de Estados Unidos, se puso en marcha una red experimental que comunicaba los ordenadores de varias universidades y centros de investigación. Con este proyecto se pretendía crear una infraestructura de telecomunicaciones más fiable y robusta que las existentes en ese momento, capaz de seguir en funcionamiento ante situaciones adversas, como la planteada por la caída de varios de sus nodos en el caso de un hipotético ataque nuclear.

Nació así la red ARPANET en 1969, precursora de la actual Internet. Esta red comenzó su expansión por Estados Unidos en la década de los setenta, extendiéndose a nuevas universidades y centros de investigación.

Su expansión se vio favorecida por tratarse de una red descentralizada y un tanto anárquica, característica que facilitó en gran medida la inclusión de nuevos nodos[8].

A mediados de los setenta la red ARPANET alcanzó una dimensión internacional al establecerse las primeras conexiones desde Estados Unidos con Gran Bretaña y Noruega. En 1983 la parte estrictamente militar se separó convirtiéndose en la red MILNET, momento en el cual ARPANET dejó de estar controlada directamente por el Departamento de Defensa de Estados Unidos.

El hecho de que el software de los protocolos de comunicaciones que regían el funcionamiento de ARPANET fuera de dominio público, así como el que la estructura de la Red fuera un tanto anárquica debido a su naturaleza, propiciaron que muchas organizaciones que disponían de los equipos informáticos necesarios pudieran conectarse a ella, fundamentalmente universidades y grandes empresas tecnológicas. Así, por ejemplo, la *European Unix Network* (EuNet), integrada por diversas organizaciones de los Países Bajos, Dinamarca, Suecia y Gran Bretaña, se conectó a ARPANET en 1982.

En 1986 la *National Science Foundation* (NSF) de Estados Unidos comenzó a construir la red NSFNET para interconectar varios centros de supercomputación con enlaces de muy alta capacidad. Esto aceleró el desarrollo tecnológico de la Red, mejorando las infraestructuras de telecomunicaciones. Otras importantes agencias de la Administración norteamericana, como la NASA, el Instituto Nacional de la Salud o el Departamento de Energía, se conectaron a la Red, incorporando sus inmensos recursos informáticos y de comunicaciones.

El crecimiento de la Red en la década de los ochenta fue exponencial, pasando de 1.000 servidores conectados en 1984 a 10.000 en 1987 y alcanzando una cifra superior a los 100.000 en 1989.

En 1990 se extinguió oficialmente como entidad la red ARPANET y otras redes tomaron su relevo: la *National Research and Education Network* (NREN) y,

---

[8] En cierta medida, resulta paradójico pensar que la organización más jerarquizada y centralizada, el ejército, haya dado lugar a la red de telecomunicaciones más descentralizada y anárquica (característica que se justifica para garantizar una mayor robustez de la red).

más recientemente, la *very-High-Speed Backbone Network Service* (vBNS), que han constituido el núcleo de Internet.

A partir de ese año se conectaron a Internet redes de investigación de diversos países de todo el mundo, en especial de Europa, Latinoamérica, el sudeste asiático y, entre ellos, por supuesto, España, a través de la Red IRIS, dependiente del Consejo Superior de Investigaciones Científicas.

La NSF retiró las restricciones al uso comercial de Internet en 1991, hecho que impulsó aún más si cabe su crecimiento, propiciando la incorporación de las redes corporativas de las grandes empresas multinacionales, así como de las redes de servicios *on-line*, muy populares en Estados Unidos (Compuserve, America On Line, Prodigy...). La Red alcanzó el millón de servidores conectados en 1992, los 2 millones en 1993 y los 3,8 millones en 1994.

Un hecho decisivo en la historia de Internet lo constituyó la aparición del servicio World Wide Web en 1993, desarrollado a finales de los años ochenta en el laboratorio CERN (Centro Europeo para las Investigaciones Nucleares) de Berna (Suiza).

El World Wide Web provocó un cambio drástico en la facilidad de uso de las aplicaciones y el nacimiento de un nuevo medio que se ha denominado "hipermedia". Este medio está constituido por un entramado de documentos que contienen todo tipo de información en formato multimedia (texto, imágenes, sonido, animaciones...) y que incorporan vínculos (denominados "hiperenlaces") entre distintas partes de cada documento y entre distintos documentos.

En 1995 la Administración norteamericana eliminó la subvención a la NSFNET, espina dorsal de Internet. A partir de este momento la gestión y el mantenimiento de la Red pasó a manos de operadores de telecomunicaciones como MCI y Sprint, que cobraban a sus clientes por sus servicios de conexión a la Red. Ese mismo año el número de servidores conectados superó los 5 millones.

La siguiente figura resume el proceso seguido desde la aparición de ARPANET hasta llegar a la Internet que conocemos hoy en día:

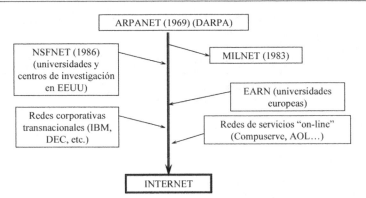

Figura 6.1. La evolución de Internet

A pesar de ser una red puesta en marcha en 1969, Internet no tuvo una amplia difusión hasta finales de los años noventa. Durante sus primeros 25 años de historia estuvo restringida al ámbito científico y universitario. Es a partir de 1995 en Estados Unidos y de 1996 en Europa cuando se generaliza su utilización para otros fines y, en especial, para la comunicación de los ciudadanos recién convertidos en internautas (gracias a servicios tan populares como el correo electrónico o el *chat*), para el desarrollo de aplicaciones comerciales (a través del marketing digital y el comercio electrónico) y para la difusión de todo tipo de información de forma rápida y económica.

En muy poco tiempo Internet se ha convertido en todo un fenómeno social, comenzando un crecimiento exponencial que le permite superar los 1.000 millones de usuarios conectados en el año 2010, con las mayores tasas de crecimiento en los medios de comunicación y en los servicios de telecomunicaciones.

Desde el punto de vista técnico, la clave del éxito de Internet se debe a la definición de una serie de protocolos estándares que facilitan la interconexión de distintos tipos de redes y sistemas informáticos, consiguiendo de este modo la interoperabilidad entre equipos de distintos fabricantes.

Nos podemos preguntar cuáles han sido las causas que han propiciado esta popularización de Internet, que han contribuido a su consolidación como todo un fenómeno social a finales del siglo XX y principios del siglo XXI. Seguidamente se mencionan algunos factores que sin duda han tenido su importancia para explicar este crecimiento de Internet.

6.1.1 Popularización del PC como un electrodoméstico más

El ordenador personal fue lanzado al mercado por IBM en 1981, con el objetivo de acercar las aplicaciones informáticas básicas (programas de contabilidad, nóminas, hojas de cálculo…) a las pequeñas y medianas empresas. Los primeros equipos tenían unos precios prohibitivos (superaban el millón de pesetas de la época, más de 6.000 €), con unas prestaciones muy limitadas (los primeros equipos contaban con 64 Kbytes de memoria RAM y no disponían de disco duro para almacenar la información) y unos programas difíciles de manejar, basados en el sistema operativo MS-DOS. Los equipos eran muy poco amigables, ya que no disponían de un entorno gráfico ni de monitores en color, componentes multimedia, ratón, etcétera.

Sin embargo, el impresionante avance experimentado por la microelectrónica permitió desarrollar equipos mucho más potentes y económicos y desde mediados de los años noventa se generalizaron los sistemas gráficos (sobre todo a raíz del lanzamiento de Windows 95) y los componentes multimedia, lo que sin duda contribuyó a hacer del ordenador una máquina mucho más intuitiva y fácil de manejar.

Desde los años sesenta se ha venido cumpliendo sistemáticamente la conocida como "Ley de Moore", planteada por el ingeniero de Intel Gordon Moore, según la cual la capacidad de integración de los procesadores se duplica cada 18 meses, mientras que su precio se reduce a la mitad (esta última se conoce como la "Ley de Grosch").

Todos estos elementos han contribuido sin duda a la popularización de los ordenadores, que se han introducido en los hogares convirtiéndose prácticamente en un electrodoméstico más. En algunos países como Estados Unidos o los países del Norte de Europa más del 50% de los hogares disponen de, al menos, un ordenador, sentando de este modo las bases para el desarrollo de la Sociedad de la Información.

Más recientemente, la popularización de los ordenadores portátiles, de los *netbooks* (mini-portátiles que se pueden adquirir por un importe de unos 200 € en 2010), de los *smartphones* (como el iPhone) y de las novedosas tabletas electrónicas (como el iPad) ha venido a expandir todavía más la población que cuenta con los dispositivos técnicos necesarios para conectarse a Internet, utilizando de forma masiva las conexiones mediante redes inalámbricas y de telefonía 3G.

6.1.2 Aumento de la velocidad de conexión y redución de las tarifas

Los sistemas de telecomunicación también han experimentado un avance espectacular en los últimos años, sobre todo a raíz del desarrollo y comercialización de los sistemas digitales, que han sabido aprovechar la reducción de costes y mejora de prestaciones de los componentes microelectrónicos.

La liberalización de las telecomunicaciones en los países occidentales desde finales de los años noventa ha contribuido a un incremento de la competencia, con la aparición de nuevos operadores que han impulsado el desarrollo de nuevos servicios y tecnologías, así como una importante reducción de las tarifas aplicadas.

Así mismo, el abaratamiento y mejora de prestaciones de los módems (equipos que permiten la transmisión de datos a través de una línea telefónica analógica) impulsaron las conexiones a Internet desde los hogares y las pequeñas empresas. De hecho, en España la puesta en marcha de la red Infovía en 1996 por parte de Telefónica supuso un hito destacado en la historia de Internet de nuestro país, ya que facilitó el acceso desde todos los lugares de la geografía española al coste de una llamada local, independientemente de la distancia a la que se encontrara el proveedor de acceso a Internet (*Internet Service Provider* –ISP–). Desde ese momento se produjo una espectacular eclosión de empresas proveedoras de acceso a Internet, lo cual contribuyó de forma decisiva a rebajar las tarifas y propiciar el desarrollo del mercado.

A partir del año 2000 el desarrollo de nuevas tecnologías de acceso han contribuido a incrementar la oferta disponible en el mercado, con una importante mejora de prestaciones y del servicio ofrecido por los operadores, acompañado de una mayor reducción de las tarifas y el desarrollo de los servicios de banda ancha, abriendo un nuevo mundo de posibilidades a sus usuarios. Así, podemos destacar la expansión de las redes de cable de fibra óptica, el acceso inalámbrico de alta capacidad mediante tecnologías de bucle de abonado vía radio (como LMDS), el acceso de dispositivos móviles empleando UMTS (móviles de tercera generación), las líneas ADSL (que tratan de aprovechar al máximo las actuales líneas telefónicas analógicas), la conexión vía satélite, etcétera.

De este modo, en España hemos pasado de pagar cuotas mensuales de acceso a Internet que se situaban en una media de 180 € en el año 1995 por una velocidad de conexión de apenas 56 kpbs (y teniendo que abonar por el tiempo de conexión), a tarifas planas de 6 Mbps de poco más de 20 € al mes en el año 2010.

6.1.3 Desarrollo de herramientas más fáciles de usar: World Wide Web

Otro aspecto que sin duda ha resultado determinante para explicar la popularización de Internet ha sido el desarrollo de herramientas mucho más intuitivas y fáciles de utilizar, basadas en interfaces gráficas, para acceder a los principales servicios de la Red: correo electrónico, *chat*, telefonía IP, etcétera.

Sin lugar a dudas, la estrella indiscutible ha sido el World Wide Web, servicio que desde su aparición a principios de los noventa ha supuesto una auténtica revolución en la publicación de contenidos y la difusión de información.

Desde la presentación en el año 1993 de Mosaic, el primer navegador, hemos asistido a una espectacular carrera en el desarrollo de estas aplicaciones, con una feroz competencia entre Internet Explorer y Netscape, resuelta a favor del primero en parte por las discutidas estrategias puestas en marcha por Microsoft (integración del navegador con sus sistemas operativos, obligación a los fabricantes de la instalación del Explorer en sus equipos...). Más recientemente se han desarrollado otros navegadores muy populares como Mozilla Firefox, Chrome de Google o Safari de Apple, que están ganando cuota de mercado al navegador Internet Explorer de Microsoft.

6.1.4 Universalización de Internet

En los próximos años asistiremos a una universalización en el acceso a Internet, gracias a la notable simplificación de la tecnología que soporta el acceso a la Red, ocultando la complejidad técnica y simplificando al máximo los procedimientos de conexión.

Además, ya es posible realizar la conexión mediante todo tipo de dispositivos, entre los que podemos destacar:

- Navegación desde los equipos de televisión y desarrollo de la televisión interactiva a través de la Televisión Digital Terrestre (TDT).

- Electrodomésticos con conexión a Internet que pueden ser controlados desde la propia Red y que ofrecerán nuevos servicios a sus usuarios: así, por ejemplo, ya es posible realizar la compra en un supermercado virtual a través de frigoríficos que incorporan una pantalla LCD con conexión a Internet, o programar y monitorizar el funcionamiento de lavadoras o lavavajillas desde equipos conectados a Internet. Además, la conexión remota a través de Internet con el fabricante de estos electrodomésticos posibilitará el desarrollo de nuevos servicios de teleasistencia y telemantenimiento y, en muchos casos, estos equipos podrán actualizar y mejorar sus prestaciones descargando módulos de software desde el Website del fabricante.

- Coches que ofrecen conexiones inalámbricas para solicitar servicios de información, descargar planos de ciudades con información en tiempo real del tráfico o realizar la compra o reserva de algún producto como, por ejemplo, entradas para un espectáculo.

- Teléfonos móviles, *smartphones* y PDAs (Asistentes Digitales Personales) que están permitiendo desarrollar toda una nueva serie de servicios basados en la movilidad y en la geolocalización de los usuarios.

Además, los gobiernos de los países europeos, de Estados Unidos y de algunos países del sudeste asiático han apostado decididamente por contribuir al desarrollo de la Sociedad de la Información, aprobando una serie de medidas que apoyan la inversión en equipos y tecnologías de la información, impulsando la introducción de Internet en los colegios y universidades y desarrollando nuevos servicios para ofrecer a los ciudadanos a través de Internet servicios de información, programas de teleformación, telemedicina, ciberbibliotecas, solicitud y seguimiento de trámites administrativos (e-Administración), etcétera.

Por otra parte, con la globalización y la desaparición de las fronteras, los gobiernos están perdiendo protagonismo en el nuevo orden mundial, en detrimento de las empresas y de los propios individuos, y buena prueba de ello es el espectacular crecimiento de redes sociales como Facebook, de las que ya forman parte varios cientos de millones de ciudadanos.

Así mismo, Internet puede actuar como un elemento "democratizador" de la sociedad, al facilitar una mayor participación de los ciudadanos en las decisiones que les afecten mediante sistemas de "votación electrónica", como los que ya se han experimentado en algunos países de nuestro entorno.

6.1.5 Organizaciones que gestionan Internet

Internet se caracteriza por ser una red un tanto "anárquica", carente de una estructura y de una autoridad formal. De hecho, está constituida por miles de redes independientes y autónomas en su gestión, que se han puesto de acuerdo en utilizar un "lenguaje común" (el protocolo TCP/IP) para poder compartir información.

Existen una serie de organizaciones que influyen en la gestión de Internet. Por razones históricas y por la mayor proporción de usuarios norteamericanos, buena parte de estas organizaciones se encuentran en Estados Unidos, país que juega un papel preponderante en la gestión de Internet.

La organización más importante es la *Internet Society* (ISOC, http://www.isoc.org), asociación profesional no lucrativa fundada en el año 1992. Entre sus funciones más importantes destacan el desarrollo de estándares para Internet (que se plasman en un conjunto de documentos denominados *Request For Comments* –RFC–), la asignación de recursos entre los distintos usuarios de la Red (direcciones IP, nombres de dominio...) y la cooperación global con otros organismos públicos nacionales, regionales e internacionales.

Existen una serie de organismos asociados a *Internet Society* que también desempeñan un importante papel en la gestión de Internet, entre los que podemos citar los siguientes:

- **Internet Architecture Board** (IAB): se encarga de tomar las decisiones técnicas y políticas sobre Internet.

- **Internet Engineering Task Force** (IETF): comité de expertos que se ocupa fundamentalmente del desarrollo de nuevos protocolos y servicios.

- **Internet Engineering Steering Group** (IESG): encargado de coordinar el trabajo de los grupos definidos dentro del IETF.

- **Internet Corporation for Assigned Names and Numbers** (ICANN), anteriormente conocida como *Internet Assigned Number Authority* (IANA): gestiona la asignación de códigos relacionados con los protocolos de Internet, así como de las direcciones IP. Delega parte de sus funciones en varios organismos regionales y estatales (como *RIPE NCC* en el ámbito europeo; *AP-NIC*, que se encarga de la región Asia-Pacífico; *ARIN*, que se encarga de América del Norte, etcétera).

- **Internet Network Information Centre** (InterNIC): es el centro que depende de la ICAAN para informar del registro de las direcciones IP y de los nombres de dominio, acumulando diversos datos sobre la configuración de Internet y las redes que la componen.

6.2 FUNCIONAMIENTO DE INTERNET

6.2.1 Topología de Internet

Teniendo en cuenta el objetivo perseguido con el proyecto precursor de Internet (crear un nuevo sistema de telecomunicaciones más robusto), la red ARPANET adopta una configuración de red "en malla", donde cada nodo está comunicado con los restantes, de tal modo que existen varios caminos posibles para interconectar dos nodos de la red. Todos los nodos desempeñan el mismo papel en el funcionamiento de la red, por lo que podemos considerarla como una Red de Telecomunicaciones Distribuida.

En contraposición con este planteamiento, otros sistemas adoptan una configuración jerárquica, en la que unos nodos desempeñan un papel clave para el correcto funcionamiento del conjunto de la red (tal es el caso, por ejemplo, de la red Telefónica), característica que les confiere una mayor vulnerabilidad. No obstante, la configuración jerárquica permite un mejor aprovechamiento de los recursos disponibles, ya que minimiza el número de enlaces necesarios para interconectar los nodos.

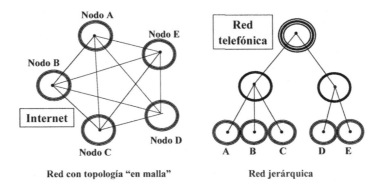

Red con topología "en malla"   Red jerárquica

Figura 6.2. Internet versus red telefónica

6.2.2 Red de conmutación de paquetes

El funcionamiento de Internet se basa en la tecnología de "conmutación de paquetes de datos", que fue desarrollada para dotar de una mayor robustez al sistema. En una red de conmutación de paquetes, la información se fragmenta en pequeños paquetes del mismo tamaño e importancia, denominados "datagramas". Cada paquete de datos contiene la dirección del ordenador al que va dirigido y sigue la ruta óptima para llegar a su destino en función de la situación en la que se encuentre la red en esos momentos. De este modo, cada paquete "encuentra su propio camino" de manera independiente de los demás, por lo que éstos pueden llegar desordenados a su destino. El receptor se encarga del reagrupamiento correcto de los paquetes para recuperar la información original.

Las redes de conmutación de paquetes se adaptan perfectamente a las características del tráfico generado por la transmisión de datos entre ordenadores ("tráfico a ráfagas"). No se establecen circuitos dedicados para cada transmisión (en contraposición con el funcionamiento de una red de "conmutación de circuitos" típica como la del servicio telefónico), sino que los circuitos disponibles son compartidos por varias comunicaciones, posibilitando un mejor aprovechamiento de los recursos de la Red.

Sin embargo, esta característica de Internet presenta ciertos inconvenientes, ya que impide garantizar una calidad de servicio y una respuesta uniforme de la Red. Por este motivo, no resulta adecuada para aplicaciones en tiempo real, como la transmisión de señales de audio y vídeo, que requieren un flujo de datos constante.

6.2.3 Modelo cliente/servidor

En el funcionamiento de Internet se sigue el modelo cliente/servidor: en la máquina del usuario que se conecta a Internet se ejecuta un programa que actúa de "cliente", solicitando una serie de operaciones y servicios a ordenadores que se encuentran en la Red y que actúan de "servidores". Las aplicaciones de Internet se basan en la interacción entre el programa "cliente" y el "servidor".

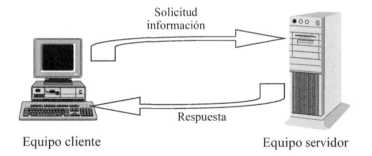

Figura 6.3. Modelo cliente/servidor

El modelo informático tradicional se ha basado en un sistema centralizado, en el que un ordenador central (*mainframe*) se encarga de ejecutar todas las aplicaciones y trabajos de los usuarios del sistema. Los usuarios se conectan al ordenador central mediante terminales sin ninguna capacidad de procesamiento (son simples pantallas y teclados, por lo que en la jerga informática se conocen como "terminales tontos").

Sin embargo, la aparición de los ordenadores personales, tras el lanzamiento al mercado del IBM PC XT en 1981, supuso un cambio radical en el modelo informático: estos equipos tenían capacidad de procesamiento y almacenamiento a precios asequibles, abriendo nuevas posibilidades para el desarrollo de aplicaciones de productividad personal (procesadores de texto, hojas de cálculo, etcétera). Gracias al PC, en estos últimos 30 años la industria informática ha experimentado un crecimiento espectacular, con un notable incremento de las prestaciones de los equipos instalados en los puestos de trabajo y en los departamentos.

La necesidad de compartir información y recursos entre los puestos de trabajo propició el desarrollo de las redes locales (LAN), con la aparición de estándares como Token Ring y, sobre todo, Ethernet. En esta nueva situación, caracterizada por la descentralización de la capacidad de procesamiento y almacenamiento, ha surgido un nuevo modelo informático basado en un esquema distribuido, en el que ciertos ordenadores dentro de la red con mayores prestaciones se especializan en ofrecer una serie de servicios (almacenamiento de ficheros, gestión de impresoras compartidas en red, ejecución de ciertas aplicaciones, etcétera) y que, por este motivo, se denominan "servidores".

A estos equipos "servidores" se conectan otros que actúan como "clientes" y que, a diferencia de los "terminales tontos", sí tienen capacidad para ejecutar aplicaciones y procesar los datos que reciben.

Por otra parte, en los últimos años se ha desarrollo un nuevo modelo denominado **peer to peer** (de igual a igual), que permite intercambiar ficheros y ofrecer cierto tipo de servicios directamente entre equipos clientes, sin necesidad de recurrir a ningún servidor. Los servicios *peer to peer* (con aplicaciones como el famoso e-Mule) se han popularizado en Internet desde el año 2000 para facilitar el intercambio directamente entre los usuarios finales de canciones digitalizadas, películas, libros y otros contenidos digitales, perjudicando gravemente los intereses de las industrias discográfica y cinematográfica, que han iniciado varias campañas legales para limitar el desarrollo de este tipo de iniciativas que pueden vulnerar los derechos de la propiedad intelectual.

6.3 PROTOCOLO DE COMUNICACIONES TCP/IP

El principal problema que se ha tenido que afrontar durante el desarrollo de Internet ha sido el conseguir la interconexión de distintos tipos de redes y sistemas informáticos, totalmente incompatibles entre sí. Para ello se ha definido un conjunto de protocolos de comunicaciones que permiten alcanzar la interoperabilidad entre los distintos sistemas, constituyendo una especie de "lenguaje común" a todos los equipos conectados a la Red.

El protocolo TCP/IP es el que se encarga de garantizar la comunicación fiable entre equipos y para cada uno de los servicios proporcionados por Internet se ha desarrollado un protocolo específico: HTTP para el World Wide Web, HTTPS para el World Wide Web seguro, SMTP para el correo electrónico, NNTP para el acceso a grupos de noticias (*news*), etcétera.

La descripción de cada uno de estos protocolos y de otros servicios de Internet se incluye en una serie de documentos denominados RFCs (*Request For Comments*), elaborados por los equipos de trabajo encargados de su desarrollo dentro de las organizaciones que rigen Internet (consultar http://www.rfc-editor.org para una relación completa de los RFCs publicados).

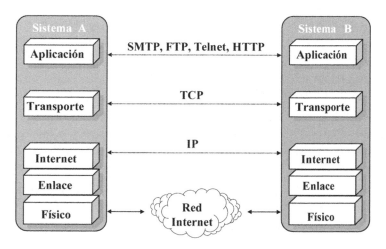

Figura 6.4. Familia de protocolos TCP/IP

TCP/IP define, por tanto, un conjunto de normas que rigen la transmisión de datos entre los ordenadores conectados a Internet. Se divide en dos protocolos:

- El **protocolo TCP** (*Transport Control Protocol*, RFC 791), que se encarga de llevar a cabo la fragmentación de la información en paquetes y de garantizar la transmisión fiable de datos entre el transmisor y el receptor (reagrupamiento de los paquetes, detección de errores y gestión de retransmisiones, control del flujo de datos, etcétera).

- El **protocolo IP** (*Internet Protocol*, RFC 793), cuyo cometido principal es el encaminamiento de los paquetes de datos por la Red, seleccionando la ruta que debe seguir cada uno para alcanzar su destino.

Por otra parte, dentro del mundo Internet se utilizan otros protocolos para proporcionar determinados servicios y aplicaciones. Los más importantes son los que se citan a continuación:

- **PPP** (*Point to Point Protocol*, RFC 1661): define un método para transmitir paquetes a través de enlaces serie, como en el caso de una conexión a Internet a través de un módem.

- **PPTP** (*Point to Point Tunnelling Protocol*): permite establecer enlaces IP seguros a través de Internet, empleando técnicas de encapsulamiento que definen "túneles" para el envío de los datos de una organización.

- **HTTP** (*Hypertext Transfer Protocol*, RFCs 1945, 2068, 2109 y 2269): es el protocolo utilizado en el World Wide Web para la transmisión de páginas HTML.

- **FTP** (*File Transfer Protocol*, RFC 959): uno de los primeros protocolos de Internet que permite descargar (o subir) ficheros desde un servidor a un equipo cliente.

- **SMTP** (*Single Message Transfer Protocol*, RFC 821): es el protocolo utilizado para la transferencia de mensajes de correo electrónico.

- **POP** (*Post Office Protocol*, RFC 1939): protocolo que permite acceder desde un equipo cliente a los buzones de correo electrónico que se encuentran almacenados en un servidor.

- **Formato MIME** (*Multipurpose Internet Mail Extensions*, RFC 2045): formato de codificación de mensajes que permite enviar ficheros binarios a través del correo electrónico.

- **NNTP** (*Network News Transport Protocol*, RFC 977): es el protocolo de lectura de los grupos de noticias (*newsgroups*) de Internet. Se denomina "Usenet" al conjunto de miles de foros electrónicos de debate y discusión que constituyen estos grupos de noticias.

- **Telnet** (RFC 854, 855): protocolo utilizado para la conexión remota a servidores a través de Internet, emulando un terminal virtual.

- **Finger** (RFC 1288): muestra información (nombre y apellidos, hora de la última conexión, tiempo de conexión, etcétera) acerca de un usuario específico conectado a un sistema IP local o remoto.

- **Whois** (RFCs 812 y 954): permite a los usuarios hacer búsquedas en una base de datos sobre personas y otras entidades de Internet, tales como dominios, redes y servidores.

- **ICMP** (*Internet Control Message Protocol*): utilizado por los *routers* y otros equipos dentro de Internet para intercambiar mensajes de control con información sobre el funcionamiento de la Red.

6.4 DIRECCIONES IP Y NOMBRES DE DOMINIO

Cada equipo conectado a Internet tiene asignado un número que permite su identificación y que se conoce como "dirección IP". En la actualidad una dirección IP está constituida por una secuencia de 4 bytes (32 bits).

No obstante, está prevista su ampliación a 16 bytes con la nueva versión del protocolo IP (denominada IPv6), para incrementar de forma drástica el número total de direcciones disponibles, solucionando así el problema de escasez de direcciones planteado por el espectacular crecimiento de la Red en los últimos años, muy por encima de las previsiones más optimistas.

En una dirección IP se distinguen dos partes: el número que identifica a la subred (red conectada a Internet) y el número que identifica al ordenador dentro de la subred (*host*, siguiendo la terminología de Internet).

Existen varias clases de direcciones IP:

- **Direcciones clase A (0..127):** emplean un prefijo de subred de 8 bits, dedicando 24 bits para identificar a cada máquina dentro de la subred. Estas direcciones están reservadas para grandes organizaciones (redes de hasta 16.777.216 equipos). Sólo pueden existir un total de 128 de estas redes dentro del esquema actual de direccionamiento.

- **Direcciones clase B (128..191):** emplean un prefijo de subred de 16 bits, dedicando 16 bits para identificar a cada máquina dentro de la subred. Estas direcciones se asignan a organizaciones de tamaño medio (hasta 65.536 ordenadores), admitiendo un número máximo de 16.384 de estas redes.

- **Direcciones clase C (192..223):** emplean un prefijo de subred de 24 bits, dedicando 8 bits para identificar a cada máquina dentro de la subred. Estas direcciones son asignadas a organizaciones pequeñas (hasta 256 ordenadores). El actual esquema de direccionamiento admite 2.097.152 de redes de estas características.

- **Direcciones clase D:** utilizadas para la multidifusión de datos.

Clase	Formato (r=red, h=host)	Número de redes	Número de hosts por red	Rango de direcciones de redes	Máscara de subred
A	r.h.h.h	128	16.777.214	0.0.0.0 - 127.0.0.0	255.0.0.0
B	r.r.h.h	16.384	65.534	128.0.0.0 - 191.255.0.0	255.255.0.0
C	r.r.r.h	2.097.152	254	192.0.0.0 - 223.255.255.0	255.255.255.0
D	grupo	-	-	224.0.0.0 - 239.255.255.255	-
E	no válidas	-	-	240.0.0.0 - 255.255.255.255	-

Tabla 6.1. Clases de direcciones IP

En la arquitectura de Internet los *routers* juegan un papel clave, al facilitar la interconexión de las distintas redes de ordenadores y actuar de encaminadores de los paquetes de datos, tal y como se muestra en la siguiente figura:

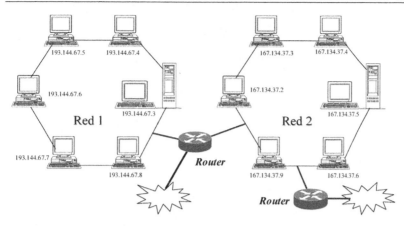

Figura 6.5. El papel de los routers en Internet

La agrupación de las direcciones en subredes, de acuerdo con las clases de direcciones IP descritas anteriormente, facilita la construcción de las tablas de enrutamiento de los *routers*, ya que van a utilizar las máscaras de las subredes y no las direcciones IP de los equipos finales, reduciendo de esta forma el tamaño de las tablas de enrutamiento.

Para los usuarios de la Red resulta bastante engorroso tener que trabajar directamente con las direcciones IP. Por este motivo se ha desarrollado el servicio de "nombres de dominio", que permite identificar a cada ordenador mediante un nombre que internamente es traducido por la dirección IP con la que se corresponde. De esta tarea se encargan los servidores DNS (*Domain Name Service*, RFC 1591), que constituyen un sistema de bases de datos distribuidas que traduce los nombres de dominio en direcciones numéricas IP.

Se sigue un esquema de nombramiento jerárquico que permite identificar a las organizaciones que están presentes en la Red, especificando en primer lugar el tipo de organización de que se trata (empresa, universidad, organización sin ánimo de lucro) o su país de procedencia, para, a continuación, indicar el nombre de la organización y proseguir, si es preciso, con el nombre de un departamento o área en cuestión dentro de la organización.

Desde el momento en que se ha generalizado el uso comercial de Internet, los nombres de dominio han adquirido una enorme importancia, ya que desempeñan el papel de las marcas que permiten identificar a las empresas y a sus productos dentro de la Red.

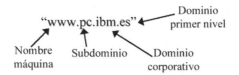

Figura 6.6. Estructura de un nombre de dominio

Además, hay que tener en cuenta que el nombre de dominio también se utiliza para construir las direcciones de correo electrónico de la organización, de acuerdo con el formato:

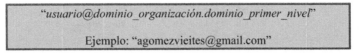

"usuario@dominio_organización.dominio_primer_nivel"

Ejemplo: "agomezvieites@gmail.com"

Seguidamente se muestra el impacto que tiene un nombre de dominio propio en la dirección del Website de la organización:

- Website sin dominio propio:

    – http://www.proveedor_de_acceso.es/empresa

    – http://www.empresa.proveedor_de_acceso.es

- Website con dominio propio:

    – http://www.empresa.es

    – http://www.empresa.com

Por tanto, entre las ventajas de utilizar un nombre de dominio propio, podemos citar las siguientes:

- Mejora la imagen de la empresa (presencia más profesional en Internet).

- Facilita el recuerdo de la dirección del sitio Web.

- Proporciona independencia frente al proveedor de acceso: no se asocia el nombre de la empresa al del proveedor, por lo que se minimizan los costes de cambio (un cambio de proveedor no representa un cambio en las direcciones de correo o en la dirección del Website).

También es interesante contemplar la posibilidad de utilizar un nombre de dominio genérico, del tipo "producto.com" o "servicio.com", ya que puede atraer un considerable número de visitas al Website sin esfuerzo promocional. Por esta razón, este tipo de nombres de dominio está muy cotizado, llegándose al extremo de pagar millones de euros por alguno de ellos. De hecho, el récord lo ostenta el nombre de dominio "business.com", vendido por 8,11 millones de euros en plena efervescencia de las empresas ".com".

Para registrar un nombre de dominio, debemos en primer lugar definir cuál va a ser el dominio de primer nivel. Existen dos grandes grupos de dominios de primer nivel:

- **Dominios de primer nivel genéricos** (**gTLD**, *generic top-level domains*):

  - **.aero:** reservado para la industria aeronáutica.

  - **.asia:** para organizaciones de la región Asia-Pacífico.

  - **.biz:** para los negocios.

  - **.cat:** para la comunidad catalanohablante.

  - **.com:** empresas y organizaciones comerciales.

  - **.coop:** denominación específica para cooperativas.

  - **.edu:** universidades y escuelas de negocios.

  - **.gov:** organismos del Gobierno de Estados Unidos (por ejemplo: "whitehouse.gov").

  - **.info:** para proveedores de información y contenidos.

  - **.int:** organismo internacional (por ejemplo: "eu.int" para la Unión Europea).

  - **.jobs:** para las entidades relacionadas con la gestión de recursos humanos.

  - **.mil:** centros militares de Estados Unidos.

  - **.mobi:** para productos y servicios móviles.

- **.museum:** reservado para museos y entidades relacionadas.

- **.name:** para las páginas personales.

- **.net:** organizaciones relacionadas con la Red.

- **.org:** organizaciones sin ánimo de lucro.

- **.pro:** para las páginas de las profesiones liberales clásicas.

- **.travel:** para la industria de los viajes y el turismo.

- **Dominios de primer nivel territoriales (ccTLD,** *country code top-level domains*), que emplean dos letras que identifican al país de procedencia, de acuerdo con la tabla de códigos ISO 3166):

  - **.es** (España), **.uk** (Reino Unido), **.mx** (México), **.ch** (Suiza)...

  El organismo que tiene asignada la misión de gestionar el servicio de nombres de dominio en Internet es la *Internet Corporation for Assigned Names and Numbers* (ICANN), que delega sus funciones y responsabilidades a otros organismos e instituciones dentro de cada país para la gestión de los dominios territoriales.

En la actualidad nos enfrentamos a un problema de escasez de nombres de dominio: a finales del año 1997 ya había registrados más de 1.300.000 registros de dominios ".com" y 800.000 entre los ".org" y los ".net"; a finales de 2000 se superaba la cifra de 20.000.000 de registros ".com", y en el mes de noviembre de 2010 la cifra de ".com" alcanza los 91.000.000 de registros.

6.4.1 Calidad del servicio en redes IP (*Quality of Service*)

La RTC o Red Telefónica Conmutada fue, por derecho histórico y preeminencia, la inspiración inicial de las redes de paquetes como ARPANET o su secuela Internet. No en vano, los conceptos de conmutación y direccionamiento estaban ya bien resueltos en la RTC durante más de cincuenta años.

Sin embargo, los requisitos militares que inspiraron ARPANET y que se mantienen presentes en Internet hacen de ellas redes completamente diferentes en lo tocante a la transmisión de flujos de sonido o de imágenes. A diferencia de la transmisión de datos legibles o del transporte de ficheros, el sonido y la imagen requieren de algunos cuidados esenciales, como:

- La latencia, esto es, el tiempo que transcurre desde que el emisor transmite hasta que el receptor comienza a escuchar debe ser muy baja, típicamente inferior a medio segundo; lo contrario supone intercalar unas esperas que al ser humano le resultan intolerables para mantener una conversación con una calidad aceptable.

- La cadencia con la que se reproduce el mensaje en destino ha de ser igual a la cadencia con que se emitió en origen. La aparición de intervalos de silencio o de paradas incomprensibles en el flujo transmitido puede hacer intolerable la experiencia para el receptor o incluso hacer ininteligible el mensaje.

La Red Telefónica Conmutada resolvía ambos problemas garantizando que emisor y receptor contaran con una línea dedicada (física o virtualmente) tras un proceso de conmutación inicial (marcado) que ponía en comunicación permanente ambos extremos. Digamos que una vez establecida la conmutación, emisor y receptor contaban con un cierto número de conmutadores físicos dedicados de forma permanente a transmitir a toda velocidad la señal analógica emitida.

En la transmisión a través de Internet de sonido o de *streaming* de vídeo esto ya no es posible debido, precisamente, a la naturaleza redundante y distribuida de esta red y a la autonomía que se otorga a sí misma para redefinir el enrutamiento de los paquetes de forma dinámica. Por tanto, es posible que paquetes de sonido o de vídeo que se corresponden a los primeros instantes de un mensaje de voz o de una película, respectivamente, lleguen más tarde a destino que otros emitidos posteriormente, probablemente porque los nodos de conmutación por los que han tenido que viajar hayan decidido adoptar estrategias de enrutamiento con un número mayor de saltos o con menor velocidad de transmisión.

De igual manera que ocurre con la transmisión de ficheros mediante FTP o del protocolo HTTP, que envía páginas Web en respuesta a solicitudes desde un navegador, el flujo de paquetes de una transmisión de audio o de vídeo no puede llegar desordenado a destino, puesto que cada paquete representa una pequeña porción del sonido total emitido y todos ellos deben disponerse en el orden exacto en que fueron enviados para reconstruir la frase correctamente. No hay problema, el protocolo TCP (*Transmision Control Protocol*) vela porque en todos los casos el reordenamiento ocurra de manera consistente. Sin embargo, existe una diferencia importante entre la transmisión de datos y la transmisión de sonido o de vídeo: en la transmisión de sonido o de vídeo una vez que se comienza a reproducir en destino no se tolerarán retrasos o esperas en la reordenación de los paquetes de datos, ya que ello implicaría vacíos inesperados o intervalos de silencio que podrían hacer extraño o incomprensible el mensaje recibido.

A la capacidad de una red de disponer recursos para garantizar un cierto flujo de paquetes por segundo de forma ordenada se le denomina calidad de servicio o QoS (*Quality of Service*) de la red. Cabe destacar que al exigir una cierta QoS a una red IP volvemos a dedicar recursos físicos de forma permanente a cada pareja emisor/receptor, la misma solución que de forma intrínseca proponía ya la Red Telefónica Conmutada hace casi un siglo.

Para paliar los efectos de la pérdida de paquetes de datos, muchos algoritmos de compresión utilizan técnicas de interpolación, que permiten reconstruir los paquetes perdidos a partir de los anteriores y posteriores en la secuencia recibida.

Así mismo, para tratar de garantizar una mínima calidad de servicio en las redes IP se han desarrollado una serie de protocolos que permiten proporcionar servicios en tiempo real sobre IP, como son RTP (*Real time Transport Protocol*), RTCP (*Real Time Control Protocol*), RSVP (*Resource Reservation Protocol*) y RTSP (*Real Time Streaming Protocol*).

Mediante estos protocolos se puede solicitar y garantizar un determinado ancho de banda y unos valores máximos de retardo que permitan ofrecer una calidad aceptable en una transmisión, a costa de pagar un precio superior por el envío de estos paquetes de datos a través de Internet.

De este modo, en las nuevas redes IP que están desarrollando los operadores de telecomunicaciones se pueden distinguir distintos niveles de servicio, caracterizados por unos determinados parámetros de calidad y unas tarifas diferentes en cada caso. Así mismo, la mejora en la capacidad de los enlaces troncales, gracias a la utilización de comunicaciones ópticas síncronas (jerarquías digitales síncronas SDH y SONET) y el incremento de prestaciones de los equipos de conmutación e interconexión, facilitará ofrecer los niveles de calidad necesarios en estas nuevas redes IP.

Conviene destacar que, para los operadores, las redes IP resultan más rentables que las tradicionales, ya que la compartición de las conexiones tanto para datos, como para voz sobre IP, permite reducir los costes globales de operación, gracias a la integración de los servicios ofrecidos a sus clientes.

Capítulo 7

SERVICIOS DE INTERNET

7.1 LA CONVERGENCIA MEDIÁTICA EN LA ERA DE LA DIGITALIZACIÓN

Recién finalizada la primera década del siglo XXI parece que nos podemos replantear el papel que juega Internet en nuestras vidas, puesto que ha dejado de ser el medio que permitía intercambiar datos entre ordenadores para convertirse en el medio tecnológico único sobre el que terminarán convergiendo todas las tecnologías de interacción humana.

En gran medida la tecnología abierta TCP/IP es responsable de este avance unificador, ya que alrededor de 1990 la investigación sobre nuevos protocolos de red había dejado de ser una ventaja competitiva para los principales fabricantes y la adopción de TCP/IP era ya inevitable en cualquier desarrollo software o hardware que salía al mercado. Así, TCP/IP terminó siendo el estándar de facto para la comunicación entre ordenadores y su amplia aceptación y su naturaleza de protocolo abierto terminó por disminuir de forma importante los costes de dotar de conectividad a cualquier dispositivo electrónico.

A principios de la década de 1980 surgió una nueva tecnología que junto con TCP/IP terminaría por configurar la era digital en que ahora nos encontramos: la tecnología *Compact Disc* (CD), y posteriormente su sucesora *Digital Versatile Disc* (DVD), desencadenaron un torrente de contenidos antes típicamente analógicos (voz e imagen) en formato digital. El éxito de la tecnología CD y su secuela CD-ROM (*Compact Disc Read Only Memory*), de aplicación al campo de los datos de ordenadores, instauraron en la conciencia de todos los fabricantes de dispositivos electrónicos la idea de que la grabación y reproducción de sonido, imagen y datos para el gran público ya sólo tenía sentido en formato digital.

La combinación de las grabaciones digitales con las redes decantó lo inevitable: el desacoplamiento entre contenido (grabación) y contenedor (CD, DVD) y la difusión y duplicación de dicho contenido sin mermas a un coste ínfimo. Las tecnologías CD y DVD sacaban partido de sistemas de conversión A/D (Analógico/Digital) de extrema calidad y coste, situados en los estudios de grabación de las grandes productoras. La digitalización del sonido a frecuencias de muestreo de 44,1 miles de muestras por segundo[9] terminó por convertirse en un estándar.

¿Cómo pudo entonces triunfar comercialmente CD si la tecnología de conversión involucrada era tan costosa? La viabilidad comercial de estos formatos radicaba en una asimetría tecnológica y económica muy singular: construir un conversor D/A (Digital/Analógico) es relativamente sencillo y barato mientras que construir un buen conversor A/D es complejo y suponía una fuerte inversión. Dado que en los reproductores CD y DVD vendidos al gran público sólo es necesario incluir un conversor D/A la difusión de estas tecnologías (y sus tecnologías asociadas ROM) fue fulgurante.

Pero sobre el año 2000 el precio y la calidad de los circuitos integrados A/D habían alcanzado el punto óptimo, un hecho que supuso su incorporación progresiva a teléfonos, vídeo grabadoras, cámaras fotográficas y cualquier otro tipo de equipo imaginable, convirtiéndolos de inmediato en dispositivos digitales capaces de encaminar los flujos de sonido e imagen convertidos en paquetes TCP/IP hacia cualquier destino imaginable.

Nuestra sociedad ha avanzado desde entonces inexorablemente hacia un mundo de productos y servicios totalmente digitalizados, frente a los tradicionales productos y servicios analógicos. De hecho, en los últimos años la telefonía móvil digital (GSM, 3G y 4G) ha sustituido a la telefonía móvil analógica, la música en CD y en formato MP3 ha desbancado al vinilo o al casete, el DVD va camino de hacer lo propio con las películas de vídeo en formato VHS y, más recientemente, la televisión digital terrestre y la radio digital reemplazarán totalmente a los actuales sistemas de radiodifusión analógicos.

---

[9] La elección de 44,1 kHz tiene que ver con el teorema de Nyquist-Shannon, según el cual, para muestrear una señal analógica con calidad es necesario elegir una frecuencia de muestreo que al menos sea el doble de la mayor frecuencia que presente la señal analógica. Dado que el oído humano es capaz de captar sonidos de hasta 20-22 kHz, se eligió 44,1 kHz por este motivo y por otras razones de índole técnica relacionadas con el formato de cinta de vídeo (U-matic) que imperaba en la época.

• De la telefonía analógica...	a RDSI y ADSL
• De la telefonía móvil analógica...	al GSM y UMTS
• De la TV analógica...	a la TV digital
• De la radio analógica...	a la radio digital
• Del vinilo y el casete ...	al CD y al MP3
• De la cinta de vídeo...	al DVD

Figura 7.1. La transición hacia un mundo digital (Gómez Vieites, 2006)

El maridaje de las tecnologías digitales con TCP/IP ha contribuido singularmente a que las redes digitales cobraran sentido más allá del ámbito de la intercomunicación de ordenadores y a que hoy todas las tecnologías que en el siglo XX se consideraban analógicas (grabación y transmisión de voz, grabación y transmisión de imagen, telemetría, sistemas de control dinámico, etcétera) se conciban ya únicamente como digitales a todos los efectos.

La convergencia mediática y la digitalización son dos factores que han contribuido decisivamente al desarrollo del macro sector de las TIC, en el que confluyen la industria de la informática, de las telecomunicaciones y de los contenidos. Gracias a la digitalización, hoy en día las redes de comunicaciones ya sólo transmiten bits (independientemente de que éstos representen datos, voz o imágenes) y los equipos informáticos y de electrónica de consumo pueden almacenar y reproducir todo tipo de contenidos digitales.

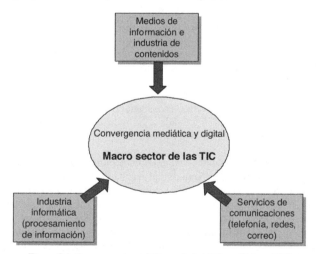

Figura 7.1. Convergencia mediática y digital (Gómez Vieites, 2006)

La aparición de varios sistemas de codificación y compresión de las señales han contribuido de forma decisiva a la distribución de los contenidos digitales a través de Internet. De todos ellos, el sistema más conocido es, sin duda, el sistema de compresión MP3, cuyo nombre es una abreviatura del término *MPEG 1, Audio Layer 3*. Se trata de un estándar creado por el Instituto Fraunhofer de Alemania y patentado en 1989, con el objetivo de desarrollar un *codec* (sistema de compresión y codificación de la información) capaz de comprimir el sonido sin una pérdida de calidad apreciable. De hecho, MP3 permite comprimir los ficheros de audio con un porcentaje de 10 a 1 respecto a un disco compacto, sin una pérdida de calidad apreciable, por lo que una hora de música en formato MP3 puede ocupar unos 60 Mbytes, frente a los 600 Mbytes que requiere un CD de música convencional.

El estándar MP3 fue aprobado en 1992 por el *Motion Picture Experts Group* como el tercer nivel de compresión de audio para la tecnología MPEG. Se trata de un formato de compresión basado en modelos psicoacústicos, de tal modo que antes de llevar a cabo la operación de compresión se divide el espectro de la señal de audio en una serie de bandas de frecuencias y se eliminan aquellas frecuencias que van a resultar inaudibles para el oído humano, es decir, aquellas que se encuentran enmascaradas por otras frecuencias dominantes en esa señal. No obstante, a pesar de que se eliminan estas frecuencias de la señal, el formato de compresión MP3 puede ofrecer una calidad similar a la de un fichero digital sin comprimir grabado en un CD.

Por tanto, la adopción de TCP/IP como conjunto de protocolos de transporte fundamentales para la telefonía, la difusión de contenidos escritos, la emisión radiofónica, la emisión de vídeo bajo demanda o la emisión de TV en vivo son ya más que experimentos piloto en nuestros días, y van camino de transformar radicalmente el concepto de Internet que heredamos del siglo pasado.

Un aspecto aún más apasionante de esta imparable difusión de TCP/IP es el profundo impacto que una sencilla tecnología de redes está teniendo en la desarticulación de las barreras de entrada a las industrias que históricamente han producido y gestionado los contenidos audiovisuales.

Ahora que prácticamente cualquier contenido manejable por la mente humana es digital o tiene una versión digital resulta esclarecedor clasificar el flujo de bits que circula en Internet según la naturaleza del contenido al que pertenece. El fabricante de equipamiento red Cisco publicó en este año 2010 un análisis así y la proyección de estas tendencias de transmisión para los años venideros, información que nos puede ayudar a entender la evolución de los nuevos servicios digitales desde una perspectiva reduccionista de red, y que se presenta en la siguiente gráfica:

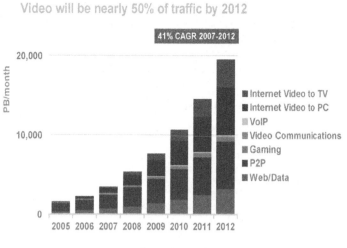

Figura 7.2. Previsión de la evolución del tráfico en Internet (CISCO)

7.2 CLASIFICACIÓN DE LOS SERVICIOS DE INTERNET

A la hora de analizar los distintos servicios que en la actualidad podemos utilizar dentro de la red Internet, puede ser de utilidad realizar la siguiente clasificación:

- Servicios básicos.

- Servicios de búsqueda de información.

- Servicios de interacción social.

- Servicios de telefonía IP (VoIP).

- Servicios de televisión y distribución de vídeos por Internet (IPTV).

- Servicios de movilidad.

- Servicios de geolocalización y georeferenciación.

En los siguientes apartados de este capítulo se describen los distintos servicios de acuerdo con dicha clasificación.

7.3 SERVICIOS BÁSICOS DE INTERNET

7.3.1 Conexión remota (Telnet)

El servicio de conexión remota, definido en 1972, permite iniciar una sesión y acceder a los recursos de un ordenador que esté conectado a Internet. De este modo, es posible controlar y ejecutar trabajos en un equipo desde otro situado a cientos o miles de kilómetros de distancia.

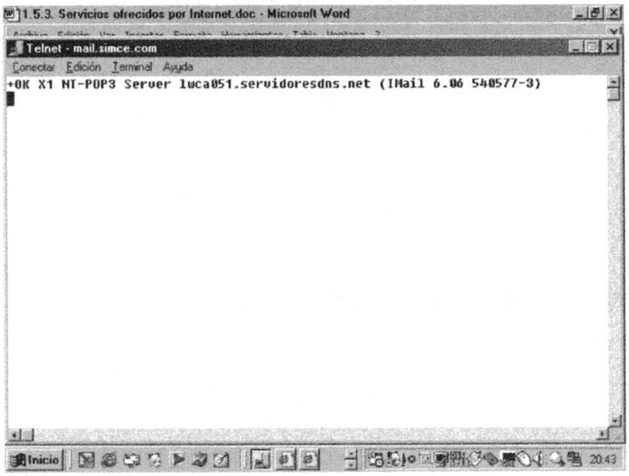

Figura 7.3. Conexión remota vía Telnet

7.3.2 Transferencia de ficheros (FTP)

Este servicio, uno de los pioneros en Internet, permite la transmisión de ficheros a través de la Red, utilizando el protocolo FTP (*File Transfer Protocol*), definido en 1973. Para ello se puede utilizar un programa específico conocido como cliente FTP, si bien hoy en día está soportado por los navegadores Web, por lo que desde el propio navegador podemos "descargar" ficheros desde un servidor únicamente con pulsar un botón.

En la terminología empleada por este servicio, realizamos una "descarga de un fichero" (*download*) cuando recibimos un fichero enviado desde otro ordenador, mientras que a la operación inversa, consistente en enviar el fichero desde nuestro equipo a otro ordenador, se le da el nombre de "subir un fichero" (*upload*).

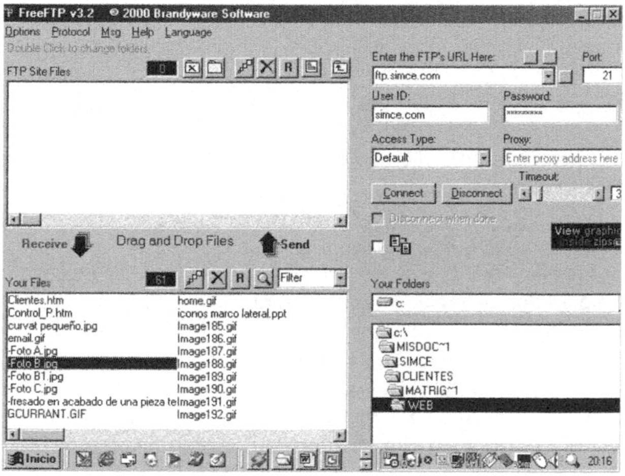

Figura 7.4. Programa cliente de FTP

7.3.3 World Wide Web

El World Wide Web es el servicio que ha provocado una auténtica revolución en el acceso a la información, basado en una interfaz gráfica amigable y muy fácil de usar. Fue desarrollado en el CERN (Centro de Investigaciones Nucleares Avanzadas), en Berna (Suiza), a finales de los años ochenta (exactamente, se presentó en 1989) y se basa en dos elementos fundamentales:

- Documentos que contienen información en múltiples formatos (multimedia): texto, gráficos, iconos, imágenes, animaciones, sonido...

- Vínculos entre distintas partes o elementos de estos documentos: hiperenlaces en los que el usuario puede hacer clic para acceder a otra página con información relacionada.

Se ha definido el **Hipermedia** como el nuevo medio surgido de la unión de la multimedia y los "hiperenlaces", también denominados "hipervínculos" (*links* en inglés).

El World Wide Web es una gigantesca "telaraña mundial", constituida por millones de páginas entrelazadas mediante hipervínculos. La navegación o exploración en el World Wide Web consiste en saltar mediante un hipervínculo de una página a otra, empleando para esta tarea el programa "navegador" o "explorador". En la actualidad dos aplicaciones, Internet Explorer de Microsoft y Netscape, se reparten el mercado de los navegadores, con una ventaja notable por parte del primero.

Dentro del World Wide Web la información se organiza en páginas Web, construidas con el lenguaje HTML (*HyperText Markup Language*). Cada página posee una dirección URL (*Uniform Resource Locator*) que la identifica, presentando el siguiente formato:

> Protocolo // nombre del servidor / directorio / petición
>
> Ejemplo: http://www.colimera.com/infogestor.htm

Por otra parte, conviene distinguir entre "servidor Web", "sitio Web" (*Website*) y "página Web" (*Webpage*). El servidor Web es el ordenador permanentemente conectado a Internet que ejecuta el servicio World Wide Web, conteniendo las páginas Web con la información de la empresa u organización. Cada página Web está constituida por un fichero HTML y varios ficheros gráficos que contienen los botones, iconos e imágenes que acompañan a la información textual. El conjunto de páginas Web con la información de una organización constituye el Website de dicha organización.

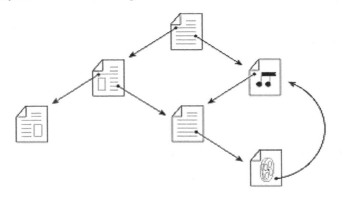

Figura 7.5. El servicio World Wide Web

7.4 SERVICIOS DE BÚSQUEDA DE INFORMACIÓN

Internet se ha convertido en estos últimos años en la principal fuente de información a nivel mundial, facilitando la publicación de miles de millones de contenidos de todo tipo, tanto por parte de Gobiernos e instituciones como por empresas e incluso los propios ciudadanos.

A fin de poder facilitar la localización de los documentos y de la información disponibles en Internet, se han ido desarrollando a lo largo de la historia de esta red distintos servicios y herramientas de búsqueda, que serán objeto de estudio en este epígrafe.

7.4.1 Antiguas herramientas de búsqueda en Internet

Seguidamente se describen una serie de herramientas software dedicadas a facilitar la búsqueda de información dentro de Internet que, ante la popularización de los nuevos buscadores y del servicio World Wide Web, se pueden considerar en vías de extinción.

Estos protocolos y servicios únicamente se siguen empleando en el entorno universitario y académico por tradición y porque mantienen cierta información no disponible en el World Wide Web. Todos ellos siguen la arquitectura cliente-servidor y necesitaban inicialmente un cliente específico, que ahora ha sido sustituido por el propio navegador Web (es decir, desde el propio navegador podemos acceder a estos servicios). Entre estas herramientas están las siguientes:

7.4.1.1 GOPHER

A pesar de no ser mucho más viejo que el servicio WWW, no ha tenido la misma evolución. Definido en el RFC 1436, es una herramienta de búsqueda y recuperación de información distribuida, desarrollado en la Universidad de Minnesota, que ofrece colecciones jerarquizadas de información en Internet y las visualiza en forma de menús. Fue el primer sistema en incorporar el concepto de los enlaces para "saltar" de un sitio a otro de información, como en el caso del World Wide Web. Un cliente Gopher o un navegador pueden acceder a información en cualquier servidor Gopher que esté accesible, proporcionándole un único "espacio Gopher" (*Gopher Space*) de información.

7.4.1.2 ARCHIE

Archie es una herramienta software diseñada para facilitar la localización de ficheros a través del servicio FTP (Protocolo de Transferencia de Ficheros). Un servidor Archie se encarga de mantener un índice actualizado de servidores FTP y de archivos de información.

7.4.1.3 VERONICA

Veronica (*Very easy rodent-oriented network index to computerized archives*) es una herramienta complementaria de Gopher (como Archie lo es del servicio FTP), que permite realizar búsquedas por palabras clave en el *Gopher Space*.

7.4.1.4 WAIS

Los servidores WAIS (*Wide Area Information Servers*) permiten buscar información sobre un tema específico contenida en bases de datos distribuidas ubicadas en distintos ordenadores a lo largo de Internet. En un servidor WAIS es posible hacer preguntas en lenguaje natural, así como realizar una búsqueda indexada para obtener información con rapidez.

7.4.2 Los índices y motores de búsqueda

El espectacular desarrollo experimentado por Internet ha propiciado una auténtica eclosión de las fuentes de información *on-line*, disponibles en cientos de miles de servidores Web que albergan varios billones de páginas Web.

Por este motivo, hoy en día el verdadero problema consiste en localizar información relevante y precisa que se encuentre relacionada con un determinado tema, ya que el World Wide Web no permite clasificar y estructurar los contenidos publicados como una biblioteca. Más bien al contrario, se limita a incluir enlaces entre documentos según el criterio del autor, sin facilitar una catalogación de ellos de acuerdo a un estándar común.

Para resolver el problema de la búsqueda en Internet, se han desarrollado distintas herramientas de búsqueda, también conocidas genéricamente como **buscadores**, que utilizan potentes bases de datos para registrar las páginas Web presentes en la Red. Surgen así nuevas soluciones pensadas como bases de datos con páginas Web indexadas por sus contenidos.

En la actualidad existen dos tipos básicos de herramientas de búsqueda: los **motores de búsqueda** o "arañas" (*spiders*) y los **índices temáticos**, cuyas características se comentan a continuación:

- Motores de búsqueda (*spiders*): un motor de búsqueda es un robot o agente que se dedica a rastrear Internet para indexar las diferentes páginas Web que se encuentra en su navegación. Cada uno de estos programas puede visitar varios cientos de miles e, incluso, de millones de páginas Web al día. El software rastreador utiliza una serie de criterios para catalogar las páginas Web de acuerdo con una lista de palabras clave que tratan de representar su contenido.

Entre los ejemplos más conocidos de este tipo de buscadores se encuentran Google (www.google.com), Altavista (www.altavista.com), Lycos (www.lycos.com), Excite (www.excite.com), etcétera.

- Directorios o índices temáticos: un índice temático es una base de datos con referencias a páginas Web clasificadas en una serie de categorías y subcategorías, y mantenidas por un equipo humano que se encarga de validar y revisar el alta de cada nueva página Web. Por este motivo, ofrece información de calidad sobre Internet, si bien sus bases de datos incluyen una parte muy pequeña de los recursos presentes en la Red. El índice temático pionero en Internet fue Yahoo! (www.yahoo.com), si bien en la actualidad también incorpora las mismas características de un motor de búsqueda.

Todas estas herramientas de búsqueda tienen una serie de limitaciones, ya que sólo permiten registrar y clasificar documentos Web estáticos, por lo que quedan fuera de su ámbito de actuación todas aquellas páginas Web que se generan de forma dinámica para mostrar los resultados de una consulta a una base de datos o aquéllas cuyo acceso se ha restringido mediante un nombre de usuario y una contraseña.

Por este motivo, en la actualidad, una parte importante de los contenidos de Internet se queda fuera del alcance y clasificación de los buscadores.

Cada herramienta de búsqueda, ya se trate de un índice temático o de un motor de búsqueda, utiliza una serie de reglas para registrar las páginas Web y seleccionar su orden de presentación en la pantalla ("criterios de relevancia"). Estas reglas dependen de varios factores que pueden ser tenidos en cuenta para clasificar e indexar las páginas Web:

- Considerar las palabras que aparecen en el "Título" de la página Web.

- Indexar todas las palabras de la página Web.

- Restringir la exploración del documento a los primeros caracteres de la página (por ejemplo, los primeros 250 caracteres).

- Tener en cuenta las palabras contenidas en los *Meta Tag* del documento (que definen las palabras clave o presentan una breve descripción del contenido de la página en cuestión).

- Considerar la propia dirección del documento Web.

Los documentos Web que se presentan como resultado de una búsqueda por categorías o palabras clave se muestran ordenados teniendo en cuenta, entre otros factores, el número de veces que aparece en cada documento la palabra clave objeto de la búsqueda o el orden alfabético del título de la página.

Sin duda, el buscador más famoso en la actualidad es Google. Este buscador destacó a finales de los noventa por su innovador sistema para ordenar las páginas Web resultado de una búsqueda, que se basa en evaluar la relevancia de cada página en función del número de enlaces que la están apuntando asociados a una determinada palabra clave, introduciendo además un factor de ponderación que tiene en cuenta el peso o importancia concedida a cada uno de dichos enlaces en función de sus respectivos índices de relevancia. De este modo, se muestran en primer lugar las páginas Web relacionadas con una determinada palabra clave que son más relevantes o, dicho de otro modo, que tienen un mayor prestigio dentro del World Wide Web.

Figura 7.6. Sergei Brin y Larry Page, creadores de Google

Figura 7.7. Google (www.google.com)

Así mismo, en una carrera desatada a partir de 1996 por alcanzar un mayor número de usuarios, las primitivas herramientas de búsqueda han ido incorporando nuevos servicios como el correo Web (Webmail), agendas electrónicas, mensajería instantánea, foros de discusión, *webchats*, servicios de traducción, etcétera.

De este modo, la mayoría de las herramientas de búsqueda han derivado en nuestros días hacia el concepto de "**portal Web**", convirtiéndose en los puntos de acceso o de entrada a un completo conjunto de servicios y recursos que se encuentran disponibles *on-line*.

7.5 SERVICIOS DE INTERACCIÓN SOCIAL

Internet proporciona a sus usuarios una serie de servicios que facilitan la interacción social, cuyas características se analizarán en este apartado.

7.5.1 Correo electrónico

El más conocido de los servicios de interacción social de Internet es, sin duda, el correo electrónico (*e-mail*), que proporciona una comunicación rápida, barata y asíncrona, con notables ventajas frente al teléfono (que es síncrono), el fax (que en comparación resulta bastante más caro) y el correo postal (extraordinariamente más lento). Además, en este servicio el coste de la comunicación **no depende de la distancia ni del número de destinatarios del mensaje** (el coste marginal por cada nueva copia de un mensaje es prácticamente nulo).

El correo electrónico nació el 1 de octubre de 1971, cuando el investigador americano Ray Tomlinson escribió el primer mensaje enviado entre dos ordenadores conectados a la red Arpanet. En la actualidad millones de personas de todo el mundo utilizan este servicio diariamente, hasta tal punto que se calcula que en el año 2000 se enviaron un total de 2,6 billones de mensajes de correo electrónico, es decir, 7.000 millones de mensajes cada día.

Podemos considerar, pues, que la revolución del correo electrónico es la revolución de las comunicaciones del siglo XXI, siendo su impacto comparable al de todos aquellos servicios que han impulsado el desarrollo de las telecomunicaciones en los últimos 150 años: el telégrafo de Samuel Morse presentado en 1844, la primera llamada de teléfono de Alexander Graham Bell en 1876 o el lanzamiento del primer satélite artificial en 1957, el Sputnik de la antigua URSS.

Con el desarrollo de nuevos protocolos, los programas lectores de correo electrónico actuales permiten utilizar hipertexto en los mensajes y adjuntar todo tipo de ficheros que se transmiten encapsulados dentro del propio mensaje: programas, imágenes, documentos, bases de datos...

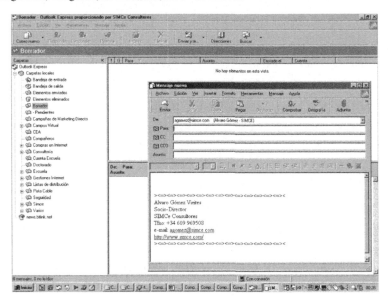

Figura 7.8. Lector de correo electrónico Outlook Express de Microsoft

También hay que tener en cuenta que se pueden utilizar técnicas criptográficas para garantizar la confidencialidad de cada mensaje, su integridad y la autenticidad del remitente. Además, al tratarse de un sistema informático, se pueden automatizar ciertas tareas: la clasificación de los mensajes recibidos, la generación de una respuesta automática a ciertos mensajes, la gestión de envíos a múltiples destinatarios, etcétera.

Podemos citar otra aplicación que se ha desarrollado ligada al correo electrónico: las tarjetas de visita electrónicas (*vCards*). Una tarjeta de visita electrónica contiene los datos personales y profesionales de un usuario de Internet, que se guardan en un determinado tipo de fichero que se puede enviar a través de Internet a otros usuarios (generalmente con un fichero adjunto a un mensaje de correo electrónico).

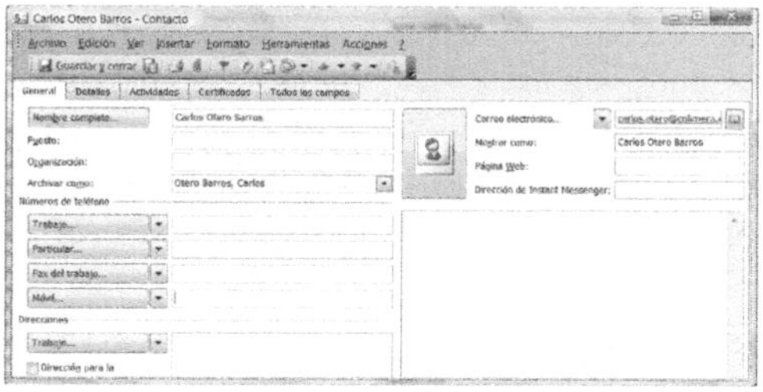

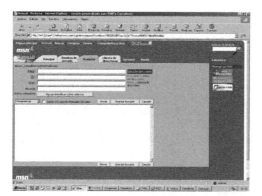

Figura 7.9. Ejemplo de vCard

Así mismo, en los últimos años se ha desarrollado el servicio de correo electrónico basado en el Web, conocido por *webmail*, que permite acceder a los mensajes de correo guardados en un buzón directamente desde un programa navegador como Internet Explorer o Firefox.

Este servicio presenta una importante ventaja para sus usuarios, ya que éstos pueden acceder a los mensajes guardados en sus buzones privados de correo desde cualquier punto del planeta con una simple conexión a Internet, utilizando un navegador Web, sin que sea necesario instalar ni configurar un programa lector de correo electrónico.

Uno de los pioneros servicios de *webmail* fue Hotmail, puesto en marcha en 1996 como un revolucionario servicio gratuito que consiguió alcanzar en apenas cuatro años de existencia más de 40 millones de usuarios en todo el mundo, estando en la actualidad integrado dentro del portal Windows Live de Microsoft después de haber sido adquirido por esta compañía.

Figura 7.10. El servicio de correo Web de Hotmail

En la actualidad otros dos servicios de correo Web sumamente populares son GMail (lanzado por Google en abril de 2004) y Yahoo!Mail (lanzado en 1997), que cuentan con varios cientos de millones de usuarios.

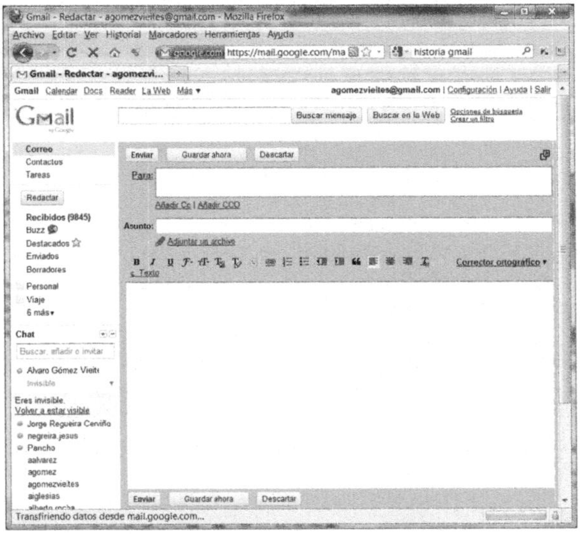

Figura 7.11. Servicio de correo Web GMail

7.5.2 Fax vía Internet e impresión remota de documentos

También es posible el envío de faxes vía Internet, no ya entre dos ordenadores, sino también desde un ordenador a un equipo de fax convencional, recurriendo a los servicios de empresas que actúan de *gateways*, ofreciendo unas tarifas muy inferiores a las de una llamada internacional convencional.

Así mismo, se ha desarrollado una nueva tecnología de impresión a través de Internet, basada en el *Internet Printing Protocol* (IPP, Protocolo de Impresión de Internet) y que viene a sustituir a los protocolos de impresión en red propietarios de distintos fabricantes. El protocolo IPP ofrece una solución universal para imprimir en cualquier impresora conectada a una dirección IP de Internet, por lo que puede llegar a convertirse en una alternativa que consiga desplazar al fax de muchas oficinas.

El desarrollo del protocolo IPP se inició en 1996 dentro de un grupo de trabajo liderado por la *Internet Engineering Task Force*. Este protocolo permite que el usuario conozca las características de la impresora remota, verifique su estado y gestione su cola de documentos pendientes, con la ventaja de que esta impresora puede estar ubicada en cualquier parte de Internet, en la oficina de al lado o en una delegación de la empresa a miles de kilómetros de distancia y siempre se comportará de la misma forma frente al usuario, independientemente del hardware que la componga.

Además, el protocolo IPP permite a la impresora en cuestión identificar a los usuarios que solicitan sus servicios y aceptar sólo a aquéllos que estén autorizados. La confidencialidad de los documentos transmitidos por Internet se ve reforzada por la utilización del protocolo SSL.

7.5.3 Grupos de noticias y foros de discusión

Los *newsgroups* o "grupos de noticias" constituyen otro servicio que figura entre los pioneros de Internet, definido en 1979 bajo la denominación de USENET. En este servicio los usuarios pueden participar en una serie de "tablones de anuncios virtuales", con una división en temas y áreas de interés que configuran distintos grupos de debate.

En la actualidad existen varias decenas de miles de estos grupos de debate, en los que los usuarios de cada uno de estos grupos pueden dejar o responder a mensajes electrónicos relacionados con la temática del mencionado grupo.

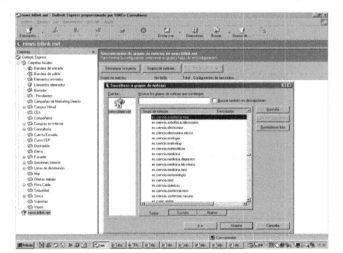

Figura 7.12. Grupos de noticias

Como una alternativa a los grupos de noticias, se han desarrollado los foros de discusión basados en páginas Web. En la actualidad, todos los portales de Internet incluyen sus propios foros clasificados por temas, para fomentar la participación de sus usuarios y la creación de comunidades virtuales en torno a los servicios del portal.

Figura 7.13. Foros de discusión en el portal Terra

7.5.4 Servicios de *chat*

Los servicios de *chat* permiten que varias personas puedan comunicarse simultáneamente y en tiempo real. Aunque en sus orígenes utilizaban un programa conocido como cliente IRC (*Internet Relay Chat*), hoy en día la conexión también puede hacerse desde una página Web (*webchats*).

Al igual que la mayoría de los servicios de Internet, el *chat* funciona bajo el llamado esquema cliente/servidor. Los servidores de *chat* ofrecen salas de conversación, denominadas "canales", a las que se conectan los usuarios de acuerdo con las especificaciones técnicas definidas por el protocolo IRC. Para participar en una "sala de *chat*", sólo es necesario disponer de un programa cliente de IRC y de una conexión a Internet.

Cuando un usuario ejecuta su programa cliente de IRC y, antes de conectarse, debe especificar algunos de los datos que lo identificarán ante el servidor de *chat*. El más característico es su *nick* o pseudónimo, el nombre bajo el cual será conocido en todos los canales en los que intervenga. Los nombres de los canales habitualmente comienzan con el símbolo "#" y cuentan con moderadores denominados operadores u *ops*, encargados de controlar el canal y decidir quién puede tener acceso.

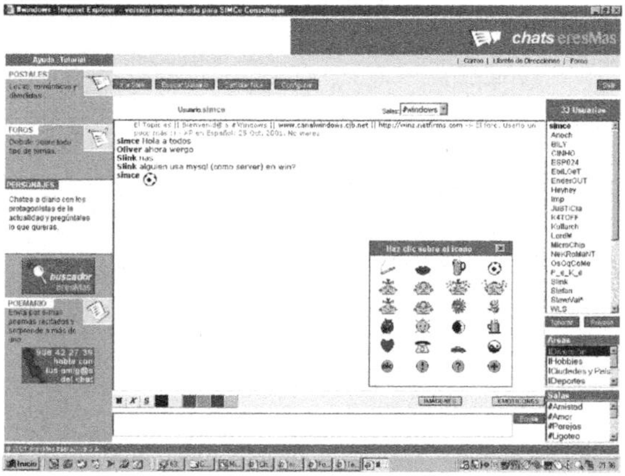

Figura 7.14. Ejemplo de salón de charla basado en una página Web

7.5.5 Mensajería instantánea

Los usuarios de este servicio pueden enviar mensajes de texto en cualquier momento a otra persona que utilice el mismo software y que se encuentre conectado a Internet. De este modo, la mensajería instantánea une la potencia del correo electrónico, el servicio más utilizado de Internet, con la inmediatez del teléfono y con la ventaja de ser un servicio totalmente gratuito. Los programas de mensajería instantánea también proporcionan las "listas de amigos", que permiten que un usuario de la Red sepa cuándo sus conocidos están conectados para poder dialogar con ellos.

Así mismo, algunos de los últimos programas de mensajería instantánea permiten compartir ficheros del disco duro, es decir, estos programas son capaces de transformar el ordenador del usuario en un servidor de ficheros, donde se pueden cargar/descargar archivos. Por supuesto, esta última posibilidad no está habilitada para que todo el mundo pueda conectarse, sino que se puede configurar: negar la carga/descarga de archivos, permitirla sólo a listas de amigos, pedir confirmación antes de realizar una operación, etcétera.

Los primeros programas de mensajería instantánea más populares fueron ICQ (www.icq.com) y AOL Instant Messenger (www.aol.com), ambos propiedad de America Online. De hecho, el Instant Menssenger de AOL, puesto en marcha en Internet en mayo de 1997, contaba con un total de 66 millones de usuarios registrados en septiembre de 2000. Por su parte, el ICQ, desarrollado por la empresa israelita Mirabilis y adquirido en 1998 por AOL, contaba con 73 millones de usuarios a finales de septiembre de 2000. Por detrás de ellos, se situaban MSN Messenger de Microsoft (www.msn.com) y Yahoo! Messenger (messenger.yahoo.com).

Figura 7.15. Programa de mensajería instantánea

7.5.6 Las aplicaciones de intercambio de ficheros *peer to peer* (P2P)

Las aplicaciones de intercambio de ficheros *peer to peer* (P2P) surgieron como una evolución del modelo de compartición de ficheros desarrollado por Napster, basado en un servidor central.

De este modo, en el modelo *peer to peer* o "entre iguales", los propios usuarios emplean aplicaciones que permiten localizar a otros usuarios conectados a través de Internet y compartir con ellos todo tipo de contenidos digitales. Con este esquema de trabajo, se crea un sistema de intercambio de ficheros totalmente descentralizado, contra el que es muy difícil luchar, ya que se tendría que denunciar a todos los usuarios finales.

Gnutella fue una de las aplicaciones pioneras, desarrollada en marzo de 2000 en el seno de la empresa Nullsoft, filial de America Online. Posteriormente surgieron otras como Riffshare, Cute MX, iMesh, Mp3Exchanger o Metallicster.

A partir de 2002 se popularizan nuevas aplicaciones P2P como Kazaa, Morpheus, Audiogalaxy, BearShare, Xolox, Blubster, eMule, eDonkey, iMesh o WinMX, que alcanzaron varias decenas de millones de usuarios en Internet.

Figura 7.16. eMule

Estas nuevas aplicaciones permiten insertar comentarios sobre los contenidos o calificarlos de alguna forma, aseguran el anonimato de las correspondencias o permiten abrir debates o enviar mensajes a otros usuarios.

Mediante la utilización del protocolo FastTrack, empleado por Kazaa y Morpheus, entre otros, se cifran las conexiones, excepto durante la fase de conexión, cuando se negocian los algoritmos de cifrado. El protocolo FastTrack2 (utilizado por aplicaciones como Kazaa, iMesh o Grokster) introduce, como una nueva mejora, la utilización de puertos aleatorios para establecer las conexiones, dificultando de este modo su rastreo. No existe documentación sobre estos protocolos, ni se dispone del código fuente de los clientes P2P de última generación.

En estos últimos años hemos asistido a un crecimiento imparable de los programas P2P, ocasionando un grave perjuicio a las discográficas y estudios cinematográficos, por el notable incremento del intercambio de contenidos digitales (música, películas, libros) sin respetar los derechos de la propiedad intelectual.

Por este motivo, en junio de 2005 el Tribunal Supremo de Estados Unidos estableció que los servicios *on-line* de intercambio de ficheros podrían ser responsables de las violaciones de derechos de autor por parte de sus usuarios.

Desde entonces, algunas de las redes P2P han redefinido su modo de funcionamiento para incorporar elementos de protección de los derechos de autor.

7.5.7 Otros servicios de interacción entre los usuarios

Además de los ya comentados en los apartados anteriores, podemos citar otros servicios en auge como las "herramientas de trabajo en equipo", que permiten celebrar reuniones virtuales, mediante la compartición entre varios usuarios de aplicaciones y documentos, de una ventana de conversación en modo texto (*chat*) y de una pizarra electrónica, entre otras funcionalidades avanzadas.

De este modo, se salvan las distancias geográficas entre los participantes y se facilita la colaboración en equipos de trabajo virtuales, con las ventajas que ello supone, derivadas principalmente de la reducción de los desplazamientos, ahorro de costes y menores pérdidas de tiempo.

Entre los servicios que este tipo de herramientas pueden llegar a ofrecer a sus usuarios, podemos destacar los siguientes:

- Posibilidad de utilizar presentaciones de Power-Point.

- Compartición de aplicaciones.

- Transferencia de ficheros.

- Pizarra electrónica compartida.

- Interacción en tiempo real mediante servicios de *chat*.

- Voz y vídeo en tiempo real (videoconferencia).

- Compartición del escritorio y de directorios del ordenador.

- Posibilidad de interacción uno a uno, uno a varios y varios a varios.

- Gestión de preguntas y respuestas.

- Posibilidad de grabación y reproducción posterior de la sesión de trabajo.

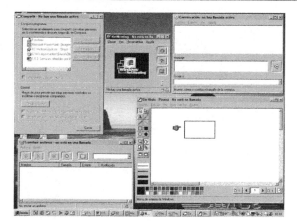

Figura 7.17. Herramientas de trabajo en equipo integradas en Microsoft Netmeeting

Estas herramientas pueden resultar de especial interés para aplicaciones como las siguientes:

- Teleformación y conferencias virtuales.

- Ayuda a distancia y telediagnóstico.

- Comunicación con empleados de la organización.

- Reuniones virtuales.

- Demostraciones y presentaciones de productos.

- Colaboración e intercambio de información entre equipos de trabajo.

Por otra parte, los servicios de agenda electrónica compartida, como Yahoo!Agenda, permiten a sus usuarios ver, editar y controlar, de forma fácil y eficaz, un calendario individual, accesible desde cualquier ordenador del mundo que esté conectado a Internet. Además, los usuarios de este servicio pueden compartir su agenda con compañeros de trabajo o familiares, lo cual resulta especialmente útil para programar reuniones o celebraciones. También es posible programar estas agendas para que envíen mensajes de aviso por correo electrónico o mensajería instantánea para recordar citas y eventos destacados.

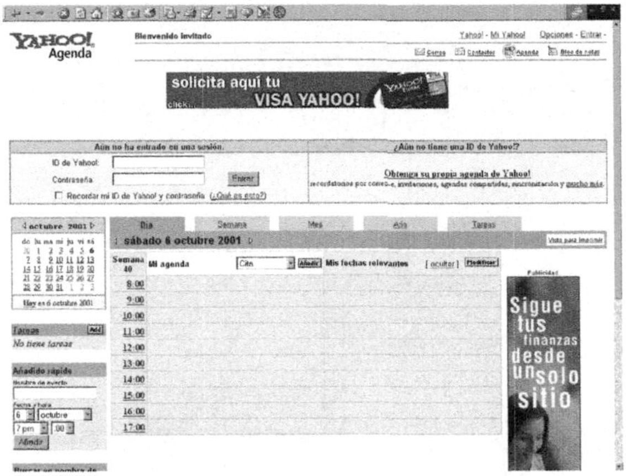

Figura 7.18. Agenda electrónica de Yahoo!

En los últimos años también se han puesto en marcha en Internet servidores Web que ofrecen a sus usuarios espacio libre en sus discos duros, de forma totalmente gratuita. Entre ellos, podemos citar ejemplos de gran éxito en la actualidad como el de Dropbox.

Figura 7.19. Dropbox

De este modo, cualquiera los puede utilizar como almacenes temporales de ficheros y "discos virtuales" para realizar copias de seguridad.

Estos servicios de "discos duros virtuales" presentan la gran ventaja de facilitar la compartición de ficheros entre sus usuarios, si bien podríamos objetar como inconvenientes la lentitud en el acceso a los ficheros por las limitaciones del ancho de banda en Internet, así como potenciales problemas de seguridad y de violación de la privacidad.

7.6 TELEFONÍA Y VIDEOCONFERENCIA IP

Como ya dijimos anteriormente, el continuo abaratamiento de los circuitos DSP (*Digital Signal Processors*) ha permitido incorporarlos a multitud de dispositivos tecnológicos, de entre los cuales el teléfono fue uno de los primeros candidatos, debido a la simplicidad de la señal (monodimensional), y la baja frecuencia de muestreo necesaria (típicamente menos de 10 Khz).

Digitalizar una fuente de sonido en tiempo real, fragmentar el flujo de datos en paquetes y enviarlos a los *routers* de una red digital es el trabajo habitual de un teléfono digital, como los terminales móviles que operan en la red GSM o los teléfonos IP de las centralitas digitales corporativas.

El término VoIP (*Voice over IP*) se aplica al conjunto de tecnologías que habilitan la digitalización de una señal de voz para su posterior transmisión a través de una red IP (pública o privada) y su posterior reconstrucción fiel en destino.

En una red IP como Internet, basada en la conmutación de paquetes, debemos tener en cuenta una serie de parámetros que influyen en el comportamiento de una transmisión de voz y que pueden provocar que la conversación sea ininteligible:

- Ancho de banda disponible: empleando técnicas de compresión, podemos reducir un canal de voz a un flujo de 12-15 Kbps, que constituye la velocidad mínima de transmisión que debe garantizar la red IP para que la conversación tenga una calidad aceptable.

- Retardo de los paquetes de datos: una red IP y, sobre todo, Internet, no garantiza el retardo de un paquete de datos, entendiendo como tal el tiempo transcurrido desde que se envía a la red hasta que se entrega a su destino. Un retardo elevado puede producir ecos y solapamientos de las conversaciones. Sólo a través del control y gestión global de la red extremo a extremo, la disponibilidad de un ancho de banda suficiente y la tecnología de *switching-routing* necesaria, es posible garantizar unos niveles de retardo máximos. Por ello, debido a sus características y limitaciones actuales, Internet todavía no puede asegurar los niveles máximos de retardo requeridos para ofrecer una conversación con una calidad similar a la de la telefonía tradicional.

• *Jitter*: mediante este término nos referimos a la variación en el tiempo de llegada de paquetes. Este parámetro presenta los mismos problemas y dificultades que el retardo, por lo que las soluciones van en la misma línea.

• Pérdida de paquetes de datos: la voz sobre IP utiliza el protocolo UDP para el envío de los paquetes de voz. Se trata, por tanto, de una transmisión no fiable, ya que es un protocolo no orientado a conexión en el que se pueden producir pérdidas de paquetes si existe congestión o problemas en la transmisión en Internet. A diferencia de UDP, el protocolo TCP se encarga de retransmitir los paquetes perdidos en Internet; no obstante, conviene matizar que en un servicio como la voz IP de poco serviría retransmitir los paquetes, ya que en ese caso el retardo sería inaceptable.

La ITU desarrolló la recomendación G.114, definida en 1996, que establece que el límite máximo del retardo en un canal unidireccional de voz sea de 400 milisegundos. Sin embargo, también debemos tener en cuenta la relación entre la calidad y el coste de la comunicación: puede que retardos de 400 milisegundos resulten inadmisibles para una buena parte de los usuarios en conversaciones de negocios, mientras que retardos de 600 milisegundos resulten aceptables en conversaciones entre particulares, si el coste así se lo justifica.

7.6.1 Los protocolos de la VoIP y de la videoconferencia

El desarrollo de soluciones **VoIP** (*Voice over IP*), esto es, de tecnologías que digitalizan voz o sonido para luego enviarlo en forma de paquetes IP, ha conducido a la necesidad de realizar reservas inteligentes de ancho de banda en los *routers*, esto es, a garantizar que los paquetes correspondientes a las aplicaciones de voz o a los teléfonos IP tengan una prioridad tal sobre otros paquetes que resulte posible garantizar un cierto flujo de paquetes por segundo (*bit rate*) suficiente para reconstruir el sonido en destino sin retrasos aparentes (*delay*).

Una de las ventajas más destacadas de las tecnologías IP es su naturaleza abierta, que en definitiva ha hecho de ellas un estándar de facto y ahora ya un estándar de jure. Al digitalizar la señal sonora y fragmentarla en paquetes resulta tentador para cada fabricante incluir peculiaridades propias en el formato de las tramas, preprocesar el flujo de bits para comprimirlo conforme a algoritmos privativos, cifrarlo o alterarlo de manera propia, etcétera. Sin embargo, el resultado final ha sido el triunfo de ciertos protocolos abiertos sobre otros propietarios.

En la capa de aplicación de la pila OSI se han propuesto varios protocolos de gestión de la sesión de comunicación, como son SIP y H.323, entre otros.

El **Protocolo de inicio de sesión** (SIP, *Session Initiation Protocol*) es la propuesta del IETF para controlar sesiones de comunicación multimedia, y cuyas características se describen en el RFC 3261. En el contexto de una sesión multimedia la gestión o control consiste en velar por el hecho de que actividades como el inicio, la modificación o la finalización de la sesión ocurran de forma adecuada. Hay que aclarar que modificar una sesión incluye actividades tan variadas como que las aplicaciones que han establecido una sesión cambien de dirección IP o de puerto, que se incorporen nuevos interlocutores de forma dinámica a la sesión, que se ausenten aquellos que no quieren seguir, etcétera.

SIP es un protocolo diseñado inicialmente en 1996 para gestionar sesiones multimedia, lo que lo hace adecuado para situaciones tan diversas como la gestión de llamadas de voz sobre IP, videoconferencias, mensajería instantánea, juegos en red, realidad virtual, domótica, etcétera. SIP cubre no sólo la casuística de sesiones entre dos comunicantes (*unicast*) sino también la de sesiones entre N comunicantes (*multicast*), donde las relaciones y flujos de bits a transmitir pueden ser del orden de N^2.

La amplitud de miras de SIP implica también que, como protocolo de capa de aplicación que es, mantenga independencia con respecto a la capa de transporte sobre la que opera. Así, SIP puede operar sobre TCP, UDP o SCTP (*Stream Control Transmission Protocol*).

En lo que se refiere a la videoconferencia a través de redes IP, lógicamente se requiere disponer de un ancho de banda superior al necesario para VoIP. La ITU ha definido una serie de estándares para desarrollar servicios de videoconferencia, en los que se especifican las técnicas de compresión utilizadas en cada caso, facilitando la interoperabilidad de aplicaciones basadas en distintos dispositivos hardware y software.

Los estándares aprobados por la ITU para videoconferencia se presentan a continuación:

- H.320 es la norma para RDSI de banda estrecha.

- H.321 es la norma para RDSI de banda ancha.

- H.322 es la norma para redes IP con calidad de servicio garantizada.

- H.323 es la norma para redes IP.

- H.324 es la norma para baja velocidad de transmisión, a través de la Red Telefónica Básica (RTB).

La norma **H.323** define las técnicas de compresión de voz y vídeo empleadas (recogidas en las especificaciones G.711, G.722, G.723, G.728 y G.729 para la compresión de voz y H.261 para la compresión de vídeo) y se basa en la utilización de los protocolos RTP/RTCP para garantizar el tratamiento adecuado en el transporte de los paquetes de datos, que permita minimizar el retardo experimentado por dichos paquetes.

Así mismo, en la norma H.323 también se contempla la utilización de servicios de directorio, como LDAP (*Lightweight Directory Access Protocol*) que faciliten la localización de usuarios dentro de redes IP.

Las Unidades de control multipunto (*Multipoint Control Unit* –MCU–) permiten soportar videoconferencias con tres o más terminales H.323, también conocidas como multivideoconferencias.

La norma H.323 tiene referencias hacia algunos otros protocolos de ITU-T como:

- H.225.0: protocolo utilizado para describir la señalización de llamada, el medio (audio y vídeo), el empaquetamiento de las tramas, la sincronización de tramas de medio y los formatos de los mensajes de control.

- H.245: protocolo de control para comunicaciones multimedia. Describe los mensajes y procedimientos utilizados para abrir y cerrar canales lógicos para audio, vídeo y datos, capacidad de intercambio, control e indicaciones.

- H.450: describe los servicios suplementarios.

- H.235: describe la seguridad de H.323.

- H.239: describe el uso de la doble trama en videoconferencia, normalmente uno para vídeo en tiempo real y el otro para presentación.

7.6.2 El modelo de coste de la VoIP

Un factor nada despreciable que está influyendo de forma importante en la adopción de las tecnologías VoIP en el ámbito corporativo es su modelo de coste. Habiendo convertido la voz en paquetes IP y siendo posible utilizar los mismos conmutadores y *routers* empleados para comunicar ordenadores, parece inevitable que las compañías, especialmente las mayores o más distribuidas geográficamente, adopten VoIP como solución de comunicación interna entre sus empleados.

Aunque el precio de los terminales telefónicos IP sigue siendo algo mayor que el de los terminales de centralitas analógicas o digitales no abiertas, la flexibilidad y potencia de los sistemas IP es prácticamente ilimitada. En una red de teléfonos IP cada terminal telefónico se comporta como un sistema con dirección IP propia, por lo que será necesario dedicarle un cable Ethernet y un puerto de conmutador (*switch*) de forma permanente. Aunque esto es lo ideal abundan hoy los teléfonos que permiten extender mediante una segunda clavija RJ-45 un latiguillo para conectar sobre el mismo cable un ordenador de sobremesa o un portátil, bastando entonces con un solo cable y puerto de conmutador (*switch*) por puesto de trabajo. Este tipo de instalaciones compartidas requerirán de capacidades QoS en el conmutador, para garantizar el caudal mínimo de datos que se necesita para transmitir la voz de manera adecuada.

Si bien la inversión inicial de un sistema de telefonía IP corporativo todavía puede ser superior a la que es necesaria realizar para instalar las centralitas telefónicas tradicionales, el coste variable de las comunicaciones nacionales e internacionales se acerca a cero, si tenemos en cuenta que es posible enrutar llamadas desde una oficina a otra en cualquier parte del planeta aprovechando el coste fijo del ancho de banda ya contratado para la transmisión de datos.

Las centralitas tradicionales no tienen más opción que atravesar la red telefónica conmutada cuando se trata de interconectar teléfonos en oficinas o dependencias de una misma organización distantes entre sí, lo que implica fuertes costes variables en conversaciones nacionales o internacionales. El alquiler de líneas punto a punto entre oficinas o de circuitos Frame Relay corporativos es una alternativa a la red telefónica conmutada, pero típicamente aún más costosa. En contraste, con soluciones VoIP lo habitual será que se pueda dedicar una pequeña fracción del ancho de banda total contratado para los datos a la transmisión de voz, para lo que será necesario que tanto *switches* como *routers* dispongan de capacidades QoS.

Por otra parte, si el viejo teléfono de Alexander Graham Bell se ha convertido ahora en un dispositivo que mediante un DSP convierte la señal del micrófono en un flujo de bits para luego segmentarlos y convertirlos en paquetes IP susceptibles de ser enviados a través de Internet, ¿no podría un ordenador personal dotado de micrófono hacer lo mismo? La respuesta, lógicamente, es que sí y el nombre genérico que reciben las aplicaciones que se encargan de ello es el de *soft-phone* (que podríamos traducir por teléfono *software*).

Prácticamente la totalidad de fabricantes de terminales telefónicos IP o de conmutadores de VoIP tienen su propio *soft-phone* o familia de *soft-phones*, que reducen significativamente la inversión en equipamiento e instalaciones telefónicas en el puesto de trabajo y que saca partido de la integración del terminal virtual con las aplicaciones de directorio corporativo.

Por otra parte, en los últimos años se han presentado innovadores servicios de *Call Centers IP*, que facilitan el soporte *on-line* a los usuarios que están navegando por el Website de una empresa u organización, sin que sea necesario que éstos tengan que interrumpir su sesión y cambiar a otro canal de comunicación (hacer una llamada de teléfono).

Con este servicio de *Call Center IP* una empresa puede dar servicio de atención a sus clientes directamente desde el propio Website, a través de telefonía o videoconferencia IP. Además, este tipo de servicio de soporte se puede activar como respuesta a un clic del usuario (activación reactiva) o, de forma automática, al detectarse que el usuario tiene problemas en el Website (activación proactiva, por ejemplo, al detectar que el usuario no es capaz de completar un pedido *on-line*).

7.6.3 El fenómeno Asterisk

El término **PBX** (*Private Branch Exchange*, por sus siglas en inglés) se ha difundido en el mundo IP con fuerza desde la aparición de la VoIP y designa cualquier equipo electrónico capaz de actuar como central privada de telefonía o centralita, como se la conoce vulgarmente.

Las PBX permiten interconectar teléfonos entre sí dentro de una organización o enrutar llamadas hacia o desde fuera de la organización hacia las redes públicas de telefonía, bien mediante interfaces IP/RTC, IP/RDSI o en conexión directa con redes IP en Internet que hacen el papel de interfaces con las redes públicas de telefonía.

Lógicamente, las PBX actuales ya no son sistemas electromecánicos, ni siquiera electrónicos, sino ordenadores digitales de propósito general que realizan, mediante el software adecuado, la función de conmutación telefónica. Con todo, las PBX aunque ya construidas sobre ordenadores de propósito general se mantuvieron en el ámbito de la industria privada hasta que en 2002 apareció Asterisk, el primer software de PBX de código abierto y completamente gratuito.

Figura 7.20. Asterisk

La existencia de Asterisk ha servido de catalizador para la implantación de la VoIP en las pequeñas empresas, animadas por el bajo coste de entrada y, en definitiva, para el propio desarrollo de las tecnologías de conmutación de voz en Internet. En la actualidad, incluso los más destacados fabricantes de telefonía IP, como Cisco, 3Com, Avaya, Snom, etcétera, se preocupan por diseñar sus teléfonos con características que explotan mejor el potencial de Asterisk o que los hacen más amigables con dicha PBX.

Por supuesto, la digitalización de las comunicaciones verbales ha llevado a pensar en la automatización de los diálogos sencillos entre las empresas y sus clientes a fin de dar servicio 24x7 o de sustituir completamente la necesidad de una operadora humana. Así nació el concepto de IVR (*Interactive Voice Response*), que designa cualquier software digital capaz de interactuar a través de una PBX con un humano del otro lado de la línea mediante intercambio de frases verbales sencillas: los contestadores automáticos.

Asterisk incluye muchas características hasta hace poco privativas de costosos PBX propietarios como IVR, buzón de voz, conferencia a *N*, distribución automática de llamadas, etcétera. Como en cualquier otro paquete de software abierto los usuarios pueden crear nuevas funcionalidades escribiendo pequeños programas en el lenguaje de programación de Asterisk o añadiendo módulos escritos en lenguaje C.

Como centralita o PBX que es, Asterisk soporta los principales protocolos VoIP nombrados anteriormente, como SIP, H.323, IAX y MGCP.

7.6.4 El fenómeno Skype

Asterisk y las soluciones corporativas de VoIP son avances importantes en lo tocante a las compañías, pero en paralelo con ellas se ha desarrollado otro fenómeno de masas llamado Skype, y cuyo máximo atractivo ha sido hacer realidad las llamadas internacionales a un coste muy limitado y la videoconferencia en el ámbito doméstico, sin prácticamente ningún equipamiento adicional al ordenador personal.

Skype saca partido de los principios de la VoIP pero potenciando el uso de un *soft-phone* de diseño propio y descarga gratuita y trasladando parcialmente el software PBX fuera de nuestras casas.

El protocolo usado por Skype para enrutar las llamadas no es abierto y, por tanto, no es compatible con las PBX estándar del mercado, aunque recientemente hayan comercializado Skype for SIP, en un intento de integrarse con las redes de telefonía corporativa. A diferencia de SIP, H.323 y otros, el protocolo de Skype parece basarse en modelos de distribución P2P, una singularidad que sus creadores habrían introducido fácilmente en Skype, ya que son los mismos autores de la red P2P Kazaa.

Adicionalmente Skype aplica *codecs* (del inglés COdec DECoder), esto es, algoritmos de digitalización de la voz, de alto nivel de compresión, acorde con los aún precarios anchos de banda de las ADSL de gran parte del planeta.

Figura 7.21. Llamada a través de Skype

Con Skype podemos digitalizar nuestra voz, haciendo uso del micrófono conectado a nuestro ordenador personal y enviarla a otra aplicación Skype remota a través de Internet. En tanto que el interlocutor tenga la misma aplicación Skype y esté atento a la llamada, la voz circulará como paquetes IP entre ambos extremos como lo hace en una red local donde se haya instalado una PBX y teléfonos IP físicos.

Skype ha desarrollado acuerdos marco con operadores telefónicos de todo el mundo, de forma que hoy es posible no sólo establecer una comunicación IP entre dos ordenadores sino alcanzar un teléfono móvil o un teléfono fijo de prácticamente cualquier red telefónica. Lógicamente, cuando se enrutan llamadas fuera de Internet aparecen costes variables asociados que Skype deriva hacia sus usuarios en forma de un bono de minutos fácilmente adquirible en su Website.

Como prueba del éxito alcanzado por su servicio, la compañía ya contaba con 560 millones de usuarios en todo el mundo en mayo de 2010, con el 12% del total de los minutos de tráfico de voz cursados en todo el mundo.

7.7 TELEVISIÓN Y DISTRIBUCIÓN DE VÍDEOS POR INTERNET

El hecho de que alrededor de 2012 la mitad de los bits transportados dentro de Internet vayan a pertenecer a contenidos visuales (descarga de vídeos, *streaming* de vídeo, etcétera) no tiene nada de casual, sino que es la consecuencia de la proliferación de nuevas formas de comunicación de amplísima base social. Algunos fenómenos ya bien conocidos, como el portal público de vídeos Youtube.com son protagonistas principales de esta tendencia.

Pero Youtube.com o Google Videos o los innumerables portales de *streaming* público de vídeos de particulares son sólo una pequeña muestra de lo que está siendo ya la revolución audiovisual en Internet. La explicación del crecimiento desmesurado del flujo de bits de vídeo en Internet tiene base no sólo en estos portales sino en otro fenómeno que no es novedoso en el ámbito técnico, pero que en cierto sentido permanecía "atascado" en la recámara digital: IPTV y la TV sobre Internet.

7.7.1 Procolos de *streaming*

Al igual que ocurre con la voz sobre IP, el vídeo sobre IP requiere digitalizar la señal analógica de vídeo y fragmentarla en paquetes IP susceptibles de poder ser transmitidos por una red IP. Por tanto, aunque de mayor consumo de ancho de banda, la tecnología para digitalizar imágenes dinámicas es tan antigua como la tecnología para digitalizar voz. Y, de igual manera que ocurre en la telefonía IP, se han desarrollado protocolos de *streaming* o transmisión de vídeo y de audio en tiempo real entre dos nodos de Internet.

Figura 7.22. La radio en directo a través de Internet (streaming de audio)

Las tecnologías que permiten realizar *streaming* de vídeo se han difundido con un cierto retraso al gran público por el elevado consumo de ancho de banda que requieren para su transmisión. Sirva la tabla siguiente como ejemplo de la capacidad de red necesaria para algunos formatos habituales de vídeo:

Formato	Cuadro (resolución)	Flujo
DV NTSC	720 x 480	3,6 Mbps
DV PAL	720 x 576	3,6 Mbps
MPEG-2 HDV 720p30	1280 x 720	2,5 Mbps
MPEG-2 HDV 1080i60/50	1440 x 1080	3,3 Mbps

Tabla 7.1. Formatos de vídeo digital

Como se puede apreciar en la tabla, dada una resolución de cuadro (el equivalente a un fotograma en TV) podemos estimar el *bitrate* o flujo de bits asociado al proceso de *streaming*. Esto es así independientemente de la velocidad de la red por la que se transmita, ya que el número de cuadros por segundo es siempre 25, una tasa habitual en la industria audiovisual y que responde a la velocidad de procesamiento de imágenes de nuestros cerebros. En realidad estos valores son estimativos, ya que el flujo de bits puede variar ligeramente dependiendo del tipo de *codec* o formatos utilizados para codificar los paquetes IP del *streaming*.

Cuanto mayor es la resolución del cuadro a transmitir mayor es el flujo de bits necesario y, por tanto, el ancho de banda consumido, pero como las imágenes de vídeo son bidimensionales, al crecer su ancho y alto obtendremos un crecimiento cuadrático del número de bits a transmitir. Aún contando con compresiones con pérdidas que transmiten sólo los píxeles que son diferentes entre cuadro y cuadro, el *streaming* sigue suponiendo un reto importante para el escaso ancho de banda de las ADSL domésticas en la mayoría de los países.

En la transmisión de vídeo resulta especialmente problemático el problema de la reconstrucción del datagrama y el de la retransmisión de los paquetes perdidos o con errores. Para evitar retransmisiones y retrasos que convertirían el *streaming* en un proceso insoportable desde el punto de vista humano se utilizan protocolos de transporte no orientados a conexión, como UDP y RTSP. Con estos protocolos se favorece el flujo continuo de paquetes de datos y, cuando se producen errores o no llegan paquetes, simplemente se apreciará durante unos instantes un fallo de continuidad o de composición en la imagen percibida, algo que los usuarios humanos podemos tolerar perfectamente.

Basados en UDP o RTSP se han desarrollado protocolos que alcanzan nivel de aplicación y que resultan muy apropiados para la transmisión de imágenes en movimiento:

- **H.261** y **H.263**: utilizados en videoconferencia y videotelefonía, sirven como base para otros posteriores.

- **MPEG-1**: logra calidad similar a VHS y además es compatible con todos los ordenadores y casi todos los DVD.

- **MPEG-2**: usado para la codificación de contenidos visuales en el formato DVD.

- **MPEG-4 parte 2**: mejora la oferta de calidad con respecto MPEG-2.

- **MPEG-4 parte 10** (también llamado **H.264**): el más usado actualmente.

- **WMV** (Windows Media Vídeo): propietario de Microsoft y, por tanto, no abierto. No tiene el respaldo de la industria de las telecomunicaciones.

Como en el caso de la telefonía IP, estos protocolos, junto con el protocolo SIP son suficientes para gestionar una sesión de intercomunicación audiovisual entre dos nodos de Internet, por ejemplo entre un usuario de Internet que con su ordenador realiza una videoconferencia con un colega o que desde su ordenador pretende ver el vídeo formativo de un fabricante de maquinaria. Sin embargo, no cubren el principal rol que puede jugar la red de redes como sustitutivo del modelo actual de TV: el *broadcast* o multidifusión de vídeo o imagen en movimiento.

Aunque la práctica totalidad de conmutadores de red y tarjetas Ethernet que existen pueden ser configurados para que actúen en modo *broadcasting*, las autoridades de Internet no permiten ese modo de transmisión, conscientes de que cualquier descontrol podría llevar a la saturación mundial o parcial de la red. Sin embargo, para poder ofrecer servicios de multidifusión se ha desarrollado el protocolo IP *Multicast* (RFC 1301), que facilita la transmisión de información en tiempo real y a un grupo específico de destinos o direcciones IP al mismo tiempo. Por ejemplo, el proyecto MBONE (*Multicast Backbone*, RFC 1.112) es un intento de la *Internet Engineering Task Force* de aplicar la tecnología *Multicast*, con el objetivo de difundir audio y vídeo en tiempo real a diversos destinos por todo el mundo.

7.7.2 IP-TV

Los grandes *carriers* o compañías de telecomunicaciones hace tiempo que vieron el potencial que las tecnologías de *streaming* suponían para ellos: convertirse en una alternativa para el *broadcasting* o difusión de la señal de televisión a través del aire. Esta oportunidad, además de representar un jugoso negocio en sí misma, les ha permitido desarrollar un conjunto de servicios de valor añadido (TV generalista, TV temática, vídeo a la carta, etcétera), que las hace más atractivas ante sus clientes y desarrolla una mayor fidelidad para con ellas.

Recientemente los operadores de telecomunicaciones, dueños en su mayor parte de la tecnología ADSL que habilita la entrada en Internet desde nuestros hogares, aprovecharon mejoras técnicas de la familia xDSL para habilitar canales especiales de 8 Mbps sobre los que trasmitir señal de vídeo de alta definición

(HDTV o High Definition TV) bajo demanda de cada usuario[10]. Así, prácticamente cualquier operador actual que ofrece ADSL incluye también un paquete opcional de televisión digital, comúnmente llamada IPTV, televisión sobre IP o televisión IP.

La transmisión en IPTV no es auténtico *broadcasting*, esto es, no se transmite desde la central de telecomunicaciones un flujo de paquetes de todos los canales posibles hacia los usuarios finales. Recordemos que la red Internet no permite aprovechar el *broadcasting* de red sobre sus nodos de conmutación y que, por otra parte, con 100 o más canales de TV típicamente ofertados el ancho de banda necesario para realizar el *broadcasting* sería enorme. En la transmisión IPTV es el usuario quien elige un canal a visualizar (mediante el mando) y ésta elección se transmite a la central, donde se comenzará a realizar *streaming* hacia ese usuario del contenido actual del canal elegido. La transmisión es, pues, *unicasting*.

Por otra parte, las operaciones de interpretación del mando a distancia, negociación de canal elegido con la central, recepción de los paquetes IP de *streaming* y reconstrucción de la señal de vídeo para ser enviada al televisor requieren del equivalente a un ordenador de propósito específico, que en el ámbito de la IPTV se denomina descodificador o *set-top-box*. Los operadores de telecomunicaciones han necesitado desarrollar sus propios descodificadores para llevar a cabo la odisea de transportar debidamente TV sobre sus redes ADSL.

Como usuarios finales de la IPTV encontramos algunas diferencias claras entre el modelo clásico de *broadcast* de TV por el aire y el modelo digital vía ADSL. Así, IPTV supone algunas ventajas claras:

- La transmisión digital garantiza la calidad máxima posible en cada formato o resolución transmitido punto a punto.

- El número de canales ofertados es mucho mayor.

- Es posible recibir señal de TVs locales, regionales o transnacionales, algo imposible en el modelo de *broadcast* aéreo, donde la señal de esas emisoras simplemente no llegaría con suficiente potencia a nuestros hogares.

---

[10] Cuando un operador de telecomunicaciones oferta telefonía, acceso a Internet mediante ADSL o similar y TV se dice que hace la oferta *triple play*. Este término quizá quede obsoleto en el corto plazo con la incesante incorporación de nuevas áreas de servicio digital al catálogo de servicios de los operadores.

- Permite el desarrollo de modelos de negocio televisivo basados en la suscripción (pago recurrente a cambio de ver un canal).

- Permite el desarrollo de modelos de negocio televisivo basados en el pago por evento (pago eventual a cambio de ver un evento televisivo relevante en una fecha concreta), especialmente interesante para grandes eventos deportivos o estrenos de cine.

- Permite integrar servicios típicamente de videoclub. Al igual que ocurre con el vídeo reproductor tradicional es posible realizar pausas, avances y retrocesos, así como ver repetidamente el contenido.

- Para contenidos audiovisuales traducidos permite la transmisión de varias bandas sonoras en paralelo, permitiendo así la elección de cualquiera de ellas de forma dinámica.

- Para los anunciantes permite la posibilidad de integrar anuncios interactivos en base a tecnologías como JavaTV, si bien es necesario contar con descodificadores adaptados a tal fin.

- Permite a los padres o tutores el bloqueo por configuración de contenidos visuales no aptos para menores.

- Frente a la avalancha de contenidos que ofrece permite la elección del canal a visualizar por diversos criterios: canal, franja horaria, temática, actores, etcétera.

Pero IPTV no está exento de algunas limitaciones que el modelo de *broadcast* aéreo no tenía:

- No es posible llevar señal de IPTV a varios puntos en un hogar sin multiplicar el ancho de banda en la misma proporción.

- El tiempo de conmutación entre canales es mucho mayor que en el *broadcast* aéreo, cifrándose en el rango de 1-2 segundos, lo que hace menos apetecible la experiencia de *zapping* a la que estamos habituados como usuarios de TV.

- Supone un coste mensual del que estamos exentos en la TV pública y en abierto.

- El número de puntos únicos de fallo aumenta, ya que entre emisor y receptor interponemos nodos de Internet, la central de telefonía que ofrece la ADSL, los servidores de retransmisión de la central que realizan el *streaming*, el tendido telefónico de la ADSL entre central y hogar (bucle de abonado), etcétera.

- Aunque la calidad de la transmisión es óptima por ser digital, la probabilidad de que se produzcan fallos en la transmisión no es cero, ya que la transmisión de vídeo tiene una baja tolerancia a fallos en la línea ADSL.

También estamos asistiendo en paralelo al nacimiento de otro modelo de negocio alternativo a la IPTV de los operadores de telecomunicaciones: la IPTV de los grandes fabricantes de electrónica de consumo, como Sony o Philips. La idea de estos fabricantes es sencilla:

- Incluir un descodificador de IPTV en el televisor, del que ellos mismos son ya fabricantes.

- Firmar acuerdos con ciertos proveedores de contenidos (la industria de Hollywood, la BBC, Youtube y algunos otros), que se encargan de crear y operar plataformas de provisión de vídeo IP con servidores capaces de enviar *streaming* a millones de televisores en modo *unicast*.

- Incluir en el descodificador una aplicación de presentación de canales (un menú) que pueda limitar los contenidos difundibles a aquéllos que se correspondan con los acuerdos firmados.

- El usuario ha de conectar el televisor (en realidad el descodificador dentro del televisor) al acceso ADSL de su hogar para que éste sea capaz de llegar hasta los contenidos y recibirlos.

Figura 7.23. Menú del sistema NetTV® de Philips, mostrando los canales con los que ha firmado acuerdos, tal y como aparece en sus televisores actuales.

Este modelo de negocio para los fabricantes de televisores significa una nueva oportunidad de diferenciación de sus productos con respecto a los de la competencia. No en vano en el momento de escribir esta obra Sony ya ha incorporado un descodificador IP a doce modelos Bravia de su catálogo y Philips ha desarrollado su propio concepto y red denominado NetTV®.

Para superar la debilidad que supone no tener control sobre los nodos de Internet como sí lo tienen los operadores de telecomunicaciones, Philips, por ejemplo, ha firmado un reciente acuerdo con el operador Telia Sonera, quien le provee una plataforma de *streaming* de altísimo ancho de banda. No siendo Telia un operador de "última milla", la simbiosis es perfecta.

El modelo que promueven Sony y Philips[11] está lastrado por los fortísimos intereses de la industria de Hollywood, como solución defensiva contra el pirateo de contenidos visuales en redes P2P. Aunque esto no impide que se desarrolle el impulso de la Internet TV de los particulares y empresas (*videocasting* del que se hablará en el siguiente apartado), por el momento son los dos fabricantes quienes tienen la llave de qué canales pueden aparecer y cuáles no en el menú de sus televisores.

7.7.2.1 VIDEOCASTING

Aunque usando tecnologías IP estándar y circulando sobre las redes IP de los mismos operadores que nos proporcionan acceso a Internet, no podemos decir que IPTV forme parte de Internet. Se trata, más bien, de redes digitales paralelas y de acceso privativo a los suscriptores de cada operador telefónico. Por otra parte, los contenidos transmitidos, aunque muy diversos, están limitados a los acuerdos que el operador establezca con productoras y gestores de derechos a nivel mundial. No es posible que un particular o una empresa, deseosos de retransmitir contenidos visuales a terceros, usen estas redes como soporte o *carrier* digital abierto.

El éxito de portales como Youtube.com o, posteriormente, Google Videos, demuestran que sí existe una demanda de un canal para la expresión individual o corporativa, aunque, lógicamente, con una extensión de contenidos mucho menor que la de cualquier canal de TV digital. Esta idea de que empresas o grupos de personas puedan tener algo que contar que sea de interés general y que, para ello, usen la red Internet como *carrier* abierto y universal es tan interesante que podría llevarnos al desarrollo de un fenómeno tan masivo como el *blogging* (en

---

[11] Este enfrentamiento entre Sony y Philips por el nuevo escenario de la IPTV sobre Internet nos hace recordar el ya histórico enfrentamiento de los años ochenta entre estos dos fabricantes por el dominio del formato de vídeo imperante. En aquella ocasión venció Philips con VHS frente al sistema Betacam de Sony.

contraposición con la prensa), el *podcasting* (en contraposición con la radio) o las redes sociales (en contraposición a otras formas de relación social directa). A tenor de la historia reciente de Internet quizá incluso debamos pensar que este fenómeno, que podríamos denominar vagamente *videocasting*, no se desarrolle por separado sino en conjunción con los otros tres fenómenos citados.

En realidad nos encontramos ante una encrucijada histórica en el desarrollo de la TV en Internet. Con la IPTV en un estado de adopción avanzado (millones de suscriptores en cualquiera de los países en los que se oferta el servicio), el crecimiento del ancho de banda de los hogares y de los terminales móviles y la efervescencia actual de la sociedad en torno a la posibilidad de participar en Internet de forma protagonista y no sólo pasiva, nadie puede prever cómo vamos a usar y percibir la TV dentro de diez años. Hay, sin embargo, dos factores que nos hacen pensar en un desarrollo fortísimo de la libre distribución de contenidos visuales sobre Internet:

- El crecimiento de la capacidad de las redes de banda ancha es, sin duda, el avance tecnológico que habilita la retransmisión libre de vídeo de alta definición a través de Internet vadeando las plataformas privadas de los operadores de telecomunicaciones.

- La creciente difusión de los terminales móviles con banda ancha y la inclusión de pantallas gráficas de alta resolución y color que permiten la visualización cómoda de un flujo de imágenes en la palma de la mano.

La combinación de estos dos avances tecnológicos es más relevante de lo que parece, puesto que son los grupos sociales de menor edad quienes pueden promover el desarrollo del fenómeno y éstos están demostrando un vuelco clarísimo hacia el uso de Internet sobre dispositivos móviles, no sobre ordenadores personales.

7.7.2.2 CÓMO SE ASOMAN LAS CADENAS DE TV A INTERNET

Las cadenas de TV más importantes del mundo y algunas productoras reconocen haber encontrado un negocio sustancial en la redifusión de contenidos ya emitidos previamente en abierto. Así, desde la BBC hasta la más insignificante cadena de TV están explotando portales de Internet TV con, por ejemplo, los capítulos de las series televisivas de moda. En un mundo tan intenso como el de hoy muchos son los telespectadores que han de conformarse con ver televisión "enlatada", por imposibilidad de consumirla en directo durante el horario *prime time*, y esta opción resulta muy adecuada. Estos portales, hoy accedidos desde ordenadores, tabletas electrónicas (tipo iPad) o incluso teléfonos móviles, en el futuro serán susceptibles de aparecer en el menú de los televisores con acceso a Internet, previo acuerdo económico con el fabricante de turno.

Un ejemplo reciente en España es el portal 3alacarta, el servicio de vídeo por Internet de TV3 catalana, que tras la firma de un acuerdo con Sony aparece ya en el menú de sus televisores Bravia y en el menú de la PlayStation III. Además de adaptar su portal para aprovechar al máximo el entorno de los productos, Sony también han firmado un acuerdo con Philips, de modo que también será posible acceder al contenido de 3alacarta a través del sistema NetTV® de Philips.

Figura 7.24. Imagen de 3alacarta, el portal de IPTV de la TV3 catalana, disponible a través de todos los medios IP posibles.

Tanto para los televisores Sony Bravia, como para la Sony PS3 y para los televisores NetTV® de Philips, la TV3 catalana ha diseñado una aplicación que permite utilizar el mando de la consola o del televisor para ver en la pantalla del televisor los vídeos bajo demanda de sus programas preferidos. Los telespectadores podrán acceder a los vídeos más destacados del día, al ranking de los vídeos más vistos de la últimas 24 horas y a un amplio catálogo de vídeo de programas actuales y de archivo.

3alacarta está también disponible en fase de pruebas en la plataforma InOutTV (empresa catalana que desarrolla software y servicios para la televisión digital) a través del nuevo MediaCenter 4G HD, un doble sintonizador TDT de alta definición con conexión a Internet. Además, está previsto que se pueda acceder a través de los televisores y dispositivos conectados de la multinacional japonesa OKI.

Finalmente, el servicio 3alacarta también está presente en el iPad con una aplicación gratuita que se puede descargar desde iTunes y que permite seguir en directo los canales TV3CAT y 3/24 y acceder a miles de vídeos.

Figura 7.25. Portal iPlayer de la BBC, asequible a través de todos los medios IP posibles en este momento.

Apple, como en tantas otras cosas, ha sido pionera de este modelo de negocio al llegar a acuerdo con la cadena americana ABC para permitir la descarga de las principales series de moda en Estados Unidos a través de su red iTunes y sus dispositivos iPod, iPhone y, ahora, iPad.

En noviembre de 2010 Apple lanzaba al mercado su nuevo dispositivo Apple TV y comenzó a ofrecer películas en alquiler y venta a través de iTunes. Además, el Apple TV también permite:

- Visualizar en el televisor, vía WiFi o Ethernet, contenidos almacenados en el programa iTunes de cualquier ordenador que esté en la misma red: fotos, vídeos, películas y música.

- Acceder a contenidos de Internet, aunque limitado a sitios tales como YouTube o Flickr, los pre-establecidos.

- Reproducir contenidos, como vídeos o fotografías, procedentes de un iPad o iPhone a través de AirPlay, la interpretación particular de Apple equivalente, pero no compatible, con el estándar DLNA.

Figura 7.26. La pequeña caja de AppleTV apenas 20 cm de lado y 3 de alto

7.7.2.3 HACIA UNA IPTV ABIERTA

En conclusión, estamos en un momento de inmadurez de la oferta, en el que las tecnologías IP están completamente desarrolladas pero las fuerzas de la industria empujan en direcciones opuestas y hacia los modelos de negocio cerrados:

- Existen numerosos protocolos abiertos (y algunos cerrados) sobre los que ya es posible utilizar Internet para el *broadcasting* (falso *broadcasting*) de contenidos visuales.

- Cualquier ordenador y terminal móvil con banda ancha es en sí susceptible de ser considerado un *set-top-box*, por lo que, con independencia de lo que ocurra en el televisor de cada hogar, existe una población importantísima preparada para consumir contenidos visuales bajo demanda y *on-line*.

- Es posible construir *set-top-boxes* o descodificadores abiertos que permitiesen el acceso universal a cualquier *streaming* de vídeo personal o corporativo. Sin embargo, no existe un mercado importante de descodificadores para Internet, al margen de los fabricados para las redes de IPTV de los operadores. Los fabricantes de electrónica de consumo tienden a incluir el descodificador en el televisor, para evitar la proliferación de un negocio de terceros que evite su modelo cerrado de Internet TV.

- Los costes de las plataformas digitales para la retransmisión de contenidos ha bajado espectacularmente, alcanzado cotas de pocos cientos de euros/mes, perfectamente realizables en base al modelo de publicidad lateral, sobreimpuesta o precedente de Google o Youtube y, en muchos casos, asequible incluso a PYMEs con un alto contenido digital por ofrecer.

- El número de productoras temáticas está creciendo al calor de la proliferación de canales temáticos en la IPTV, por lo que existe un flujo de contenido superior al digerible por el público en general.

En medio de esta inmadurez de la oferta ha surgido, sin embargo, una esperanza de mejoría. La incesante proliferación de formatos, resoluciones, protocolos, modelos de negocio y métodos de provisionamiento tuvieron su respuesta en 2007, con la creación del Open IPTV Forum, encargado de desarrollar una norma que permita la interoperabilidad o compatibilidad de dispositivos o software de cualquier fabricante con las emisiones de cualquier proveedor de contenidos. En Open IPTV Forum están los principales fabricantes y operadores de telecomunicaciones, como Alcatel Lucent, Amino Communications, Deutsche Telekom, Ericsson, France Telecom, Huawei, LG Electronics, Nokia Siemens Networks, Panasonic, Philips, Samsung, Sony, Sun Microsystems (ahora Oracle), Telecom Italia Group, Telefónica, Telia Sonera, Tilgin, Verimatrix Inc y ZTE Corporation.

La misión de este foro es desarrollar especificaciones comunes para luego estandarizarlas en los organismos internacionales como ISO, ITU y otros. En la actualidad el cuerpo de especificaciones desarrollado cubre los siguientes aspectos:

- Formatos multimedia de vídeo.

- *Streaming* adaptativo para HTTP.

- Metadatos sobre el contenido.

- Protocolos.

- Ejemplos de secuencias de protocolo IPTV.

- Entorno de aplicaciones declarativas.

- Entorno de aplicaciones procedimentales.

- Autenticación, protección de contenidos y protección del servicio.

Open IPTV Forum es consciente de que los modelos de provisión de *streaming* de vídeo, tanto cerrado (protagonizado por operadores *triple play* y ahora por fabricantes de televisores) como abierto, van a convivir en el mercado. En su propuesta de arquitectura funcional el OIPF lo refleja como una doble vía por la que el usuario final puede nutrirse de dichos contenidos y en cualquiera de las tres grandes plataformas digitales actuales: el televisor, el PC y los dispositivos móviles.

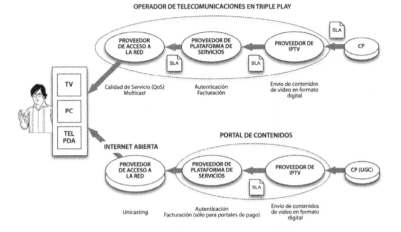

Figura 7.27. Modelo de doble provisión de streaming de vídeo según OIPF. Fuente: elaborado a partir de la arquitectura funcional de OIPF v2.0

7.8 SERVICIOS DE MOVILIDAD

Desde los albores de la Internet pública, tal y como la conocemos, se percibió con total claridad que su destino pasaría por su acceso ubicuo en cualquier punto del planeta. Aunque en la década de los ochenta resultara aún difícil imaginar la explosión de la telefonía móvil que estaba a punto de producirse estaba ya claro que el valor de lo que se estaba produciendo al acumular en un único punto de acceso (la red Internet) todo el acervo cultural y transaccional del planeta necesitaba trasladarse fuera del puesto de trabajo o del ordenador personal doméstico y acompañarnos allí donde estuviésemos en cada momento[12].

---

[12] Nuestra sociedad ansiaba la movilidad en las comunicaciones desde mucho antes de la era digital. Tan tempranamente como en 1940 American Telephone and Telegraph (AT&T) ya propuso una

De aquella Internet, cuya *killer application* era la World Wide Web (WWW), ya queda poco. Por supuesto que la WWW es el núcleo de cualquier otra aplicación o servicio modernos, pero ya no usamos Internet a modo de oráculo escrito, sino que practicamos todo tipo de transacciones económicas, culturales e incluso emocionales a través de sus nuevos servicios de voz, de mensajería, de imagen y, en especial, ya no sólo lo hacemos sentados frente al ordenador.

El desarrollo de la telefonía móvil en Europa alcanzó en un tiempo récord el punto donde se hacía evidente la necesidad de una transición desde los más de diez sistemas de redes celulares analógicas a un sistema digital paneuropeo, que abriese puertas a un cambio de paradigma introduciendo calidad (digitalización), confidencialidad (cifrado del flujo de bits) y, sobre todo, un modelo digital de enrutamiento y gestión. El resultado en Europa fue la creación de la norma GSM (Global System for Mobile) tan tempranamente como en 1988.

Como no podía ser de otra manera, sobre la red GSM se desarrolló un servicio de datos orientado a paquetes, que hereda de las tecnologías IP toda la experiencia sobre redundancia, enrutamiento, direccionamiento. Este servicio, denominado GPRS (*General Packet Radio Service*), forma parte de la red GSM desde su versión 97 y nació como recomendación del *European Telecommunications Standards Institute* (ETSI).

GPRS no fue el primer servicio de datos para redes móviles. Con especial impacto inicial recordamos i-mode, desarrollada por la compañía telefónica del Japón, NTT DoCoMo, que en la década de 2000 triunfaba en ese país gracias a innumerables aplicaciones de juegos *on-line* pero que no logró nunca una acogida similar en Europa y Estados Unidos.

El maridaje GSM/GPRS fue la primera oportunidad real para trasladar todo el potencial de los servicios de la Internet, hasta entonces estática, al teléfono móvil, especialmente los relacionados con la WWW y el correo electrónico. Sin embargo, dos limitaciones técnicas impedían una adopción más vertiginosa: el limitado ancho de banda de las sucesivas versiones de GPRS, como podemos apreciar en la tabla siguiente y el reducido tamaño y usabilidad de las pantallas de los dispositivos móviles, que en la década de 2000 seguían siendo limitantes incluso para leer una sencilla página Web.

---

primera versión del concepto de celda telefónica para sistemas móviles de alta densidad; en la década de los cincuenta ya había varias redes de telefonía móvil analógica operando en el Reino Unido; en 1968, la misma AT&T llevó su propuesta de un sistema celular a la *Federal Communications Commission* (FCC); la reserva de la frecuencia de 900 Mhz que se utilizó por parte de GSM en 1988 se realizó con enorme antelación por la *World Administrative Radio Conference* en 1978; etcétera.

El verdadero estallido del acceso móvil a Internet ha llegado de la mano de una nueva tecnología de telefonía digital móvil: 3G o de tercera generación. Con 3G comenzando en 200 kbps y alcanzando rápidamente ofertas comerciales a 1-2 Mbps aún no es posible alcanzar la velocidad de las primeras redes locales Ethernet (10 Mbps) de la década de 1980, pero es velocidad suficiente como para realizar descargas de pequeñas aplicaciones en tiempos razonables, leer el correo electrónico personal asiduamente, actualizar con datos las aplicaciones móviles bajadas, etcétera.

El desarrollo de las tecnologías de movilidad ha desencadenado el crecimiento de una nueva industria: la de la fabricación de dispositivos móviles, ya sean teléfonos, PDA (Personal Data Assistant), PDA con telefonía o el nuevo género de tabletas electrónicas de gran dimensión de pantalla, como el iPad. De proporciones nunca bien ponderadas por los fabricantes de ordenadores establecidos, esta nueva industria o subindustria del *hardware* móvil es ya, junto con la industria de las videoconsolas de juegos, el primer consumidor de microprocesadores del mundo, lo que nos da idea de cómo no sólo Internet y el flujo de datos sobre Internet, sino toda la compleja e intrincada red de industrias digitales están cambiando de volumen, misión y espacio estratégico en menos de dos décadas.

Con la llegada de productos paradigmáticos como el iPhone del fabricante Apple, los usuarios se han hecho ampliamente conscientes de que las clásicas barreras de ancho de banda, tamaño de la pantalla y dificultad de tecleo del teléfono comenzaban a caer y, con la entrada en escena de las nuevas tabletas iPad de este mismo fabricante, con resolución 1024x768 píxeles, ya no queda duda de que la subindustria de la movilidad va a protagonizar la década de 2010 por mérito propio.

Un hecho verdaderamente singular de esta subindustria es que los creadores de aplicaciones abandonaron muy rápidamente lo que ya era un estándar en el mundo de los ordenadores personales: el modelo Web. Posiblemente empujados por las limitaciones en la resolución de las pantallas de los móviles (incluso el reciente iPhone no superaba 640x480 píxeles), que impedían resolver de modo agradable una página Web no muy exigente, se vieron impelidos a desarrollar un modelo de programación basado en el antiguo paradigma cliente/servidor, dotando a los terminales móviles de aplicaciones cliente descargables a través de GSM/GPRS o 3G. La vistosidad y la recuperada virtuosidad de las nuevas interfaces de usuario han terminado por crear un modelo de programación más parecido al que triunfaba antes de Internet en todos los ordenadores.

7.9 SERVICIOS DE GEOLOCALIZACIÓN Y GEOREFERENCIACIÓN

El término GIS (*Geographical Information System*) o Sistema de Información Geográfica, hace referencia a los sistemas que permiten dar soporte a la gestión de información geográficamente referenciada, combinando la potencialidad de la gestión de los datos, con las capacidades de presentación gráfica de mapas. Son múltiples las posibles aplicaciones para estos sistemas, tales como la gestión de recursos de todo tipo, gestión medioambiental, análisis de mercado, planificación urbanística, etcétera.

La potencialidad del sistema GIS nos permite combinar las consultas en una base de datos relacional, contemplando múltiples criterios, con la representación gráfica de la información sobre los mapas correspondientes, utilizando además simbología o codificación gráfica que ayude a la comprensión de la información proporcionada.

También en los GIS se suelen incorporar funciones avanzadas para la simulación o para el cálculo de redes, que es la aplicación más habitual en áreas como el transporte o la distribución, para determinar distancias mínimas o rutas óptimas.

En la actualidad los GIS están teniendo una fuerte implantación en relación a diversos servicios de localización debido a la extensión y abaratamiento de la tecnología GPS integrada en dispositivos móviles de consumo.

Además, estamos asistiendo en los últimos años a una explosión de aplicaciones destinadas a mostrar y editar cartografía en entornos Web como Google Maps, con la aparición de numerosas aplicaciones que permiten la publicación de información geográfica en la Web, y que mediante el uso de las API permiten vincular los datos de una base de datos alfanumérica (clientes, sedes, etcétera) con los mapas o callejeros correspondientes.

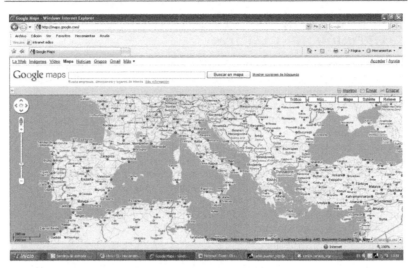

Figura 7.28. GoogleMaps: soporte para integración con múltiples aplicaciones empresariales y entornos GIS

Así, a nivel empresarial, pueden resultar de interés aplicaciones para representar las rutas de distribución, el parque de clientes, o las delegaciones o puntos de venta disponibles.

7.10 IMPLANTACIÓN DE INTRANETS EN LAS EMPRESAS

Las empresas pueden emplear la propia tecnología de Internet para mejorar sus sistemas de información y sus comunicaciones internas. La idea es bien sencilla: utilizar el protocolo TPC/IP y servicios como el World Wide Web o el correo electrónico en la propia red de la empresa.

A través del servicio World Wide Web, se puede poner el conocimiento corporativo a disposición de toda la organización, facilitando en gran medida el acceso a él desde cualquier ubicación y de forma prácticamente instantánea: información técnica sobre los productos, noticias relacionadas con la empresa y sus actividades, bases de datos de informes y documentación, políticas de la empresa, manuales de procedimientos y normas de actuación, etcétera.

De este modo, es posible reducir la pérdida de tiempo provocada por la búsqueda de la información necesaria para realizar alguna actividad, problema que afecta a la mayoría de las organizaciones. Además, se tiene la ventaja adicional de que la información disponible va a estar permanentemente actualizada.

Por su parte, el correo electrónico y la videoconferencia contribuyen a mejorar la comunicación interna y la cooperación entre los integrantes de los distintos grupos de trabajo.

Así mismo, el hecho de utilizar los mismos programas que permiten acceder a los servicios de Internet, que destacan por la sencillez de su manejo y que muchos usuarios ya conocen, facilita la formación de los nuevos empleados.

También hay que tener en cuenta que en el mercado existe un gran número de aplicaciones ya desarrolladas, de bajo coste y alta fiabilidad, basadas en la tecnología Web. Así, por ejemplo, las últimas versiones de algunos sistemas de gestión documental, productos de *workflow* o software de soporte a la toma de decisiones (herramientas DSS) utilizan navegadores para acceder e interactuar con la información mantenida por un servidor Web.

De hecho, se ha desarrollado un nuevo modelo de acceso a aplicaciones de gestión y bases de datos basado en una arquitectura de tres niveles, en la que intervienen el navegador Web que actúa como cliente universal, el servidor Web corporativo y el servidor de aplicaciones de gestión y de acceso a bases de datos.

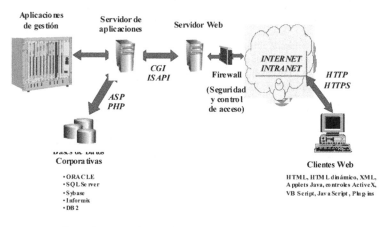

Figura 7.29. Servidor de aplicaciones – Arquitectura de tres niveles

Muy relacionado con las Intranets se encuentra el concepto de *Network Computer* (NC), que plantea un nuevo modelo informático. Se trata de un ordenador con los componentes mínimos necesarios para poder trabajar conectado a la red (procesador, memoria, teclado, ratón, monitor y tarjeta de red), lo cual permite reducir de forma importante la inversión en equipos y el coste total de propiedad (*Total Cost of Ownership* –TCO–).

En este modelo informático la información y las aplicaciones residen en la red y no en el ordenador, que por sí solo no puede trabajar. De este modo, tanto los datos como las aplicaciones, se pueden actualizar en la red, ya que no se encuentran en modo local, característica que proporciona una mayor facilidad en la administración de la red.

Podemos concluir, pues, que la implantación de una Intranet permite reducir los costes asociados al desarrollo y mantenimiento de aplicaciones, así como los costes de gestión de la red y los sistemas informáticos. Además, posibilita localizar rápidamente la información dentro de la organización, información que será consistente y que siempre estará actualizada y que, además, se puede compartir fácilmente entre los distintos empleados.

Una extensión del concepto de Intranet es la Extranet, red privada virtual soportada por redes públicas (como Internet) que integra a la empresa con sus proveedores y clientes utilizando los mismos protocolos y servicios de la red Internet. De este modo, es posible compartir información en tiempo real sobre los pedidos y alcanzar una mayor integración de los distintos sistemas informáticos. También se facilita el intercambio electrónico de documentos mercantiles (EDI).

Además, se puede utilizar la Extranet para compartir conocimientos entre las organizaciones que la integran y reforzar su cooperación para realizar ciertas actividades, como el desarrollo de nuevos productos y servicios, contribuyendo a un mayor fortalecimiento de la relación.

Capítulo 8

TECNOLOGÍAS DE ACCESO A INTERNET

La **red de acceso** está constituida por el tramo final de una red o sistema de telecomunicación que une el domicilio de cada usuario con el resto de la red, tramo que también se conoce por "bucle local" o "última milla" (reminiscencia de los términos creados para la red telefónica conmutada). Sus principales componentes son los medios de transmisión y los dispositivos que realizan la adecuación de la señal a los mismos.

Las tecnologías de acceso para facilitar la conexión a Internet presentan hoy en día múltiples alternativas, ofreciendo distintas tarifas y prestaciones, así como diferentes características en lo que se refiere a cobertura, movilidad de los terminales, etcétera. Todas estas características y prestaciones dependen en gran medida del medio de transmisión utilizado (par de cobre, cable coaxial, fibra óptica, canal radioeléctrico).

Desde el punto de vista de un usuario particular, a la hora de valorar las alternativas disponibles, se tendrán en cuenta sobre todo la relación entre la velocidad de conexión y la tarifa aplicada, así como la facilidad y rapidez para la puesta en marcha del servicio en su propia vivienda o en sus dispositivos móviles. Una empresa u organización debe plantearse un estudio más detallado de las alternativas para la conexión, teniendo muy en cuenta además otra serie de cuestiones de tipo técnico y organizativo.

En los siguientes apartados se analizarán las principales características de las alternativas disponibles hoy en día para la conexión a Internet, y que configuran las distintas tecnologías de acceso a la Red.

8.1 CONEXIÓN A TRAVÉS DE LA RED TELEFÓNICA

Para establecer la conexión desde un ordenador personal a través de la red telefónica básica se debe utilizar un módem (MOdulador-DEModulador), dispositivo que se encarga de transmitir los datos a través de la línea telefónica como si de una señal de voz se tratase, utilizando para ello distintos esquemas de modulación: FSK, PSK, QAM, etcétera.

Figura 8.1. Conexión a través de la red telefónica básica

Seguidamente se muestran las distintas normas que desarrolló la ITU para la transmisión de datos mediante un módem:

Norma	Velocidad	Modulación
V.22	1,2 Kbps en ambos sentidos	Modulación 4-PSK
V.22 bis	2,4 Kbps en ambos sentidos	Modulación 16-PSK
V.32	4,8 Kbps en ambos sentidos 9,6 Kbps en ambos sentidos	Modulación 4-PSK Modulación 32-QAM + código convolucional
V.32 bis	14,4 Kbps	Modulación 128-QAM + código convolucional + cancelación de ecos
V.34	28,8 Kbps	Modulación 1024-QAM + código convolucional + cancelación de ecos
V.34 bis	33,6 Kbps	
V.90	56 Kbps en el canal de transmisión descendente 31,2 Kbps en el canal de transmisión ascendente	Emplea una transmisión digital en el sentido descendente, desde la central hasta el módem
V.92	56 Kbps en el canal de transmisión descendente 48 Kbps en el canal de transmisión ascendente	Introduce mejoras en la gestión de la línea telefónica, como el módem en espera o la conexión rápida

Tabla 8.1. Normas para la transmisión de datos mediante un módem

Hasta el desarrollo de los nuevos módems basados en la norma V.92, aprobada en noviembre de 2000 por la ITU, la utilización de este dispositivo impedía la recepción de llamadas a través de la línea telefónica, con el perjuicio que esto representaba para los usuarios (y no pocas discusiones domésticas).

Las conexiones de los usuarios remotos a Internet se realizaban mediante los protocolos SLIP (*Serial Line Internet Protocol*) o PPP (*Point to Point Protocol*), que permiten establecer una comunicación IP a través de líneas punto a punto. Este último protocolo, PPP, es más rápido y eficiente, por lo que fue el más utilizado.

A su vez, para controlar los accesos de los usuarios remotos a los proveedores de Internet, se utilizan mecanismos basados en la identificación mediante nombres de usuario y contraseñas, como PAP (*Password Authentication Protocol*), CHAP (*Challenge Handshake Authentication Protocol*) o RADIUS (*Remote Authentication Dial-In User Service*).

Por otra parte, si el usuario tiene un acceso básico RDSI es posible utilizar un canal B para realizar la conexión a Internet, obteniendo una velocidad de 64 Kbps en ambos sentidos de la transmisión. Esta velocidad puede verse incrementada hasta los 128 Kbps si se utilizasen simultáneamente los dos canales B del acceso básico, si bien en este caso el coste de la llamada se duplicaría (sería el equivalente a dos llamadas telefónicas analógicas).

Para utilizar una línea RDSI en una conexión a Internet, es necesario adquirir una tarjeta de comunicaciones o un módem RDSI, que desempeña el mismo papel que un módem analógico.

Con RDSI, los usuarios que necesiten una mayor tasa de transferencia podrían emplear conexiones bajo demanda que utilicen varios canales B de forma simultánea mediante un acceso PPP *multilink* (multienlace), es decir, una conexión en la que se utilizan varias líneas a la vez, si bien en este caso el coste del servicio se dispara.

En lo que se refiere al coste del servicio, en España es necesario pagar una cuota de alta, una cuota de conexión mensual y el coste de las llamadas, aplicándose las mismas tarifas que en el caso de las comunicaciones analógicas. La numeración RDSI está integrada en el plan de comunicación de la red telefónica básica, por lo que no existe distinción entre un número de una y otra red.

A pesar de sus ventajas, la RDSI no obtuvo el éxito comercial esperado. El elevado coste de los equipos digitales en los primeros años, unido al lento y costoso proceso de alta de las líneas RDSI, frenaron su desarrollo inicial. Las operadoras de telecomunicaciones tampoco supieron dar a conocer las ventajas de la RDSI mediante adecuadas campañas de marketing, por lo que su desarrollo fue mucho más limitado del que se había previsto inicialmente en la década de los noventa.

Por este motivo, a partir del año 2000 la RDSI se vio desplazada por otras alternativas tecnológicamente más avanzadas, como el cable de fibra óptica o ADSL, que ofrecen mejores prestaciones a sus usuarios en lo que se refiere a la conexión a Internet y al coste de la conexión.

Como conclusión, podemos afirmar que esta alternativa de conexión, ya sea a través de la red telefónica básica o la RDSI, y que tiene su origen en la aparición de los primeros servicios telemáticos de principios de los años setenta, ofrece unas prestaciones muy limitadas, totalmente inaceptables para desarrollar servicios de banda ancha, y con un coste relativamente elevado. Por este motivo, su aplicación queda reducida al ámbito doméstico, para usuarios que se limiten a enviar o recibir algunos mensajes de correo electrónico o a leer páginas Web, teniendo en cuenta que la lentitud en la velocidad de la conexión dificultará notablemente el acceso a servicios multimedia, así como la transmisión y/o recepción de ficheros de tamaño medio/grande.

8.2 CONEXIÓN MEDIANTE LÍNEAS FRAME RELAY Y ATM

El protocolo Frame Relay nació en los años ochenta como una mejora del protocolo X.25, adaptándolo a las características de las líneas de datos más fiables y con menores tasas de error disponibles desde los años ochenta. Para ello, reduce notablemente los elementos de comprobación y corrección de errores, alcanzando velocidades de transmisión de hasta 2 Mbps.

Frame Relay introduce la posibilidad de contratar anchos de banda mínimos garantizados (*Committed Information Rate* –CIR–) con el operador de telecomunicaciones. Este parámetro define la mínima velocidad de transmisión que el operador garantiza al cliente en situaciones de congestión de la red. Por otra parte, se define una tasa de exceso de información a través del parámetro EIR (*Excess Information Rate*), como el margen en que se puede superar el CIR contratado para esa línea de datos.

De este modo, un usuario puede aprovechar la capacidad sobrante de la red en las horas de menor utilización (horas valle), sin menoscabar la calidad del servicio que reciben otros usuarios que comparten los mismos recursos en las horas de mayor tráfico (horas punta), ya que entonces cada usuario se verá limitado a su CIR.

Los enlaces Frame Relay han tenido bastante éxito en el ámbito empresarial, por su fiabilidad y calidad, siendo ofrecidos por distintos operadores de telecomunicación. Sin embargo, su coste era bastante elevado, debido sobre todo a la asignación de recursos (ancho de banda) para garantizar la calidad de la conexión.

Por su parte, el protocolo ATM (*Asynchronous Transfer Mode*, Modo de Transferencia Asíncrono) fue desarrollado en los años noventa para poder transmitir vídeo, voz y datos sobre enlaces de alta capacidad, aprovechando el desarrollo de las comunicaciones sobre cable de fibra óptica. Algunos lo han considerado como la RDSI de banda ancha, ya que permite desarrollar una red digital de servicios integrados (se integran distintos tipos de tráfico) de muy altas prestaciones.

En los enlaces ATM se transmiten paquetes de datos de tamaño fijo, de 53 bytes, de los cuales 48 bytes se dedican a datos y cinco bytes a información de control del protocolo. Estos paquetes se denominan "celdas" y son mucho más manejables en situaciones de congestión de la red, gracias a que tienen un tamaño fijo, lo cual facilita en gran medida el diseño de los equipos de conmutación. Hay que tener en cuenta que en otros protocolos, como Frame Relay, los paquetes de datos tienen una longitud muy superior y además son de tamaño variable.

Debido a que emplean medios de transmisión muy fiables (fibras ópticas donde prácticamente no se producen errores debido a su inmunidad frente a ruidos e interferencias) y ofrecen mayores anchos de banda, los enlaces ATM eliminan el control de errores en la transmisión (este control se deja en manos de los equipos terminales) y permiten alcanzar velocidades que típicamente se sitúan entre 25 y 622 Mbps.

En los enlaces ATM el tamaño fijo y reducido de las celdas facilita el control de la congestión en la red y del retardo punto a punto. Esta mayor fragmentación de la información transmitida permite responder con mucha más rapidez a un tráfico de alta prioridad, que puede llegar inesperadamente mientras se está transmitiendo otro menos urgente.

Tanto Frame Relay como ATM ofrecen un servicio orientado a conexión, en el cual el equipo emisor negocia un contrato de tráfico con la red para establecer la conexión con el equipo de destino, reservando un determinado ancho de banda y estableciendo de antemano una calidad del servicio. En ATM también se utilizan los parámetros de CIR y EIR del protocolo Frame Relay y se ofrece la posibilidad de asignar distintos niveles de prioridad a las celdas en función del tipo de tráfico que soporten.

ATM experimentó un gran impulso por parte de los operadores de telecomunicaciones desde mediados de los años noventa, siendo ampliamente utilizado hoy en día en los troncales y enlaces de alta capacidad.

Se trata, por tanto, de una alternativa cara pero bastante fiable, capaz de ofrecer un ancho de banda garantizado a sus usuarios.

8.3 ADSL

En 1987 los laboratorios Bellcore (creadores de la RDSI) desarrollaron la tecnología ADSL para poder aprovechar al máximo la capacidad de transmisión del par de hilos de cobre del bucle de abonado.

La limitación impuesta a un canal telefónico, reduciendo el ancho de banda mediante filtros a 4 kHz, resulta apropiada para transmitir una conversación telefónica y permite multiplexar varias comunicaciones sobre un único enlace, pero supone una limitación insalvable para transmitir datos a alta velocidad, desaprovechando toda la capacidad propia del par de hilos de cobre, que puede llegar a ser de unos pocos MHz, dependiendo lógicamente de la distancia y de la sección del cable utilizado (en la práctica se considera que el límite del par de cobre telefónico se sitúa en los 2 MHz).

En la tecnología ADSL es necesario situar a ambos extremos del bucle de abonado dos módems ADSL (uno en la central de conmutación del operador y otro directamente en la casa u oficina del usuario). En esta tecnología se emplea el espectro de frecuencias entre 0 y los 4 kHz para un canal telefónico analógico y el rango comprendido entre los 4 kHz y los 2,2 MHz para la transmisión de datos a alta velocidad.

De este modo, dado que se separa el espectro en dos partes, una para transmisión de voz y otra para transmisión de datos, es posible mantener una conversación telefónica mientras se utiliza una conexión a Internet. Para separar los dos tipos de transmisiones se emplea un dispositivo conocido como *splitter* (separador), instalado al final del bucle de abonado.

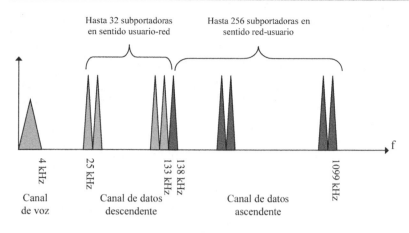

Figura 8.2. Espectro de una señal ADSL

Conviene destacar el hecho de que, al operar sobre una banda de frecuencias separada de las dedicadas al tráfico vocal, en caso de fallo de un módem ADSL, el servicio telefónico normal no se ve afectado.

Dado que se requiere instalar un módem en la central de conmutación más próxima para dar servicio a un usuario, este tipo de servicio se proporciona bajo demanda por parte del operador de telecomunicaciones.

La puesta en marcha del servicio ADSL requiere adaptar las centrales de conmutación telefónicas con la instalación de baterías de módem ADSL y un equipo DSLAM (*Digital Subscriber Line Access Multiplexer*), un multiplexador que concentra las líneas de los usuarios, tal y como se muestra en la siguiente figura:

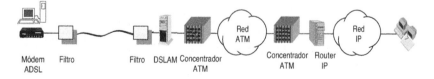

Figura 8.3. Esquema de la conexión ADSL entre el usuario y la red del operador

De este modo, los operadores pueden aprovechar las redes existentes, ya que se utilizan los pares de cobre telefónico, evitando tener que desplegar nuevas redes. No obstante, según algunos estudios publicados, el coste de la adaptación de las centrales telefónicas convencionales (con la instalación de los equipos DSLAM) y la instalación de los equipos módem ADSL con los filtros separadores representa un coste elevado en términos relativos de coste/capacidad frente a otras alternativas disponibles actualmente en el mercado, como las redes de fibra óptica.

Las dos diferentes técnicas de modulación empleadas con ADSL son CAP (*Carrierless Amplitude Phase*), que se utilizó ampliamente durante las fases de prueba y que ha llegado a convertirse en un estándar *de facto*, y DMT (*Discrete MultiTone*), que es el estándar formal adoptado por el ETSI y el ANSI, basado en la utilización de varias portadoras digitales.

ADSL pertenece a la familia de las tecnologías *xDSL*, que digitalizan el bucle de abonado (*Digital Subscriber Loop*, Bucle de Abonado Digital) para incrementar la capacidad de transmisión de datos, aprovechando el cable de cobre existente, siempre que éste reúna un mínimo de requisitos en cuanto a calidad del circuito y distancia de él respecto a la central. Seguidamente se muestra un resumen de estas tecnologías:

- **HDSL** (*High Data Rate Digital Subscriber Line*): ofrece una alta velocidad de transmisión simétrica (en modo dúplex).

- **SDSL** (*Symmetric Digital Subscriber Line*), versión estandarizada de HDSL.

- **ADSL** (*Asymmetric Digital Subscriber Line*): velocidades de 1,5 a 9 Mbps en el canal descendente y de 16 a 640 Kbps en el canal ascendente.

- **UDSL** (*Universal ADSL*): velocidades de 0,5 a 1 Mbps en el canal descendente y de 128 Kbps en el canal ascendente.

- **VDSL** (*Very High Data Rate Asymmetric Digital Subscriber Line*): velocidades de 25 a 52 Mbps en el canal descendente y de 1,5 a 2,3 Mbps en el canal ascendente.

- **IDSL** (*ISDN Digital Subscriber Line*): xDSL sobre redes RDSI.

- **RADSL** (*Rate-Adaptive Digital Subscriber Line*): ofrece tasas de transmisión adaptativas.

Por tanto, con ADSL se pueden conseguir velocidades de transmisión descendentes (de la central hasta el usuario) de 1,5 Mbps sobre distancias de 5 o 6 km, que llegan hasta los 9 Mbps si la distancia se reduce a 3 km y ascendentes (del usuario hasta la central) de 16 a 640 Kbps, sobre los mismos tramos.

No obstante, estas velocidades de transmisión dependen de la calidad del par de cobre del bucle de abonado, de la distancia a la central de conmutación y del nivel de interferencias y ruidos en las proximidades de la línea, que pueden afectar seriamente a la transmisión de datos.

Las líneas de pares de cobre no fueron concebidas para ofrecer servicios de banda ancha y, por ello, presentan serios problemas para la trasmisión de datos a alta velocidad por las pérdidas de inserción derivadas de la atenuación de la señal en el cable con la distancia, tal y como se refleja en la siguiente figura:

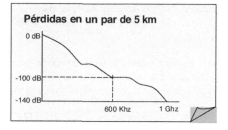

Figura 8.4. Atenuación del par de cobre (fuente: ETSIT de Madrid)

Estos problemas de atenuación (a los que también habría que añadir las pérdidas en los conectores, pensados inicialmente para telefonía analógica), imponen una restricción importante a la distancia entre el usuario y la central del operador de telecomunicaciones.

Pero, sin duda, la principal limitación de esta tecnología es su vulnerabilidad frente a los ruidos y las interferencias entre líneas, que pueden degradar sus prestaciones, impidiendo garantizar una velocidad constante de transmisión en la conexión. Hay que tener en cuenta que en la red de distribución del operador de telefonía los hilos de cobre se agrupan en cables de 25 o 50 pares, número que se incrementa en la red de alimentación. Debido a su escasa protección frente a las interferencias, las transmisiones que viajan por unos cables "se cuelan" en las de sus vecinos, provocando efectos de diafonía ("telediafonía" y "paradiafonía"), cuyo nivel de intensidad se incrementa a altas frecuencias (utilizadas por la tecnología ADSL).

En este sentido, podríamos considerar a cada par de hilos de cobre como una pequeña antena, que radia una señal que puede afectar a los restantes pares, provocando interferencias que degradan la señal transmitida en dichos pares.

Por otra parte, en lo que se refiere a los ruidos e interferencias provocados por otras fuentes radiantes, también pueden afectar seriamente a la calidad de la comunicación. Debemos tener en cuenta que la banda de radio AM (560 Khz a 1.600 Khz) se solapa en parte con las empleadas por los sistemas ADSL y VDSL, de forma que habitualmente pueden "colarse" dos o tres portadoras de este tipo de emisoras en un par de cables. Así mismo, los ruidos impulsivos (ruidos de baja frecuencia producidos por electrodomésticos, interruptores, etcétera) pueden dañar secuencias de bits, reduciendo la velocidad media sostenible de la línea.

En definitiva, podemos concluir que ADSL proporciona un acceso asimétrico y de una velocidad elevada a través del par de hilos de cobre que los usuarios tienen actualmente en su casa u oficina para la conexión a la red telefónica, sin que sea necesario el tendido de un cable nuevo, aprovechando toda la infraestructura de red existente.

Además, ADSL permite establecer una conexión permanente a Internet, con una tarifa plana mensual por la utilización del servicio, independientemente del tiempo de conexión o de la cantidad de información transmitida o recibida.

No obstante, frente a las modernas redes de cable de fibra óptica, la tecnología ADSL presenta importantes desventajas, ya que está soportada por redes antiguas que no fueron diseñadas para ofrecer servicios de banda ancha.

En este sentido, conviene destacar que la fibra óptica es un medio con una enorme capacidad de transmisión, por lo que los operadores de cable podrán ampliar fácilmente la velocidad de transmisión en sus redes a medida que lo vayan demandando las aplicaciones y servicios avanzados de banda ancha que se lancen al mercado en los próximos años.

De este modo, a corto o medio plazo, los operadores que oferten ADSL pueden competir en muchos servicios con los operadores de cable, sobre todo debido a la rapidez con la que se puede poner en marcha el servicio ADSL en las ciudades. Además, para los operadores que no cuentan con una red propia, constituye una tecnología que les permite ofrecer cobertura en prácticamente todo el país, recurriendo a la red de telefonía del operador dominante.

Para muchos de los servicios actualmente disponibles en Internet, la velocidad que ofrece una línea ADSL puede ser suficiente, pero, a largo plazo, la tecnología ADSL y, en general, todas las que se basan en las actuales redes de pares de cobre, presentan importantes desventajas y limitaciones que cuestionan su capacidad para el desarrollo de servicios de banda ancha (vídeo bajo demanda, portales multimedia, etcétera). En estos casos, las redes de cable de fibra óptica constituyen la única alternativa válida para la prestación de servicios que demanden un elevando ancho de banda.

8.4 ACCESO MEDIANTE CABLE DE FIBRA ÓPTICA

En las redes de cable de fibra óptica utilizadas mayoritariamente en la actualidad, el cable de fibra óptica llega formando anillos de diferentes niveles a cada manzana o grupo de viviendas donde se produce la conversión óptico-eléctrica. Desde ese punto (normalmente denominado "nodo final"), se realiza un cableado con coaxial y cables de pares de cobre hasta alcanzar el interior de los locales de empresas y/u hogares.

Se trata, por tanto, de redes híbridas de fibra óptica y cable coaxial (redes HFC, *Hybrid Fiber-Coax*), en las que en los últimos metros de acometida a las viviendas y oficinas se emplea el cable coaxial, ya que esta alternativa es más barata y fácil de instalar y ofrece un ancho de banda suficientemente alto como para cubrir las necesidades actuales del mercado.

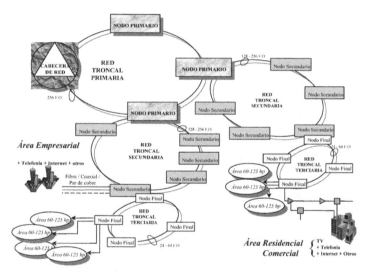

Figura 8.5. Esquema típico de una red de fibra óptica

La ventaja de este tipo de arquitectura en anillos es que permite acercar el punto de terminación óptica (el punto donde acaba el cable de fibra óptica) a los usuarios finales, algo así como acercar la entrada/salida de una enorme autopista de comunicaciones a cada empresa u hogar. La proximidad de este acceso depende de la topología finalmente desplegada: FTTF, FTTC, FTTB, FTTH.

- Redes FTTF (*Fiber To The Feeder*)
  - ➪ De 1.000 a 3.000 hogares por nodo
  - ➪ Un máximo de cuatro amplificadores de distribución en cascada
- Redes FTTC (*Fiber To The Curb*)
  - ➪ De 125 a 500 hogares por nodo
  - ➪ Un máximo de dos amplificadores de distribución en cascada
- Redes FTTB (*Fiber To The Building*)
  - ➪ Nodo en cada edificio o agrupación de viviendas
  - ➪ Generalmente no son necesarios amplificadores de distribución
- Redes FTTH (*Fiber To The Home*)
  - ➪ Nodo en cada hogar
  - ➪ Red completamente óptica y pasiva

Tabla 8.2. Topologías desplegadas en las redes de fibra óptica

Así mismo, la organización jerárquica de este tipo de redes (anillos y nodos primarios, secundarios, terciarios, etcétera) permite introducir mejoras en equipamiento a medida que son necesarias, instalando las nuevas funcionalidades "de arriba hacia abajo", es decir, de un número de nodos menor (por ejemplo, en los nodos primarios) a un número de nodos mayor (por ejemplo, en los nodos finales). Esto se aplica de igual modo a las ampliaciones de velocidad/capacidad de la red, lo que dota a estas redes de una capacidad de crecimiento prácticamente ilimitada.

Se trata de redes pensadas desde su diseño inicial para prestar servicios completamente integrados de transporte de voz, datos, imágenes y vídeo. Por ello en su tramo final, para llegar a cada hogar u oficina, se emplea lo que se denomina "cable siamés" (cable coaxial + pares de cobre en una misma funda de cable) e, incluso, "cable triamés" (cable coaxial + pares de cobre + fibra óptica).

De hecho, reúnen las características de las redes de telecomunicación convencional (red en anillos SDH para los servicios de voz y datos tradicionales) y de las redes típicas de distribución (redes punto a punto y punto a multipunto para servicios de televisión y radio). Por tanto, en una misma red se combinan de forma simultánea los servicios de telefonía, televisión y conexión a Internet a alta velocidad.

Los módem-cable (también conocidos por "cablemódem") empleados hoy en día permiten alcanzar velocidades de varias decenas de Mbps y los operadores de cable están ofreciendo el servicio de conexión a Internet bajo la modalidad de una tarifa plana, con distintas velocidades de acceso.

Para el servicio de acceso a alta velocidad a Internet, en su configuración actual, las redes de cable se comportan como una gran red de área local (LAN) del tamaño de la demarcación del operador, sobre la que se instala una verdadera Intranet.

Es usual la afirmación errónea de que este hecho constituye una de las principales desventajas de estas redes, a causa de la naturaleza compartida del medio físico, cuando realmente es una de sus características más destacadas, al permitir establecer velocidades enormes en configuraciones que se suelen denominar "Gigabit Ethernet", con velocidades de más de 100 Mbps. De hecho, es posible establecer en este tipo de redes diferentes velocidades dentro y fuera de esta Intranet, lo que las hace especialmente interesantes para servicios con grandes necesidades de velocidad/ancho de banda como el vídeo bajo demanda o la transmisión de datos a muy alta velocidad.

En las actuales redes de fibra óptica y cable coaxial (redes HFC), el ancho de banda disponible para el usuario viene limitado por el último eslabón, constituido por el cable coaxial, que ofrece una capacidad máxima de unos 2 GHz (si bien el estándar europeo de transmisión por cable aprovecha actualmente 860 MHz). En cambio, en las redes telefónicas convencionales con ADSL el último eslabón está constituido por el par de hilos de cobre, con un ancho de banda máximo de 2 MHz.

No obstante, el cable coaxial de las redes HFC es compartido por un determinado número de hogares, por lo que el ancho de banda disponible se reparte entre el número de usuarios conectados. En este sentido, los distintos operadores de cable han decidido desplegar sus redes con distintas topologías (FTTF, FTTC, FTTB, FTTH), tal y como se comentó anteriormente, variando el ancho de banda por usuario final.

De cara al futuro se plantea utilizar la tecnología FTTH para hacer llegar directamente a cada hogar un cable de fibra óptica, ofreciendo de forma integrada todos los servicios con los interfaces estandarizados (conectores RJ-11 para telefonía, conectores RJ-45 para transmisión de datos y coaxial de 75 Ω para la señal de televisión).

Esta tecnología se basa en una red de fibra óptica pasiva (*Passive Optical Network* –PON–), lo cual implica que no se requieren equipos activos para amplificar las señales desde la central de conmutación hasta el equipo terminal del usuario. De este modo, se reducen drásticamente la inversión en equipos y los costes de mantenimiento y operación del sistema de telecomunicación, y se elimina la necesidad de desplegar una red de alimentación eléctrica para los equipos activos. Se trata de una red mucho más fiable, escalable y segura que las otras alternativas existentes basadas en cable: par de cobre trenzado, cable coaxial o redes HFC.

Un inconveniente que presenta la alternativa del cable de fibra óptica es su dificultad para llegar a zonas aisladas y pequeños núcleos de población, debido al elevado coste que representa realizar el cableado necesario. Así mismo, en las ciudades los operadores de cable de nuestro país se están encontrando con grandes dificultades para realizar las zanjas, acumulando importantes retrasos en sus planes de desarrollo del negocio.

El importante crecimiento de la demanda de ancho de banda que se ha experimentado en estos últimos años, ocasionado por el mayor consumo de servicios interactivos multimedia, como el vídeo bajo demanda y la televisión IP, están permitiendo sacar un mayor partido de la enorme capacidad de transmisión de las redes de fibra óptica.

8.5 ACCESO A TRAVÉS TERMINALES MÓVILES: WAP, GPRS Y UMTS

Para facilitar la conexión a Internet directamente desde un teléfono móvil u otros dispositivos similares, en 1997 se definió el protocolo WAP (*Wireless Application Protocol*, Protocolo de Aplicaciones Inalámbricas).

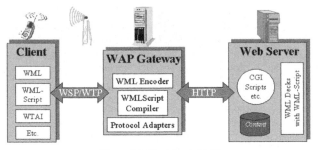

Figura 8.6. El protocolo WAP

El estándar de WAP definía un mininavegador adaptado a la escasa memoria y prestaciones del teléfono móvil de aquellos años. Para acceder a un contenido de Internet, era necesario que las operadoras instalasen un servidor WAP (*WAP Gateway*), encargado de procesar la información en las dos direcciones: el servidor traducía las peticiones del mininavegador del móvil a los protocolos estándar de Internet y transmitía la petición al World Wide Web; cuando el contenido regresaba del Web al servidor, éste traducía la información a un formato codificado que se comprimía y se optimizaba para el entorno inalámbrico.

WAP era independiente de la red y todos los operadores podían utilizarlo aunque no compartiesen el mismo estándar para las comunicaciones móviles. Así, se pudo emplear tanto en Europa, donde el estándar utilizado era el GSM, como en Estados Unidos, donde AT&T trabajaba con el estándar TDMA; Sprint PCS, con CDMA y Nextel Communications, con iDen.

El mininavegador que incorporaban los móviles interpretaba documentos escritos en un lenguaje denominado WML (*Wireless Markup Language*), una variante de HTML adaptada a las características de las pantallas de los móviles.

La navegación WAP estaba basada en texto y orientada a menús: no existían apenas gráficos ni posibilidades de multimedia. Debido a las reducidas dimensiones de la pantalla de un teléfono móvil de aquellos años, a su escasa memoria y a la dificultad de introducir datos con el teclado del teléfono, la sensación de navegación era totalmente distinta del entorno habitual de Internet.

Por todo ello, y a pesar de las optimistas previsiones sobre esta tecnología, WAP se convirtió en un estrepitoso fracaso, debido a sus elevadas tarifas de conexión y la poca "usabilidad" de los teléfonos móviles, que limitaban la visualización de la información recibida, así como la navegación a través de los distintos contenidos.

Con el desarrollo de los sistemas GPRS (*GSM Packet Radio Service*) y EDGE (*Enhanced Data rates for GSM of Evolution*), que algunos han denominado **telefonía móvil 2.5G** (como un paso intermedio entre los sistemas 2G y 3G), se ha mejorado de forma notable la velocidad de transferencia de datos, alcanzando de 56 a 144 kbps, recurriendo para ello a un servicio de transmisión de datos no conmutada (o por paquetes) vía radio sobre las redes GSM.

La telefonía móvil de **Tercera Generación (3G)** definida por la Unión Internacional de Telecomunicaciones (UIT) bajo el estándar IMT-2000, se conoce de forma genérica como sistema UMTS (*Universal Mobile Telecommunications System*), y gracias a ella se ha logrado alcanzar una importante mejora en la velocidad de transmisión de datos (hasta los 3 Mbps por usuario) y en el acceso a redes de banda ancha desde los teléfonos móviles.

De cara al futuro, se prevé la evolución de los sistemas 3G hacia una nueva generación conocida como **tecnología 4G**, basada totalmente en el protocolo IP de Internet, con el objetivo de proveer velocidades de acceso 100 Mbps para terminales en movimiento y de hasta 1 Gbps para terminales en reposo. De hecho, el WWRF (*Wireless World Research Forum*) define el sistema 4G como una red capaz de funcionar en la tecnología de Internet, combinándola con otras redes inalámbricas como Wi-Fi y WiMAX.

8.6 OTRAS ALTERNATIVAS DE CONEXIÓN

En este apartado se presentan otras tres alternativas tecnológicas que han experimentado un desarrollo mucho menor que las anteriores y que pueden resultar de interés para cubrir ciertos segmentos del mercado.

8.6.1 Bucle de abonado inalámbrico: LMDS

El sistema **LMDS** (*Local Multipoint Distribution System*, Sistema de Distribución Multipunto Local) es una tecnología de transmisión inalámbrica de banda ancha, que utiliza ondas electromagnéticas para distribuir todo tipo de tráfico a alta velocidad, operando en bandas de frecuencias por encima de los 3 GHz (la banda de frecuencia exacta asignada en cada país depende de las licencias administrativas).

En LMDS se emplea una arquitectura de red celular, similar a la de los sistemas de comunicaciones móviles, aunque en este caso se ofrece un servicio exclusivamente para terminales fijos. Debido a la banda de frecuencias en la que opera (microondas), puede ofrecer un gran ancho de banda para proporcionar enlaces de alta capacidad bidireccionales para la transmisión de voz, datos, vídeo o acceso a Internet.

Para su despliegue en las ciudades se emplean antenas direccionales (a diferencia de las antenas de telefonía móvil, que son omnidireccionales) situadas en las azoteas y tejados de los edificios a los que se quiere proporcionar el servicio.

Se trata de un sistema de comunicación con un alcance geográfico limitado, de unos pocos kilómetros, debido a las características de propagación de las microondas. Además, hay que tener en cuenta que este tipo de señales pueden experimentar una fuerte atenuación debido a condiciones meteorológicas adversas (lluvia intensa), afectando de forma importante a la capacidad del sistema.

En comparación con los sistemas de telefonía móvil, LMDS es más robusto frente a interferencias, ya que emplea antenas direccionales, que transmiten y reciben en una única dirección fija. Estas antenas se encuentran en la parte alta de los edificios, facilitando la visión directa entre las estaciones transmisoras y receptoras.

En el caso concreto del servicio de telefonía, LMDS se encuadra dentro de las tecnologías WLL (*Wireless Local Loop*, Bucle de Abonado Inalámbrico), que posibilitan ofrecer el servicio telefónico sin necesidad de cablear, de una forma rápida y a un coste razonable.

La principal ventaja de LMDS, además de su alta capacidad de transmisión en ambos sentidos (canal simétrico), es precisamente la rapidez con la que se puede desplegar la red, con una alta flexibilidad y sin necesitar grandes inversiones en infraestructuras, ya que basta con adquirir e instalar los equipos de transmisión y recepción de radiofrecuencia. Además, la inversión en los equipos se puede realizar a medida que se vayan incorporando nuevos usuarios al sistema.

Por este motivo, LMDS constituye una alternativa muy atractiva para desplegar los enlaces de bucle de abonado inalámbrico por parte de operadores que deseen ofrecer servicios directamente a través de sus propias redes, sin tener que utilizar los pares de cobre de los operadores dominantes (el caso de Telefónica en España).

No obstante, en la actualidad, su aplicación se limita a determinados segmentos de mercado, centrados en grandes clientes empresariales de áreas urbanas. El elevado coste de los equipos la convierten en una tecnología poco rentable para su despliegue a escala masiva, para dar servicio a pequeñas empresas y al mercado residencial.

En lo que se refiere a las características técnicas de LMDS, en la banda de 3,5 GHz la capacidad de transmisión es de 2 Mbps y se consigue un alcance de hasta 15 kilómetros en condiciones óptimas. Por su parte, la banda de 26 GHz ofrece un mayor ancho de banda, por lo que su capacidad de transmisión asciende a 8 Mbps. Sin embargo, su alcance es inferior, con una distancia máxima de unos 3 kilómetros desde la estación base; los equipos utilizados son más caros y las condiciones del enlace de radio se ven muy afectadas por las condiciones meteorológicas adversas, especialmente por la lluvia intensa.

El público objetivo de los operadores de LMDS son otros operadores que desean desplegar una red rápidamente para dar cobertura a determinados barrios de una ciudad, así como proveedores de acceso a Internet y empresas en general. A largo plazo, esta tecnología también se podría convertir en una interesante alternativa para el usuario residencial, sobre todo si se consigue reducir los precios de los equipos y de las tarifas de conexión.

Por otra parte, en países con deficientes infraestructuras este tipo de soluciones inalámbricas se están empleando para poder desplegar con rapidez nuevas redes de telecomunicaciones.

8.6.2 Conexión vía satélite

En este tipo de conexiones se emplean satélites que "rebotan" las señales enviadas desde la Tierra. Cada uno de estos satélites está equipado con transpondedores, equipos encargados de regenerar y amplificar las señales que reciben, y sus antenas cubren una determinada región geográfica a la que dirigen sus emisiones.

Figura 8.7. Satélite de comunicaciones

Se trata de un canal que emplea ondas electromagnéticas radiadas al espacio, pero con unas características peculiares que justifican su estudio como otro medio de transmisión distinto.

En estos sistemas destaca sobre todo su gran cobertura, ya que con las antenas ubicadas en un satélite se puede enviar una señal a un área geográfica muy amplia, salvando todo tipo de dificultades orográficas, alcanzando zonas remotas de difícil acceso por otros medios (proporcionando cobertura en alta mar, en la montaña o en medio de un desierto, por ejemplo). Sin embargo, los terminales utilizados son más caros debido al coste de los amplificadores de potencia y las antenas.

Por otra parte, dado que se emplean señales de alta frecuencia (en la banda de frecuencias de 12-14 GHz), se dispone de un gran ancho de banda, por lo que el sistema puede ofrecer una alta velocidad de transmisión. No obstante, estas comunicaciones se pueden ver seriamente afectadas por la atenuación que provocan los fenómenos meteorológicos (especialmente la lluvia) a las señales en esta banda de frecuencias.

En los sistemas que emplean satélites geoestacionarios, cada satélite se encuentra situado en una órbita a 36.000 kilómetros de la Tierra, de tal forma que su velocidad de traslación en su órbita coincide con la velocidad de rotación del planeta, por lo que aparece ocupando la misma posición en el firmamento (posición geoestacionaria). Esta configuración permite simplificar el diseño del sistema, ya que las antenas de los equipos terrestres deben estar orientadas siempre al mismo punto, sin que sea necesario incorporar un sistema de orientación móvil.

Los sistemas de transmisión vía satélite están especialmente indicados para la distribución masiva de señales (televisión y radio vía satélite), debido a su amplia cobertura geográfica y a que el coste de la transmisión no depende de la distancia a la que se encuentren los receptores.

En estas redes de difusión (*broadcast*) se utilizan equipos de transmisión muchos más caros y complejos, con antenas de grandes dimensiones para poder emitir una señal con la potencia necesaria que le permita recorrer la enorme distancia que le separa del satélite, pero, de cara al usuario final, se diseñan equipos receptores mucho más económicos, con antenas parabólicas de reducidas dimensiones (40 cm).

Se puede establecer un enlace bidireccional a través del satélite pero, para ello, los usuarios tienen que utilizar equipos más costosos (del orden de varios miles de euros), que incorporen un transmisor de alta potencia y una antena de mayores dimensiones que las parabólicas empleadas en los receptores.

La conexión a Internet vía satélite utiliza los servicios ofrecidos por satélites geoestacionarios, proporcionando a sus usuarios un canal para recibir datos de Internet de unos cientos de Kbps, con una tarifa plana mensual. El canal de retorno, desde el usuario hacia Internet, debe ser facilitado por otro medio de transmisión, generalmente una línea telefónica analógica. Este tipo de comunicaciones requieren de la utilización de una antena parabólica (normalmente de 52 cm de diámetro) y un equipo receptor de microondas, capaz de recuperar y demodular la señal transmitida por el satélite, que opera en la frecuencia de 12 GHz. El receptor se conecta al ordenador del usuario mediante una tarjeta decodificadora.

Se trata de un equipamiento considerablemente más caro que el utilizado en otros medios de transmisión, pero esta alternativa de conexión presenta la ventaja de ofrecer una alta velocidad de transmisión en una comunicación inalámbrica, con una amplia cobertura, llegando a zonas de difícil acceso geográfico o que se encuentren alejadas de los núcleos urbanos, donde se están desplegando las redes de banda ancha basadas en cable de fibra óptica, ADSL o LMDS.

Por otra parte, también debemos tener en cuenta que en este tipo de conexión el retardo experimentado por la información es mayor que en otras alternativas, debido a la distancia que deben recorrer las señales para llegar al satélite geoestacionario y regresar a la Tierra (72.000 km entre la ida y la vuelta). Este elevado retardo puede perjudicar notablemente los servicios que demanden una respuesta en tiempo real, como la videoconferencia.

Esta tecnología no puede competir con el cable de fibra óptica o las líneas ADSL en las ciudades, pero puede ser considerada como una alternativa válida para dar servicio de banda ancha en zonas rurales. La conexión vía satélite también se puede utilizar para ofrecer servicio de conexión a Internet en los vuelos de los aviones comerciales.

8.6.3 Comunicaciones por red eléctrica (PLC)

Mediante la tecnología conocida como PLC (*Power Line Communication*), las compañías eléctricas pueden utilizar las líneas de baja tensión (las que tienen los consumidores en sus domicilios) para la transmisión de datos y la conexión a Internet a alta velocidad.

Este sistema no es novedoso, puesto que las compañías eléctricas utilizan desde hace tiempo sus líneas de alta tensión para sus comunicaciones internas, especialmente para aquellas subestaciones a donde no llegaba la tradicional infraestructura telefónica. La principal novedad radica en que ahora se pueden utilizar las líneas de baja tensión (las que tienen los consumidores en sus domicilios) para la transmisión de datos.

En esta tecnología se emplea una portadora de alta frecuencia (varios MHz) para transmitir los datos, que se superpone a la señal alterna del suministro eléctrico. Las altas frecuencias no pueden atravesar los transformadores eléctricos que convierten los niveles de media a baja tensión (220 voltios en Europa) y, por este motivo, sólo se emplea la red de baja tensión para realizar la transmisión de datos.

Un sistema de este tipo tiene dos elementos centrales: por un lado, un módem PLC que se instala en el domicilio del cliente y se encarga de separar la señal de baja frecuencia del suministro eléctrico de la señal de datos de alta frecuencia y, por otro, un controlador que está situado en la estación transformadora, la cual debe encontrarse próxima al domicilio del cliente.

Si la distancia a dicha estación fuese importante, sería necesario incorporar repetidores. Desde esta estación transformadora se conecta con un proveedor de telecomunicaciones (habitualmente a través de fibra óptica) para dar servicio a los clientes conectados a dicha estación. En los sistemas desarrollados hasta el momento cada estación transformadora puede dar servicio a un centenar de abonados.

La principal ventaja de estos sistemas es que solventan el problema con que se encuentran las operadoras de telefonía que quieren desplegar una red alternativa: la cobertura del último kilómetro o bucle de abonado.

La gran capilaridad del tendido eléctrico (obviamente mayor que el propio sistema telefónico) proporciona importantes ventajas en este sentido: mientras que existe una media de dos o tres tomas de teléfono en un hogar, existen al menos dos o tres enchufes en cada habitación de ese mismo hogar. Así mismo, mientras en muchos países en vías de desarrollo el teléfono sólo llega al 25% de la población, las redes eléctricas alcanzan más del 90% de los hogares.

La tecnología PLC se empezó a desarrollar en Estados Unidos, si bien posteriormente despertó un mayor interés en Europa, donde ha alcanzado un mayor desarrollo. Esta situación se explica debido a las diferencias existentes entre las redes eléctricas europeas y las redes eléctricas estadounidenses. Así, las primeras utilizan un nivel de tensión de 220 voltios, frente a los 110 voltios de las segundas, por lo que en Estados Unidos el voltaje sólo permite cubrir cortas distancias entre el transformador y los hogares de los abonados. Por este motivo, mientras que en las redes europeas la tecnología PLC permite dar servicio a 300 o 400 hogares conectados a un mismo bucle local que depende de un transformador, en las redes de Estados Unidos este número se reduce drásticamente a sólo cuatro o seis hogares.

La principal ventaja de estos sistemas es que solventan el problema con que se encuentran las operadoras de telefonía que quieren desplegar una red alternativa: la cobertura del bucle de abonado. La gran capilaridad del tendido eléctrico (obviamente mayor que la del propio sistema telefónico) proporciona importantes ventajas en este sentido.

No obstante, se trata de una tecnología bastante afectada por las interferencias, dado que el tendido eléctrico no fue diseñado inicialmente para la transmisión de datos a altas frecuencias. Así mismo, otro problema a tener en cuenta es el de la confidencialidad de la información transmitida, sobre todo si tenemos en cuenta que los cables eléctricos emiten radiación electromagnética que puede ser detectada y analizada por equipos receptores.

La primera apuesta seria por esta tecnología se dio a conocer en el año 1997, cuando la empresa canadiense Nortel y la británica North West Electricity Board crearon Norweb, una *joint-venture* que desarrolló un producto denominado *Digital Power Line*.

En la actualidad, algunas compañías eléctricas ofrecen servicios de banda ancha a través de la red eléctrica (BPL, *Broadband over Power Lines*), si bien su nivel de implantación es muy reducido en comparación con las tecnologías de acceso ADSL, cable de fibra óptica o GPRS/UMTS para móviles.

8.7 CONEXIÓN CORPORATIVA A INTERNET

Como se decía al principio de este capítulo, una empresa u organización debe plantearse un estudio más detallado de las alternativas para la conexión a Internet, ya que además de la velocidad de transmisión y del coste, es necesario tener en cuenta otras consideraciones de tipo técnico y organizativo.

Si la empresa sólo pretende utilizar los servicios de Internet, deberá en primer lugar determinar qué servicios de Internet se usarán (correo electrónico, acceso a información a través del World Wide Web, intercambio de ficheros, videoconferencia, etcétera) y qué empleados tendrán acceso a cada servicio y con qué finalidad.

Para ello, puede resultar necesario implantar una serie de restricciones y emplear herramientas software que permitan llevar a cabo un control y registro de las conexiones a Internet. Por otra parte, no debemos descuidar una adecuada formación del personal para sacar todo el partido a los servicios ofrecidos por Internet y utilizarlos además de la forma más segura posible.

Para conseguir controlar los accesos a Internet desde una red local, se suele utilizar un servidor *proxy,* que realiza el papel de intermediario entre los equipos de la red local e Internet. De este modo, todas las conexiones pasan por un único equipo, que se encarga de su supervisión y control, proporcionando además mayor seguridad a la red de la empresa frente a intentos de acceso desde el exterior.

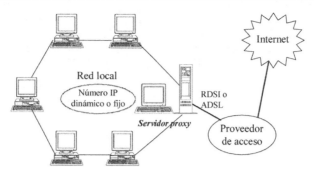

Figura 8.8. Conexión compartida a través de un proxy

Al utilizar un servidor *proxy*, todos los equipos van a compartir una única línea ADSL o cable de fibra óptica (también podría ser un enlace Frame Relay o ATM) y una única dirección IP. Desde el exterior sólo se puede acceder al servidor *proxy*, quedando ocultos los restantes equipos de la red local detrás de este servidor.

La seguridad de la conexión se podría mejorar empleando un cortafuegos (*firewall*), dispositivo encargado de supervisar y limitar el tipo de conexiones permitidas entre la red interna de la organización e Internet, como se estudiará con más detalle en otro capítulo de este libro.

La conexión también se podría plantear de tal modo que cada equipo de la red local disponga de su propia dirección IP fija en Internet (necesario cuando se quieren instalar servicios en algunos de estos equipos), por lo que en este caso se hace imprescindible contar con un *router* para realizar la conexión de la red local con Internet.

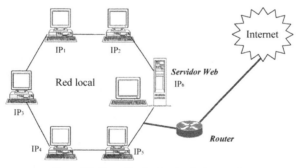

Figura 8.9. Conexión directa a través de un router

Por otra parte, si la empresa decide ofrecer una serie de servicios a través de Internet (proporcionar información corporativa y sobre los productos, prestar servicio y apoyo técnico a los clientes, venta directa de productos, etcétera), debe prestar especial atención a la seguridad en los accesos desde el exterior al equipo que actúa de servidor (o servidores), empleando un *firewall* para evitar accesos no autorizados. En este caso se suele utilizar una conexión permanente a Internet basada en una línea de datos dedicada punto a punto, cable de fibra óptica o un enlace ATM.

Capítulo 9

LA DIMENSIÓN SOCIAL DE INTERNET

9.1 CARACTERÍSTICAS DE INTERNET COMO MEDIO DE COMUNICACIÓN

En los capítulos anteriores se ha pasado revista a los orígenes y a las principales características del funcionamiento de Internet. Sin embargo, es preciso dejar al margen los detalles técnicos para poder profundizar en el conocimiento de la Red considerándola como un medio de comunicación, comparable a otros de la importancia de la prensa, la radio o la televisión.

Nos encontramos, pues, ante el ascenso imparable de un nuevo medio de comunicación que está teniendo un enorme impacto en toda la sociedad y, por supuesto, en las relaciones comerciales e, incluso, sociales y personales.

En este sentido, podríamos definir Internet como "el primer medio global de comunicación bidireccional, que permite a sus usuarios acceder e interactuar con millones de documentos que contienen información audiovisual de muy diversas fuentes (organismos públicos, empresas, universidades, asociaciones, particulares, etcétera), así como comunicarse entre sí de múltiples formas (*e-mail*, videoconferencia, conversaciones múltiples, etcétera), y todo ello a un coste mínimo, posibilitando la eliminación de barreras espaciales y temporales. Además, gracias al fenómeno de los *blogs* y las redes sociales los usuarios están participando de forma activa en el proceso de generación de nuevos contenidos, convirtiéndose al mismo tiempo en consumidores y en productores de información".

Con Internet las barreras temporales y espaciales se desdibujan, convirtiendo al mundo en una gran Aldea Global, tal y como había vaticinado hace algunos años el sociólogo canadiense Marshall McLuhan. La información fluye por las arterias de Internet a enorme velocidad, alcanzando todos los rincones del planeta, permitiendo que cualquier noticia, artículo o informe pueda ser difundido en tiempo real, posibilitando además que los internautas se puedan comunicar entre sí de manera fácil y rápida independientemente de su lugar físico de residencia. En este sentido, Internet es un medio que no conoce fronteras.

Seguidamente se destacan algunas de las características más importantes de este nuevo medio de comunicación:

- **Alcance global:** Internet puede llegar a cualquier parte del planeta, utilizando para ello las infraestructuras de telecomunicaciones más extendidas, fundamentalmente la red telefónica, instalada en muchos de los hogares del planeta, y las redes de cable. En aquellos lugares donde no se disponga de esta infraestructura básica es posible recurrir a un enlace vía satélite.

- **Comunicación bidireccional e interacción del usuario:** Internet es el primer medio de comunicación en el que, a diferencia de lo que ocurre en los tradicionales (prensa, radio y televisión), el proceso de comunicación es bidireccional. El usuario de Internet no es un simple sujeto pasivo que recibe la información que se le envía por un canal, sino que puede participar activamente en el proceso, interactuando con el servidor de información para seleccionar aquellos contenidos que más le interesan y proporcionando su propia respuesta a lo que está recibiendo.

Así, por ejemplo, al leer un periódico digital, el internauta puede hacer clic en un determinado anuncio de un producto, para acceder de este modo al servidor Web de la empresa que comercializa dicho producto y obtener más información sobre él. Así mismo, puede facilitar sus datos personales a través de un formulario para que la empresa lo mantenga permanentemente informado acerca de las novedades de sus productos.

También puede enviar un mensaje con sus sugerencias y comentarios sobre la utilización de dichos productos. En algunos casos, el servidor Web de la empresa le permitirá participar en juegos y concursos relacionados con sus productos, tratando de hacer pasar un rato agradable al visitante y, al mismo tiempo, extraer información sobre su perfil y su valoración de los productos en cuestión. Y lo más importante, todo esto se puede conseguir en unos pocos segundos, posiblemente salvando distancias de miles de kilómetros entre la empresa y el internauta que la está visitando.

En definitiva, se trata de todo un nuevo mundo de posibilidades que no ofrecen otros medios de comunicación de masas y que son una realidad en Internet.

- **Contenido multimedia:** Internet es un medio con una enorme riqueza informativa, ya que puede incorporar todo tipo de contenidos multimedia, combinando en un mismo documento el texto, las imágenes, las animaciones, el sonido, etcétera. Esta característica le confiere notables ventajas frente a los otros medios de comunicación. La prensa escrita se limita a la combinación del texto y las imágenes, la radio se centra únicamente en la información sonora y la televisión no es un medio adecuado para transmitir grandes mensajes de texto.

- **Contenido hipertextual:** Internet presenta otra importante ventaja a través de su servicio World Wide Web, ya que éste permite incorporar vínculos entre documentos que facilitan el acceso a la información que busca el usuario, relacionando directamente unos contenidos con otros.

Esta característica rompe con la secuencia lineal del proceso de comunicación y proporciona un mayor poder al internauta, quien decide en todo momento qué contenidos quiere recibir y en qué aspectos desea profundizar. Esto no es posible en otros medios como la radio o la televisión y plantea nuevos retos a las organizaciones que quieran estar presentes en Internet para aprovechar al máximo sus posibilidades.

- **Capacidad para realizar transacciones comerciales:** otra característica fundamental de Internet es la posibilidad de ordenar pedidos directamente a través de la misma Red, así como de efectuar el pago correspondiente utilizando medios de pago electrónicos.

Desde el momento en que el pedido y la orden de pago se pueden reducir a un conjunto de bits, son susceptibles de ser enviados a través de la propia Internet. Incluso se puede utilizar la Red para intercambiar todo tipo de documentos mercantiles en formato electrónico (albaranes, facturas, recibos…), recurriendo a estándares como el XML.

- **Capacidad para distribuir productos digitalizados:** Internet incluso permite ir un paso más allá, puesto que se puede utilizar el propio medio para distribuir ciertos productos que se pueden digitalizar: diarios electrónicos, música, software, informes, servicios financieros, etcétera.

  Esta característica puede provocar una auténtica revolución en muchos sectores, ya que permite reducir drásticamente los costes de distribución del producto y eliminar intermediarios para llegar directamente al cliente final.

  Por otra parte, en muchos casos Internet también puede ser utilizado por las empresas para proporcionar soporte técnico y servicio posventa a sus clientes de forma rápida, barata y eficaz, consiguiendo de este modo reducir los costes e incrementar al mismo tiempo la satisfacción de los clientes por la mayor "proximidad" y el trato personalizado que se les puede llegar a ofrecer.

- **Coste muy reducido:** en este medio de comunicación el coste de distribución de la información es bastante reducido, sobre todo si se le compara con los medios tradicionales. Además, este coste no depende de la distancia entre el emisor y el receptor.

  El fuerte crecimiento que ha experimentado Internet en los últimos años y el incremento de la competencia entre los operadores de telecomunicaciones, fruto de la liberalización del sector, ha propiciado una drástica caída de las tarifas de conexión y una importante mejora en la calidad de los servicios.

  Por otra parte, la propia filosofía de Internet de trabajar con entornos abiertos facilita la interconexión entre distintos equipos y abarata el coste, tanto del hardware como del software de comunicaciones.

9.2 INTERNET COMO HERRAMIENTA DE MARKETING

Internet es un medio digital interactivo que permite desarrollar una comunicación directa y personalizada con cada cliente, sin limitaciones geográficas (puede ofrecer una cobertura global con la publicación de páginas Web) ni temporales. Además, a través de un mismo canal es posible realizar distintas interacciones con los clientes: publicidad e información preventa, configuración de pedidos, compras, servicios posventa, etcétera.

La naturaleza bidireccional de este canal permite desarrollar el concepto de personalización hasta sus últimas consecuencias:

- Presentación de contenidos totalmente adaptados a las necesidades de cada cliente: catálogos de productos Web, mensajes publicitarios y otros servicios.

- Posibilidad de desarrollar Websites adaptativos, con una estructuración de elementos (marcos, enlaces, botoneras) y un diseño (colores, tamaños del texto, resolución de las imágenes) que se pueden modificar de acuerdo con las preferencias manifestadas por los usuarios.

- Incorporación de sistemas de recomendación dentro del Website, que tienen en cuenta las características sociodemográficas, hábitos y perfiles de los clientes.

- Desarrollo de productos y servicios a medida: ordenadores, música, servicios de información, etcétera.

- Participación del cliente en la configuración del producto.

- Seguimiento de eventos clave en la vida del cliente: cumpleaños, aniversarios, sustitución de productos..., para poder anticiparse a sus necesidades.

Internet es el primer medio de comunicación que consigue romper el compromiso entre la riqueza de un mensaje y el alcance del mismo. Este hecho, destacado por los autores Evans y Wurster (1997), marca una clara diferencia entre los medios de comunicación tradicionales e Internet.

En todo proceso de comunicación cabe distinguir dos características principales de la información que el emisor envía al receptor: la primera es la riqueza del mensaje, determinada por la cantidad de información que se envía desde el emisor al receptor en un tiempo dado, por el grado de personalización de dicha información, así como por la interactividad o capacidad de diálogo entre el receptor y el emisor. La segunda es el alcance del mensaje, entendiendo como tal el número de personas a las que éste consigue llegar.

Según afirman Evans y Wurster, en los procesos de comunicación del "mundo real" existe un compromiso entre la riqueza y el alcance del mensaje, de tal modo que un mensaje "rico" no puede llegar a un número importante de personas y, viceversa, un mensaje que alcance a un número elevado de personas será un mensaje "pobre".

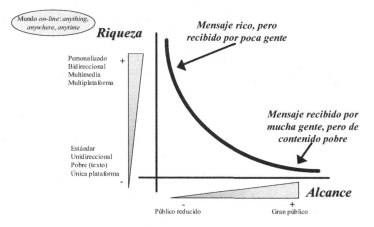

Figura 9.1. Compromiso riqueza-alcance de la comunicación de información. Fuente: Evans y Wurster (1997)

Las empresas pueden utilizar Internet para mejorar la relación con sus clientes de varias formas: como plataforma para ofrecer información y contenidos, como nuevo canal de venta y distribución de sus productos, como medio de comunicación directa con los clientes (recurriendo a servicios como el correo electrónico o la telefonía IP) y como plataforma para proporcionar determinados servicios (como los servicios de asistencia posventa).

El desarrollo del comercio electrónico a través de Internet supone nuevos retos para los vendedores, que deberán tener en cuenta las diferencias existentes a la hora de gestionar la relación con los clientes y todo el proceso comercial en este nuevo medio.

De hecho, Michael Dell, fundador de la empresa de ordenadores Dell Computer, definió hace unos años al comercio electrónico como "la modalidad de transacción más efectiva que puede imaginarse, si exceptuamos la telepatía".

Algunos autores también han destacado la importancia del impacto de Internet como canal de distribución. Así, Levinson, autor del libro *Mastering Guerrilla Marketing* lo define como "la mayor, más novedosa, más misteriosa, más incomprendida y más prometedora oportunidad de Marketing de la historia". Por su parte, Kotler en su libro *Kotler on Marketing* sostiene que "debido a la revolución de la información e Internet, los consumidores de hoy en día disponen de muchas más vías de conseguir un producto o servicio que en cualquier otro momento de la historia".

Los usuarios de Internet pueden visitar una tienda virtual en cualquier momento del día, accediendo desde cualquier lugar del mundo (por supuesto, el vendedor deberá poseer la capacidad logística para servir el producto a otros países).

Estos clientes que se conectan desde Internet necesitan más información sobre el producto para tomar una decisión de compra, habida cuenta de que no lo pueden "palpar" y de que no existe un contacto personal con el vendedor.

Esta última característica limita el papel del vendedor, que no puede influenciar el proceso de compra (ya no puede decirle al cliente lo bien que le "sienta" un determinado producto, en un intento por convencerlo para que lo compre). La compra se vuelve más racional y el cliente puede seleccionar únicamente aquello que está buscando, sin perderse entre lineales repletos de otros productos que no necesita. Por supuesto, el vendedor debe garantizar en todo momento la seguridad de las transacciones y la privacidad de los datos de sus clientes.

Por otra parte, el vendedor también puede aprovechar las características del medio para obtener más información de sus clientes. En Internet existen una serie de herramientas que permiten identificar a los visitantes de un servidor Web y hacer un seguimiento de sus sucesivas conexiones.

De este modo, es posible obtener el perfil de cada cliente, identificando sus preferencias, hábitos y motivos de compra. Con esta información se puede personalizar la oferta de productos y las acciones comerciales, poniendo en práctica una estrategia de Marketing *One-to-One*: catálogos que "recuerdan" las visitas y se adaptan a las necesidades y preferencias de cada cliente; descuentos promocionales personalizados, con precios distintos en función del tipo de cliente; campañas publicitarias adaptadas a los gustos y características de cada cliente; etcétera.

El World Wide Web es un nuevo medio con unas posibilidades de interacción y comunicación que todavía se están comenzando a explorar. En este medio, el Website se convierte en la delegación virtual de la organización, a través de la cual se podrá poner en contacto con distintos agentes: clientes, proveedores, empleados, público en general, etcétera.

Las claves del éxito en el diseño y construcción de un Website pasan por incluir contenidos y servicios que sean útiles para el usuario, que se encuentren organizados de forma clara y sencilla, aprovechando la interactividad para ofrecer un adecuado nivel de personalización, prestando especial atención a la facilidad de la navegación por los distintos contenidos, elementos y servicios incluidos en el Website, así como a la agilidad y rapidez en el acceso a las páginas Web. En definitiva, se trataría de proporcionar al usuario de una manera amena y sencilla todo aquello que busca o que le pueda interesar dentro del Website de la empresa.

Para facilitar la gestión y actualización de los contenidos de un Website se han desarrollado los Sistemas Gestores de Contenidos (*Content Management Systems*), que permiten llevar a cabo la captura, integración, catalogación, almacenamiento, organización, búsqueda, selección y publicación de los contenidos desde un repositorio común, el cual podría ser alimentado desde diversas fuentes, tanto internas como externas a la organización. De este modo, es posible gestionar grandes volúmenes de contenidos no estructurados, incluyendo distintos tipos de documentos, imágenes y ficheros multimedia, haciéndolos llegar a los usuarios apropiados de una forma ágil y eficaz, con un formato de presentación previamente establecido, automatizando tareas como la conversión de formatos o el escaneo y posterior indexación de los documentos.

Por otra parte, es muy importante conseguir que las páginas Web se identifiquen claramente con la empresa. Para ello se pueden incluir fotografías, logotipos y marcas registradas por la organización, así como información básica sobre la localización geográfica y el objetivo de la organización. Con ello se pretende inspirar confianza en el visitante, aspecto que resulta de especial importancia, sobre todo si el Website tiene como objetivo la venta *on-line*.

El análisis de las necesidades de los usuarios constituye el punto de partida fundamental para poder definir los objetivos de usabilidad que permitan acompañar a los usuarios en la realización de sus tareas habituales. Podemos considerar que la "usabilidad" (*usability*) es la capacidad de un *software* o un sistema interactivo de ser comprendido, aprendido, usado fácilmente y de forma intuitiva, así como de resultar atractivo para sus usuarios.

En el contexto de Internet, la facilidad de uso y navegación a través del Website dependerá, fundamentalmente, del diseño de las páginas Web, de la estructura y accesibilidad de la información, así como del "peso" de las páginas (tamaño en kilobytes que determina la rapidez en la navegación).

Por otra parte, podemos considerar que la "Arquitectura de la Información" está constituida por la organización, etiquetado, navegación y sistemas de búsqueda integrados en un Website, que ayudan a los usuarios a encontrar y gestionar la información de manera efectiva.

Resulta de especial importancia conseguir una organización clara y sencilla del Website, para facilitar al máximo la navegación de los visitantes, de tal modo que éstos puedan acceder de forma rápida a la información y a las secciones que buscan. Por este motivo, cada sección debería exponer claramente el título y su ubicación dentro de la estructura del Website.

Además, el visitante debería poder acceder de forma rápida e intuitiva a la información que busca, utilizando para ello páginas de contenidos que puedan ser "autoexplicativas" gracias a la sencillez y a la claridad en la disposición de la información en pantalla, facilitando en todo momento la información acerca del estado del sistema.

Se podría ahorrar buena parte del trabajo al usuario del Website tratando de prever cuáles serán sus acciones más frecuentes, aplicando la regla de oro de "no hacer pensar al usuario", tal y como sostiene Steve Krug en su libro *Don't Make Me Think*. A ello también podría contribuir la utilización de opciones y valores por defecto en los menús, así como la prevención y el tratamiento de los posibles errores mediante mensajes de texto que presenten instrucciones claras e inequívocas.

Por otra parte, la consistencia y coherencia en los elementos del diseño contribuye no sólo a la facilidad de uso, sino también a la facilidad de aprendizaje, mejorando la "predectibilidad" del Website.

También es recomendable tener en cuenta la posibilidad de incorporar un índice de contenidos o un mapa del Website y, en aquellos casos en los que el Website incluya gran cantidad de información, se debería incluir una herramienta de búsqueda interna (motor de búsqueda que indexe los distintos documentos del Website).

Las páginas Web deberían estar diseñadas para ser "autocontenidas", incluyendo estructuras de navegación (botoneras y menús) que permitan su ubicación dentro del conjunto del Website. Hay que tener en cuenta que en bastantes casos se podría alcanzar una determinada página Web directamente tras haber hecho clic en un hiperenlace, por lo que el visitante podría estar inicialmente desorientado si la página careciese de alguna información contextual.

La realización de pruebas con usuarios de Internet poco expertos o que no estén familiarizados con la estructura del Website permitirá detectar los problemas en la navegación por las secciones y contenidos del Website. Estas pruebas sobre los distintos prototipos pueden representar una gran ayuda para mejorar la "usabilidad" del Website. Se trataría, por tanto, de centrarse en la "experiencia del usuario": lo que el usuario siente, observa y aprende a través de la interacción con el Website. Para ello existen herramientas que facilitan la realización de un análisis detallado de cómo se produce la interacción del usuario: tests de usabilidad, sistemas de *eye-tracking* (seguimiento del movimiento de los ojos de un usuario por los contenidos y secciones de las páginas Web), análisis de los *logs* (registros de conexiones al servidor Web), etcétera.

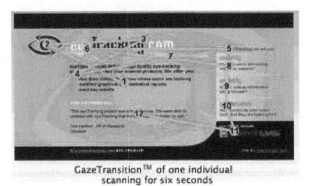

GazeTransition™ of one individual
scanning for six seconds

Figura 9.2. Herramienta para el eye-tracking

El análisis de la experiencia del usuario constituye una herramienta fundamental para definir la arquitectura de la información (cómo se estructuran la oferta de contenidos y de servicios), así como el modelo de navegación y de interacción con el Website (cómo se accede a sus contenidos y servicios), tratando en todo momento de lograr los objetivos de consistencia, sencillez y facilidad de aprendizaje.

9.3 LAS REDES SOCIALES

El fenómeno conocido como **red social** es probablemente el más sonoro de los avances registrados en los últimos años en Internet. Aunque las redes sociales no incorporan nueva tecnología IP, esto es, nuevos protocolos de comunicación entre sistemas, sí constituyen lo que podríamos denominar una nueva **topología relacional** entre personas, puesto que establecen canales de comunicación estables entre ellas con el objeto de difundir novedades, noticias o simplemente estados de ánimo.

Socioculturalmente las redes sociales son herramientas transformadoras de los hábitos ya que otorgan al ciudadano de a pie la posibilidad de difundir ampliamente mensajes personales con objetivos profesional, lúdico, organizativo, promocional, o incluso político. Aquí el concepto difusión conforma el hecho diferencial, ya que formas de relación anteriores, como el correo electrónico o la mensajería instantánea estaban fuertemente orientadas a la comunicación uno-a-uno. En las redes sociales, en cambio, quien emite un mensaje lo hace cara a un público amplio (entre decenas y centenares de personas), elegido previamente por él mismo y en constante ampliación.

Aunque existen definiciones sesudas de lo que se puede considerar o no como una red social conviene aclarar que estamos en un estadio inicial de la difusión de este concepto y que, como ya se ha demostrado una y otra vez, los servicios digitales orientados a intercomunicar personas transforman su misión a medida que la tasa de adopción aumenta.

Es difícil establecer con exactitud qué iniciativa puede considerarse como la primera red social de Internet puesto que los primeros fenómenos de este tipo quizá pudieran considerarse subsidiarias de las redes de intercambio *peer to peer* (o P2P por su acrónimo en inglés), como Napster. Sin embargo, la aproximación que siguen redes puramente sociales como Facebook o LinkedIn tiene su origen en una antigua proposición del autor Frigyes Karinthy (Budapest, 1887-1938) que hoy se conoce como la *Teoría del Pequeño Mundo* y que en resumen propone que es posible elegir al azar una persona en el planeta y tomar contacto con ella valiéndose de contactos cercanos y contactos de nuestros contactos en menos de 6 saltos.

Esta idea seminal de Karinthy ha sido materia de trabajo teórico y empírico por parte de importantes universidades americanas desde los años sesenta y tomó tierra en el mundo digital con la aparición de redes de contacto profesional como MySpace, LinkedIn, Xing y otras. En España se hicieron populares en su momento e-Conozco y Neurona (compradas posteriormente por Xing).

Figura 9.3. Seis grados de separación

La idea de poder entrar en contacto con personas que nos pueden ayudar en nuestro crecimiento profesional o material animó inicialmente la entrada de usuarios a redes profesionales como las comentadas, sin embargo pronto fue posible percibir que este propósito inicial tenía más de romántico que de práctico y se desarrollaron por tanto servicios alrededor del concepto de empleabilidad o intercambio comercial. Así hoy es posible registrarse en LinkedIn, contar al mundo una breve reseña de nuestro curriculum y declarar si estamos ahí en busca de ofertas de empleo, si estamos en disposición de ser contratados aunque estemos colocados en este momento, si buscamos oportunidades de negocio o simplemente esperamos que algún cliente nos contrate para un proyecto.

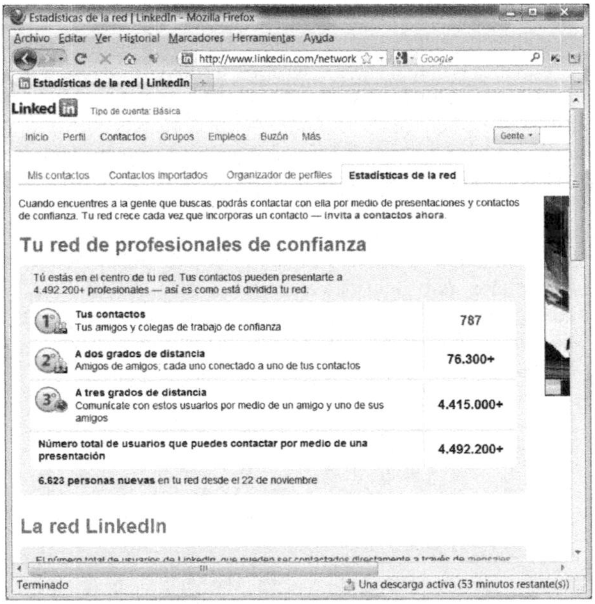

Figura 9.4. Red social LinkedIn

Con el tiempo ha resultado necesario que en paralelo con las redes profesionales se hayan desarrollado redes de carácter más abierto, en las que el propósito de participación no sea profesional sino lúdico o informal. Facebook[13] es, por mérito propio, la primera red mundial de relaciones sociales estables entre

---

[13] http://www.facebook.com

personas y recientemente[14] ha logrado un hito histórico en 2010 al superar a Google como el servicio Web más usado por los internautas de Estados Unidos. Los datos de uso de Facebook revelan la trascendencia comparativa de este tipo de aplicaciones en la Red. Por ejemplo, en el mes de agosto de 2010:

- Facebook recibió unos 500 millones de visitantes.

- Los internautas pasaron 41,1 millones de minutos navegando en este portal.

- Los internautas dedicaron a Facebook un 9,9% del total del tiempo empleado en la red.

- Los internautas dedicaron un 9,6% más de tiempo a Facebook que a Google (incluyendo incluso el tiempo invertido en Gmail).

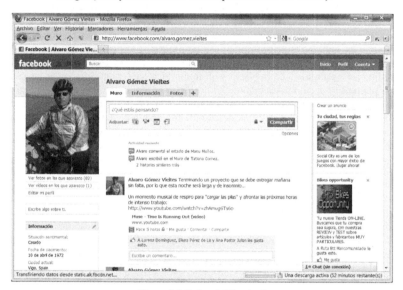

Figura 9.5. Red social Facebook

---

[14] Según un estudio realizado por la empresa de estudios Comscore.com revisable en http://www.comscore.com/esl/Press_Events/Press_Releases/2010/8/Google_Sites_Facebook.com_an d_Microsoft_Sites_Rank_as_Most-Visited_Online_Destinations_in_Chile.

El fenómeno de adscripción a las redes sociales está en crecimiento exponencial. Por ejemplo, en agosto de 2009, los usuarios de Facebook sólo le dedicaban un 5% de sus minutos en red, cifra prácticamente duplicada en 2010. De acuerdo con la teoría de difusión de novedades tecnológicas de Everett Rogers habríamos dejado atrás la fase *Early Adopters* y estaríamos en plena fase *Early Majority*, esto es, podríamos considerar que Facebook pertenece ya al acervo común de la sociedad occidental.

Con la proliferación de terminales móviles de alta resolución gráfica se está desarrollando aún más la dependencia de este tipo de servicios de intercambio, ya que es posible recibir y enviar mensajes en tiempo real y de forma ubicua. La existencia de este tipo de terminales y su aún limitada ergonomía en lo relativo a la introducción y edición de textos inspiró otro tipo de redes sociales de gran éxito: las redes de *microbloging* o de difusión de mensajes cortos.

La idea del **microblogging** surge de la confluencia de las redes sociales con otro fenómeno social en Internet: los *blogs* o diarios web[15]. El término *blog* contrae la alocución *web log* o diario web, aplicaciones *on-line* que permiten a los internautas publicar sus pensamientos, opiniones o conocimientos a modo de entradas de un diario o artículos de longitud similar a la de un artículo periodístico medio. La posibilidad de publicar y difundir planetariamente cualquier mensaje que pueda surgir en nuestra mente expresa del modo más rotundo el paradigma de libertad y conectividad que supone Internet para la civilización, al tiempo que sustrae, una vez más, las barreras de entrada que han caracterizado históricamente al mundo de la prensa, poniendo en pie de igualdad de oportunidades (al menos teóricamente) a los grandes imperios mediáticos y al ciudadano de a pie.

Con el tiempo muchos creadores de opinión o difusores de novedades, que habían encontrado en los blogs un medio magnífico de amplificar su influencia sobre otros, percibieron la necesidad de aumentar la frecuencia de contacto con sus lectores (o seguidores) y disminuir el esfuerzo constructivo del mensaje. Al fin y al cabo, para crear una legión de seguidores es necesario dedicar un importante tiempo a la captura de novedades y a la elaboración de contenidos dignos de lectura. De esas necesidades surgió Twitter, hoy la red social más desarrollada en el ámbito del *microblogging* y por derecho propio la marca mejor posicionada en lo relativo a difusión de mensajes cortos.

---

[15] Algunos autores latinos usan el término bitácora para referirse a los web logs. Dado que *bitácora* es el nombre en jerga marinera del diario de a bordo, que todo capitán o patrón de navío debe mantener, nos parece más adecuada la palabra *diario*, de más amplia semántica en nuestro idioma.

Twitter es la plataforma sobre la que cualquier persona con capacidad de construir una red de seguidores puede encontrar las herramientas necesarias para elaborar mensajes cortos (similares en longitud a los que se pueden enviar a través del servicio SMS de telefonía móvil) y difundirlos gratuitamente a una red social previamente construida.

Dado que la tecnología SMS está ya rotundamente implantada en los modos y usos de la juventud, Twitter ha encontrado un espacio abonado para su difusión en esta capa social y en este tipo de tecnologías móviles. El resultado, como casi siempre, es sorprendentemente diferente del *leit motiv* que condujo a la creación de Twitter. Por ejemplo, es habitual encontrar personas que utilizan Twitter no para difundir opinión o conocimiento sino para difundir su posición, su estado de ánimo, el lugar donde se encuentran, un hiperenlace a una canción o a una película que les ha gustado, etcétera.

Al igual que ocurre con Facebook a nivel mundial, Twitter es hoy el primer portal de *microblogging* pero no el único. Desde 2006 se han venido sucediendo iniciativas como Tumblr, Plurk, Emote.in, PingGadget, Beeing, Jaiku o subservicios de *microblogging* de los portales de redes sociales como Facebook, MySpace o LinkedIn.

Figura 9.6. Red social Twitter

Arquitectónicamente las aplicaciones de *microblogging* son muy similares a las aplicaciones de redes sociales, pero con una estructura más frugal si cabe, ya que el tamaño de los mensajes transmitidos suele estar constreñido a unos pocos cientos de caracteres. En la medida que se difunden a sistemas operativos móviles, como iPhone OS o Android, se convierten en aplicaciones cliente/servidor y abandonan el navegador web, mucho menos adecuado para este tipo de plataformas.

El avance de Facebook o Twitter ha sido fulgurante, pero no lo fue menos el de MySpace hace sólo unos años y su dramático languidecimiento posterior. En mayo de 2010 la compañía ComScore.com, de estudios sobre Internet, estimaba unos 67 millones de visitantes en EE UU para MySpace[16], un 4% menos que en el mismo mes de 2009; por el contrario, la audiencia de Facebook subía en ese mismo país un 85% hasta los 130 millones de visitantes activos.

Desde el punto de vista de su aplicación empresarial y, especialmente en el área de marketing, autores como Armstrong y Hagel (1996) ya habían destacado la importancia de explotar el potencial de las comunidades virtuales (en su momento todavía no se hablaba del concepto de red social) por parte de las empresas. De hecho, desde hace ya algunos años Internet está siendo utilizado por distintas empresas para desarrollar una estrategia de marketing relacional, buscando integrar a los clientes o potenciales clientes en una especie de comunidad virtual en torno a una marca o a un producto. El objetivo es comunicar y al mismo tiempo entretener y divertir, estableciéndose una "atmósfera especial" en torno a un producto o una marca. En este sentido, las acciones de marketing en redes sociales pueden convertirse en una eficaz herramienta para desarrollar programas de fidelización de clientes.

Para ello, una empresa interesada en explotar el papel de redes sociales como Facebook para mejorar la comunicación con sus clientes podría crear una cuenta dentro de estas redes sociales y aportar servicios y contenidos de gran valor añadido, teniendo en cuenta los siguientes consejos y recomendaciones:

- Proporcionar información que resulte interesante y de utilidad para el usuario, con una actualización frecuente de los contenidos.

- Comunicar y al mismo tiempo entretener y divertir: el usuario ha de pasar un rato agradable delante del ordenador.

- Fomentar la participación activa del usuario, tratando de conseguir que se sienta involucrado en el proceso de comunicación.

La publicidad en redes sociales como Facebook o MySpace permite alcanzar el público objetivo deseado mediante todas las posibilidades de segmentación publicitaria: demografía, geografía, intereses y nichos de actividad.

---

[16] Hoy MySpace pertenece al grupo editorial News Corp.

Además, facilita el aprendizaje de los usuarios a través del seguimiento de sus respuestas, de sus hábitos de navegación, de qué es lo que les interesa, de sus interacciones, etcétera.

Figura 9.7. Ejemplos de anuncios en MySpace

Una red social como Facebook también permite utilizar formatos novedosos para mejorar la capacidad de comunicación y de relación con los potenciales clientes y seguidores de una marca, producto o servicio: vídeos, formato "hazte fan", formato "regalo promocional", encuestas, etcétera.

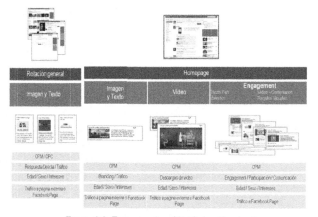

Figura 9.8. Formatos de publicidad en Facebook

Para poder crear una campaña basada en un anuncio en Facebook el propio anunciante puede cargar su material publicitario, incluyendo el título (que no debe superar los 25 caracteres con espacios), el texto del anuncio (de un máximo de 135 caracteres con espacios) y una imagen.

A continuación puede decidir si se desea dirigir al público del anuncio hacia una página Web o bien hacia un elemento de Facebook, como una página, una aplicación, un grupo o un evento. Así mismo, el anunciante también puede elegir la segmentación precisa del anuncio por edad, sexo o situación geográfica de los usuarios, entre otros.

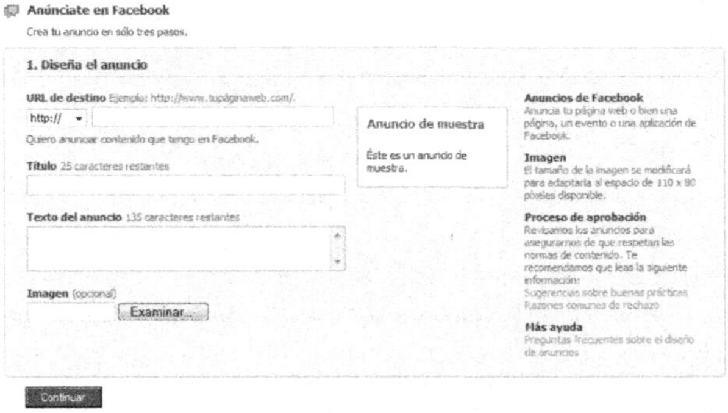

Figura 9.9. Diseño de un anuncio en Facebook

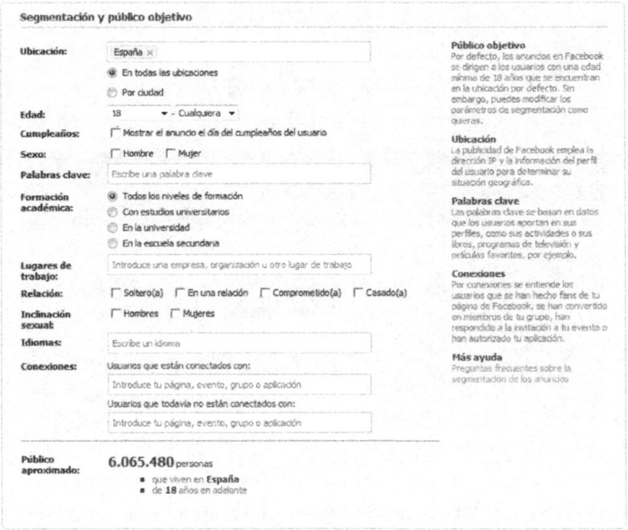

Figura 9.10. Segmentación de la campaña en Facebook

El anunciante también puede controlar el presupuesto de la campaña y realizar un seguimiento de los resultados obtenidos en tiempo real:

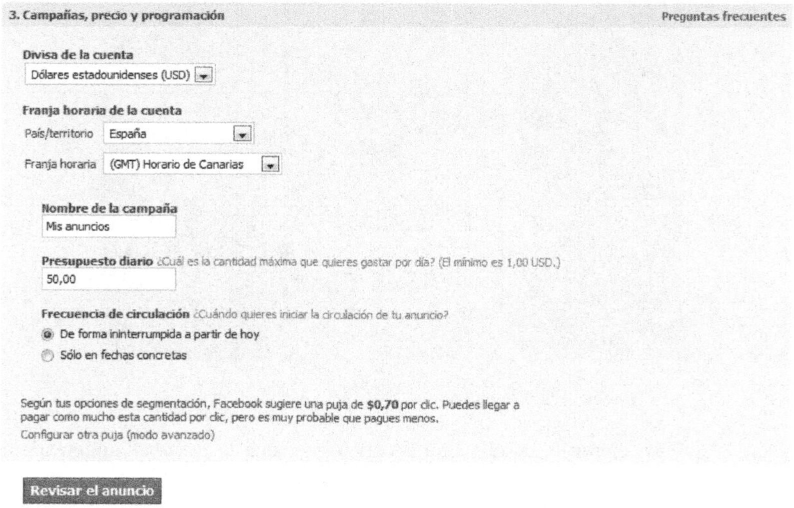

Figura 9.11. Precio y programación de la campaña en Facebook

9.4 NUEVAS APLICACIONES BASADAS EN LA REALIDAD AUMENTADA

La **realidad aumentada** es el término que se usa para definir una visión directa o indirecta de un entorno físico del mundo real, cuyos elementos se combinan con elementos virtuales para la creación de una realidad mixta a tiempo real. Consiste en un conjunto de dispositivos que añaden información virtual a la información física ya existente. Esta es la principal diferencia con la realidad virtual, puesto que no sustituye la realidad física, sino que sobreimprime los datos informáticos al mundo real.

Con la ayuda de la tecnología (por ejemplo, añadiendo la visión por ordenador y reconocimiento de objetos) la información sobre el mundo real alrededor del usuario se convierte en interactiva y digital. La información artificial sobre el medio ambiente y los objetos puede ser almacenada y recuperada como una capa de información en la parte superior de la visión del mundo real.

Figura 9.12. Ejemplo de aplicación de la realidad aumentada

Así, por ejemplo, en el sector turístico gracias a la realidad aumentada es posible ofrecer guías turísticas interactivas, que pueden hacer de guías virtuales a través de los dispositivos móviles. Para ello, el viajero tan sólo debe encuadrar la imagen de un edificio de interés histórico o cultural, por ejemplo, para que la aplicación de realidad aumentada pueda reproducir una ópera en el teatro que está enfocando, facilite datos históricos del monumento al que se está apuntando, o muestre imágenes de las obras de arte que podría visitar en el museo que está encuadrando.

Así mismo, gracias a la realidad aumentada las rutas turísticas pueden completarse con mucha más información: la ruta puede ir acompañada además de vídeos, sonidos, explicaciones, datos históricos, etcétera.

Los usuarios también tienen posibilidad de etiquetar distintos objetos y aportar sus propios sonidos, vídeos, imágenes y comentarios, contribuyendo a la creación de un auténtico mundo paralelo que hace que la visita a los destinos turísticos resulte mucho más divertida, interactiva e interesante.

En este nuevo contexto, algunos autores han acuñado el concepto de neogeografía o nueva geografía, que relaciona el fenómeno de las redes sociales en Internet con los espacios físicos en forma de mapas, a las personas con el espacio red en el que se relacionan. De este modo, el espacio físico se lleva a la red de la forma más realista posible en forma de mapas, a los cuales se incorporan elementos turísticos en forma de recursos, rutas y destinos; todo ello se enriquece con información en forma de fotos, textos, modelos 3D, vídeos y de redes sociales (comentarios de los propios usuarios), y por último se integra todo ello en geoportales o en dispositivos móviles con realidad aumentada.

Se abre así una nueva forma de generar espacios y comunidades por parte de los usuarios de Internet que supera las fronteras y crea una nueva geografía en el mundo de Internet, e incluso lleva esa nueva geografía a la realidad, uniendo la realidad física con la información virtual y por tanto integrando e interrelacionando el mundo real con el mundo red.

9.5 PROBLEMAS Y LIMITACIONES ACTUALES DE INTERNET

Un aspecto fundamental en la utilización de los distintos servicios de Internet es el de la **seguridad**. Resulta imprescindible garantizar la confidencialidad e integridad de los datos que viajan por la Red, así como la autenticidad de los usuarios que la utilizan. Los distintos sistemas criptográficos que se han desarrollado nos permiten conseguir estos objetivos, facilitando la realización de transacciones comerciales seguras, aspecto clave para impulsar el desarrollo del comercio electrónico.

No obstante, es necesario hacer un esfuerzo para vencer la actual desconfianza y, sobre todo, la falta de una adecuada formación de los usuarios, llevando a cabo acciones formativas y sensibilización.

Otro aspecto relacionado con la seguridad es la **protección de la intimidad** y de la información personal de los usuarios de este nuevo medio. Al utilizar los servicios de Internet, estamos proporcionando una valiosa información sobre nuestros hábitos, gustos y preferencias (vamos dejando una especie de "rastro" por los servidores a los que nos conectamos), que, en ocasiones, se complementa con otros datos de carácter personal que facilitamos voluntariamente (domicilio, profesión, cargo, etcétera). Todos estos datos se registran en los distintos servidores conectados a Internet y son susceptibles de ser explotados con fines comerciales por las empresas que operan en la Red.

En la actualidad existe un gran debate en Internet sobre la necesidad de garantizar la privacidad de sus usuarios, existiendo dos posturas enfrentadas: la primera, partidaria de una intervención por parte de los gobiernos (defendida principalmente por los países de la Unión Europea, que ya disponen de un marco jurídico bastante estricto en esta materia, como es el caso de la Ley Orgánica de Protección de Datos en España) y la segunda, que defiende la autorregulación por parte de las empresas y organizaciones que operan en Internet (postura de Estados

Unidos, que promulga el desarrollo de un código ético que deben cumplir las organizaciones).

Por otra parte, los mensajes de correo electrónico con publicidad no solicitada por el destinatario constituyen lo que se ha dado en llamar **"correo basura"**, *junk-mail* o *spam*.

Actualmente, el correo basura se ha convertido en uno de los principales problemas de Internet, ya que resulta tremendamente sencillo y económico conseguir bases de datos con cientos de miles de direcciones de correo electrónico para, a continuación, realizar un *mailing* a miles de destinatarios a un coste mínimo, con las molestias que ello provoca y el riesgo de colapso de los servidores de correo.

El impresionante crecimiento del *spam* en los últimos años lo ha convertido en una amenaza para el correcto funcionamiento de Internet. Cada día, miles de millones de mensajes de correo electrónico son enviados sin consentimiento de sus receptores saturando las redes, los servidores y provocando importantes pérdidas económicas.

Otro problema que afecta a este medio es la **ausencia de una regulación y de un marco jurídico adecuado** en muchos países, lo cual está planteando ciertos problemas, ya que, por citar un ejemplo, es posible difundir cualquier tipo de contenidos sin apenas ningún control.

Esta característica está siendo utilizada por algunas organizaciones para llevar a cabo actividades delictivas. Internet no conoce fronteras, por lo que los acuerdos que se adopten para regular su funcionamiento tendrán que ser aprobados necesariamente por todos los Estados que participan en el funcionamiento de la Red que, a día de hoy, constituyen la inmensa mayoría del globo terráqueo.

Por otra parte, y ante el crecimiento exponencial de las redes sociales, tampoco debemos olvidar la protección de la **privacidad de los activos sociales** introducidos en las aplicaciones y su explotación por parte de terceros. En tanto que dueños de nuestros datos personales[17] deberíamos tener un control estricto sobre el uso que de ellos se haga, incluso cuando el servicio que nos ofrecen las redes sociales es, a menudo, gratuito.

---

[17] Esta es una afirmación genérica que debe ser afinada en virtud de las distintas legislaciones vigentes en el país donde viva el lector.

Capítulo 10

SEGURIDAD EN LAS REDES DE ORDENADORES

10.1 LA IMPORTANCIA DE LA SEGURIDAD INFORMÁTICA

La mayoría de las actividades que se realizan de forma cotidiana en los países desarrollados dependen en mayor o menor medida de redes de ordenadores. El espectacular crecimiento de Internet y de los servicios telemáticos (comercio electrónico, servicios multimedia de banda ancha, administración electrónica, herramientas de comunicación como el correo electrónico o la videoconferencia…) han contribuido a popularizar aún más, si cabe, el uso de la informática y de las redes de ordenadores, hasta el punto de que en la actualidad no se circunscriben al ámbito laboral y profesional, sino que incluso se han convertido en un elemento cotidiano en muchos hogares, con un creciente impacto en las propias actividades de comunicación y de ocio de los ciudadanos.

Por otra parte, servicios críticos para una sociedad moderna, como podrían ser los servicios financieros, el control de la producción y suministro eléctrico (centrales eléctricas, redes de distribución y transformación), los medios de transporte (control de tráfico aéreo, control de vías terrestres y marítimas), la sanidad (historial clínico informatizado, telemedicina), las redes de abastecimiento (agua, gas y saneamiento) o la propia Administración Pública están soportados en su práctica totalidad por redes de ordenadores, hasta el punto de que en muchos de ellos se han eliminado o reducido de forma drástica los papeles y los procesos manuales.

En las propias empresas, la creciente complejidad de las relaciones con el entorno y el elevado número de transacciones realizadas como parte de su actividad han propiciado el soporte automatizado e informatizado de muchos de sus procesos, situación que se ha acelerado con la implantación de los ERP, o paquetes software de gestión integral.

Por todo ello, en la actualidad las actividades cotidianas de las empresas y de las distintas Administraciones Públicas e, incluso, las de muchas otras instituciones y organismos, así como las de los propios ciudadanos, requieren del correcto funcionamiento de los Sistemas de Información y las redes de ordenadores que los soportan y, en especial, de su seguridad.

De ahí la gran importancia que se debería conceder a todos los aspectos relacionados con la seguridad informática en las redes de ordenadores de una organización. La proliferación de los virus y códigos malignos y su rápida distribución a través de Internet, así como los miles de ataques e incidentes de seguridad que se producen todos los años han contribuido a despertar un mayor interés por esta cuestión.

Podemos definir la **seguridad informática** como "cualquier medida que impida la ejecución de operaciones no autorizadas sobre un sistema o red informática, cuyos efectos puedan conllevar daños sobre la información, comprometer su confidencialidad, autenticidad o integridad, disminuir el rendimiento de los equipos o bloquear el acceso de usuarios autorizados al sistema".

Así mismo, es necesario considerar otros aspectos o cuestiones relacionados cuando se habla de seguridad informática:

- Cumplimiento de las regulaciones legales aplicables a cada sector o tipo de organización, dependiendo del marco legal de cada país.

- Control en el acceso a los servicios ofrecidos y la información guardada por un sistema informático.

- Control en el acceso y utilización de ficheros protegidos por la ley: contenidos digitales con derechos de autor, ficheros con datos de carácter personal, etcétera.

- Identificación de los autores de la información o de los mensajes.

- Registro del uso de los servicios de un sistema informático, etcétera.

Desde un punto de vista más amplio, en la norma ISO/IEC 17799 se define la seguridad de la información como la preservación de su **confidencialidad**, su **integridad** y su **disponibilidad** (medidas conocidas por su acrónimo CIA en inglés: *Confidentialy, Integrity, Availability*).

Figura 10.1. Seguridad de la información según la norma ISO/IEC 17799

Dependiendo del tipo de información manejada y de los procesos realizados por una organización, ésta podrá conceder más importancia a garantizar la confidencialidad, la integridad o la disponibilidad de sus activos de información.

Por su parte, la norma ISO 7498 define la seguridad informática como "una serie de mecanismos que minimizan la vulnerabilidad de bienes y recursos en una organización".

Así mismo, podemos mencionar otra definición propuesta por el INFOSEC Glossary 2000: "seguridad informática son las medidas y controles que aseguran la confidencialidad, integridad y disponibilidad de los activos de los sistemas de información, incluyendo hardware, software, firmware y aquella información que procesan, almacenan y comunican".

Entre los principales **objetivos de la seguridad informática** podríamos destacar los siguientes:

- Minimizar y gestionar los riesgos y detectar los posibles problemas y amenazas a la seguridad.

- Garantizar la adecuada utilización de los recursos y de las aplicaciones del sistema.

- Limitar las pérdidas y conseguir la adecuada recuperación del sistema en caso de un incidente de seguridad.

- Cumplir con el marco legal y con los requisitos impuestos por los clientes en sus contratos.

Para cumplir con estos objetivos una organización debe contemplar cuatro planos de actuación:

- **Técnico:** tanto a nivel físico como a nivel lógico.

- **Legal:** algunos países obligan por ley a que en determinados sectores se implanten una serie de medidas de seguridad (sector de servicios financieros y sector sanitario en Estados Unidos, protección de datos personales en todos los Estados miembros de la Unión Europea, etcétera).

- **Humano:** sensibilización y formación de empleados y directivos, definición de funciones y obligaciones del personal.

- **Organizativo:** definición e implantación de políticas de seguridad, planes, normas, procedimientos y buenas prácticas de actuación.

10.2 SERVICIOS DE SEGURIDAD DE LA INFORMACIÓN

Para poder alcanzar los objetivos descritos en el apartado anterior, una red de ordenadores debería poder cumplir con las siguientes funciones de seguridad:

Confidencialidad

Mediante este servicio o función de seguridad se garantiza que cada mensaje transmitido o almacenado en una red de ordenadores sólo podrá ser leído por su legítimo destinatario. Si dicho mensaje cae en manos de terceras personas, éstas no podrán acceder al contenido del mensaje original. Por tanto, este servicio pretende garantizar la confidencialidad de los datos almacenados en un equipo, de los datos guardados en dispositivos de *backup* y/o de los datos transmitidos a través de redes de ordenadores.

Autenticación

La autenticación garantiza que la identidad del creador de un mensaje o documento es legítima, es decir, gracias a esta función, el destinatario de un mensaje podrá estar seguro de que su creador es la persona que figura como remitente de dicho mensaje.

Así mismo, también podemos hablar de la autenticidad de un equipo que se conecta a una red o intenta acceder a un determinado servicio. En este caso, la autenticación puede ser unilateral, cuando sólo se garantiza la identidad del equipo (usuario o terminal que se intenta conectar a la red) o mutua, en el caso de que la red o el servidor también se autentica de cara al equipo, usuario o terminal que establece la conexión.

Integridad

La función de integridad se encarga de garantizar que un mensaje o fichero no ha sido modificado desde su creación o durante su transmisión a través de una red de ordenadores. De este modo, es posible detectar si se ha añadido o eliminado algún dato en un mensaje o fichero almacenado, procesado o transmitido por un sistema o red de ordenadores.

No repudiación

El objeto de este servicio de seguridad consiste en implementar un mecanismo probatorio que permita demostrar la autoría y envío de un determinado mensaje, de tal modo que el usuario que lo ha creado y enviado a través de una red de ordenadores no pueda posteriormente negar esta circunstancia, situación que también se aplica al destinatario del envío. Éste es un aspecto de especial importancia en las transacciones comerciales y que permite proporcionar a los compradores y vendedores una seguridad jurídica que va a estar soportada por este servicio.

Disponibilidad

La disponibilidad de una red de ordenadores también es una cuestión de especial importancia para garantizar el cumplimiento de sus objetivos, ya que se debe diseñar un sistema lo suficientemente robusto frente a ataques e interferencias como para garantizar su correcto funcionamiento, de manera que pueda estar permanentemente a disposición de los usuarios que deseen acceder a sus servicios.

Dentro de la disponibilidad también debemos considerar la recuperación de la red frente a posibles incidentes de seguridad, así como frente a desastres naturales o intencionados (incendios, inundaciones, sabotajes…).

Debemos tener en cuenta que de nada sirven los demás servicios de seguridad si la red de ordenadores no se encuentra disponible para que pueda ser utilizada por sus legítimos usuarios y propietarios.

Autorización (control de acceso a equipos y servicios)

Mediante el servicio de autorización se persigue controlar el acceso de los usuarios a los distintos equipos y servicios ofrecidos por la red de ordenadores, una vez superado el proceso de autenticación de cada usuario. Para ello, se definen unas Listas de Control de Acceso (ACL) con la relación de usuarios y grupos de usuarios y sus distintos permisos de acceso a los recursos de la red.

Auditabilidad

El servicio de auditabilidad o trazabilidad permite registrar y monitorizar la utilización de los distintos recursos de la red de ordenadores por parte de los usuarios que han sido previamente autenticados y autorizados. De este modo, es posible detectar situaciones o comportamientos anómalos por parte de los usuarios, además de llevar un control del rendimiento del sistema (tráfico cursado, información almacenada y volumen de transacciones realizadas, por citar algunas de las más importantes).

Reclamación de origen

Mediante la reclamación de origen el sistema permite probar quién ha sido el creador de un determinado mensaje o documento.

Reclamación de propiedad

Este servicio permite probar que un determinado documento o un contenido digital protegido por derechos de autor (canción, vídeo, libro…) pertenece a un determinado usuario u organización que ostenta la titularidad de los derechos de autor.

Anonimato en el uso de los servicios

En la utilización de determinados servicios dentro de las redes de ordenadores también podría resultar conveniente garantizar el anonimato de los usuarios que acceden a los recursos y consumen determinados tipos de servicios, preservando de este modo su privacidad. Este servicio de seguridad, no obstante, podría entrar en conflicto con otros de los ya mencionados, como la autenticación o la auditoría del acceso a los recursos. Así mismo, la creciente preocupación de los gobiernos por el control e interceptación de todo tipo de comunicaciones (llamadas de teléfono, correos electrónicos…) ante el problema del terrorismo internacional está provocando la adopción de nuevas medidas para restringir el anonimato y la privacidad de los ciudadanos que utilizan estos servicios.

Protección a la réplica

Mediante este servicio de seguridad se trata de impedir la realización de "ataques de repetición" (*replay attacks*) por parte de usuarios maliciosos, consistentes en la interceptación y posterior reenvío de mensajes para tratar de engañar al sistema y provocar operaciones no deseadas, como podría ser el caso de realizar varias veces una misma transacción bancaria[18].

Para ello, en este servicio se suele recurrir a la utilización de un número de secuencia o sello temporal en todos los mensajes y documentos que necesiten ser protegidos dentro del sistema, de forma que se puedan detectar y eliminar posibles repeticiones de mensajes que ya hayan sido recibidos por el destinatario.

Confirmación de la prestación de un servicio o la realización de una transacción

Este servicio de seguridad permite confirmar la realización de una operación o transacción, reflejando los usuarios o entidades que han intervenido en ésta.

---

[18] Así, un usuario malicioso podría tratar de engañar a una entidad financiera para que realizase varias veces una transferencia que beneficiase a su propia cuenta personal en perjuicio de otros clientes de la entidad.

Referencia temporal (certificación de fechas)

Mediante este servicio de seguridad se consigue demostrar el instante concreto en que se ha enviado un mensaje o se ha realizado una determinada operación (utilizando generalmente una referencia *Universal Time Clock*, UTC). Para ello, se suele recurrir al sellado temporal del mensaje o documento en cuestión.

Certificación mediante terceros de confianza

La realización de todo tipo de transacciones a través de medios electrónicos requiere de nuevos requisitos de seguridad, para garantizar la autenticación de las partes que intervienen, el contenido e integridad de los mensajes o la constatación de la realización de la operación o comunicación en un determinado instante temporal. Para poder ofrecer algunos de estos servicios de seguridad se empieza a recurrir a la figura del "tercero de confianza", organismo que se encarga de certificar la realización y el contenido de las operaciones y de avalar la identidad de los intervinientes, dotando de este modo a las transacciones electrónicas de una mayor seguridad jurídica.

Posteriormente, en el capítulo sobre el uso de la firma electrónica se estudiará de forma detallada el papel de las autoridades de certificación, como terceros de confianza encargados de certificar la identidad de los usuarios que utilizan la firma electrónica, así como la validez de los documentos firmados por éstos.

Servicios de seguridad de la información:	

• Confidencialidad
   ➤ Datos almacenados en un equipo
   ➤ Datos guardados en dispositivos
     de *backup*
   ➤ Datos transmitidos
• Autenticación
   ➤ De entidad (usuario o equipo)
     • Mutua o unilateral
   ➤ Del origen de los datos (en un
     mensaje recibido)
• Integridad
• Protección a la réplica
	• No repudiación
	   ➤ De origen y/o de destino
	• Confirmación de la prestación
	   de un servicio
	• Referencia temporal
	• Autorización (control de acceso
	   a equipos y servicios)
	• Auditabilidad o trazabilidad
	• Disponibilidad del servicio
	• Anonimato en el uso de los
	   servicios
	• Certificación mediante terceros
	   de confianza

Tabla 10.1. Servicios de seguridad de la información

En una red de ordenadores se puede recurrir a la implantación de distintas técnicas y mecanismos de seguridad para poder ofrecer los servicios de seguridad que se han descrito anteriormente:

- Identificación de usuarios y política de contraseñas.

- Control lógico de acceso a los recursos.

- Copias de seguridad.

- Centros de respaldo.

- Cifrado de las transmisiones.

- Huella digital de mensajes.

- Sellado temporal de mensajes.

- Utilización de la firma electrónica.

- Protocolos criptográficos.

- Análisis y filtrado del tráfico (cortafuegos).

- Servidores *proxy*.

- Sistema de detección de intrusiones (IDS).

- Antivirus, etcétera.

El principio de "**defensa en profundidad**" consiste en el diseño e implantación de varios niveles de seguridad dentro de una red de ordenadores y un sistema informático. De este modo, si una de las "barreras" es franqueada por los atacantes, conviene disponer de medidas de seguridad adicionales que dificulten y retrasen su acceso a información confidencial o el control por su parte de recursos críticos del sistema: seguridad perimetral (cortafuegos, *proxies* y otros dispositivos que constituyen la primera "línea de defensa"); seguridad en los servidores; auditorías y monitorización de eventos de seguridad; etcétera.

Aplicando este principio también se reduce de forma notable el número de potenciales atacantes, ya que los aficionados sólo se atreven con los sistemas informáticos más vulnerables y, por tanto, más fáciles de atacar.

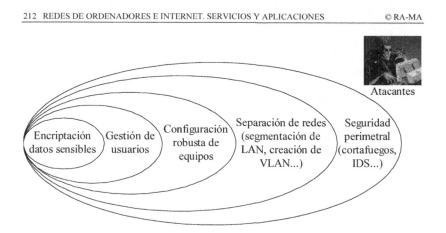

Figura 10.2. Principio de defensa en profundidad

Por este motivo, no conviene descuidar la seguridad interna en las redes de ordenadores, de modo que no dependa todo el sistema de la seguridad perimetral (cortafuegos en la conexión de la organización a redes externas como Internet). Así, por ejemplo, se puede reforzar la seguridad interna mediante una configuración robusta de los servidores, con medidas como la actualización de parches para eliminar vulnerabilidades conocidas, la desactivación de servicios innecesarios o el cambio de las contraseñas y cuentas por defecto en cada equipo.

10.3 TIPOS DE AMENAZAS A LA SEGURIDAD EN LAS REDES DE ORDENADORES

Hasta finales de 1988 muy poca gente se tomaba en serio el tema de la seguridad en redes de ordenadores. Sin embargo, el 22 de noviembre de 1988 Robert Morris protagonizó el primer gran incidente de la seguridad informática: uno de sus programas se convirtió en el famoso *worm* o "gusano" de Internet. Miles de ordenadores conectados a la red se vieron inutilizados durante días y las pérdidas se estimaron en millones de dólares. Desde ese momento el tema de la seguridad en las redes de ordenadores ha sido un factor a tener muy en cuenta por cualquier responsable o administrador de sistemas informáticos.

Poco después de este incidente y a la vista de los potenciales peligros que podía entrañar un fallo o un ataque contra los sistemas informáticos estadounidenses, la agencia DARPA (*Defense Advanced Research Projects Agency*, Agencia de Proyectos de Investigación Avanzados de Defensa) creó el famoso CERT (*Computer Emergency Response Team*, Equipo de Respuesta a

Emergencias Informáticas), un grupo constituido en su mayor parte por voluntarios cualificados de la comunidad informática, cuyo objetivo principal era facilitar una respuesta rápida a los problemas de seguridad que afectaran a redes de ordenadores conectados a Internet.

Posteriormente, surgieron iniciativas análogas en otros países, como el esCERT o el INTECO (http://www.inteco.es) en España. Han pasado más de veinte años desde la creación del primer CERT y cada día se hace más patente la preocupación por los temas relativos a la seguridad en las redes de ordenadores, sobre todo teniendo en cuenta las noticias de los numerosos ataques informáticos llevados a cabo contra las redes de empresas e instituciones de cierto prestigio.

Los problemas de seguridad más importantes que afectan a las redes de ordenadores son los que se enumeran a continuación:

- Robo de información mediante la interceptación de mensajes que han sido enviados a través de la red. El atacante persigue obtener información de algún usuario, como sus contraseñas de acceso o algún fichero transmitido por la red.

- Conexión no autorizada a equipos informáticos, con el objeto de acceder a información confidencial o a servicios de acceso restringido, violando los sistemas de control de acceso o explotando agujeros de seguridad.

- Suplantación de identidad, realizando operaciones en nombre de otro usuario mediante la utilización de claves robadas o adivinadas como causa de una deficiente política de seguridad.

- Destrucción y modificación de datos de forma controlada o incontrolada, mediante la introducción de contenidos dañinos en el sistema: virus y "caballos de Troya"[19]. En este apartado conviene destacar la proliferación de virus que se propagan a través del e-mail, mediante ficheros adjuntos que se reenvían automáticamente a los contactos de cada nuevo usuario infectado.

---

[19] Un caballo de Troya, también conocido como "troyano", es un tipo especial de virus informático. Los caballos de Troya ocultan su verdadera identidad haciéndose pasar por inofensivas aplicaciones o disimulando su presencia entre los programas instalados en el equipo de la víctima. Pero su objetivo real es facilitar el acceso a terceras personas a los recursos del sistema, ya sean datos, aplicaciones o dispositivos. Los troyanos más recientes se basan en la arquitectura cliente/servidor, estableciendo una comunicación a través de un puerto de comunicaciones en el PC atacado: la parte cliente se ejecuta en el ordenador del atacante, y se comunica a través de ese puerto de comunicaciones con la parte servidora, que se encuentra escuchando en el ordenador de la víctima.

- Modificación de la información guardada en un ordenador conectado a la red informática, con la intención de alterar el contenido de ciertas transacciones o los datos incluidos en catálogos electrónicos de productos.

- Análisis del tráfico a partir de la observación de la utilización de las líneas de comunicación o los discos duros de los ordenadores.

- Denegación del servicio, impidiendo que el sistema pueda operar con normalidad. Generalmente se consiguen provocando la caída de los servidores.

A la hora de identificar los diferentes tipos de intrusos en las redes de ordenadores, podemos establecer la siguiente clasificación:

- Los *crackers* son piratas informáticos con interés en atacar un sistema para obtener beneficios de forma ilegal, o simplemente para provocar algún daño a la organización propietaria del sistema.

- Los *hackers* son intrusos que se dedican a estas tareas como pasatiempo y reto técnico: entran en los sistemas para demostrar su inteligencia y conocimientos de los entresijos de las redes, pero no pretenden provocar daños en estos sistemas. Sin embargo, hay que tener en cuenta que pueden tener acceso a información confidencial, por lo que su actividad está siendo considerada como un delito en bastantes países de nuestro entorno.

- Los *sniffers* se dedican a rastrear y tratar de recomponer y descifrar los mensajes que circulan por las redes.

También debemos tener en cuenta el papel desempeñado por algunos empleados en muchos de los ataques e incidentes de seguridad informática, ya sea de forma voluntaria o involuntaria. Así, podríamos considerar el papel de los empleados que actúan como "fisgones" en la red informática de su organización, los usuarios incautos o despistados, o los empleados descontentos o desleales que pretenden causar algún daño a la organización. Por este motivo, conviene reforzar la seguridad tanto en relación con el personal interno (*insiders*) como con los usuarios externos del sistema informático (*outsiders*).

Por otra parte, los ex-empleados pueden actuar contra su antigua empresa u organización por despecho o venganza, accediendo en algunos casos a través de cuentas de usuario que todavía no han sido canceladas en los equipos y servidores de la organización. También pueden provocar la activación de "bombas lógicas" para causar determinados daños en el sistema informático (eliminación de ficheros, envío de información confidencial a terceros…) como venganza tras un despido.

Los intrusos remunerados son expertos informáticos contratados por un tercero para la sustracción de información confidencial, llevar a cabo sabotajes informáticos contra una determinada organización, etcétera.

La legislación de muchos países de nuestro entorno se ha tenido que adaptar con rapidez para poder combatir los nuevos tipos de delitos surgidos de los ataques a la seguridad de los sistemas de telecomunicación y las redes de ordenadores. En nuestro país el nuevo Código Penal, que se publicó en el BOE del 24 de noviembre de 1995 y que entró en vigor en mayo de 1996, contiene muchas más referencias a los delitos informáticos, entre ellos el delito de daños por destrucción, alteración o inutilización de equipos, programas o incluso datos guardados en un sistema informático.

El FBI ha acuñado el acrónimo MICE para resumir las distintas motivaciones de los atacantes e intrusos en las redes de ordenadores: *Money*, *Ideology*, *Compromise* y *Ego* (Dinero, Ideología, Compromiso y Autorrealización personal).

En general, podemos considerar la siguiente tipología de motivaciones de los atacantes:

- Consideraciones económicas: llevar a cabo operaciones fraudulentas; robo de información confidencial que posteriormente es vendida a terceros; extorsiones (si no se paga un determinado "rescate" se elimina información o se daña de forma irreparable un sistema que haya sido comprometido); intentos de manipulación de las cotizaciones de valores bursátiles; etcétera.

- Diversión: algunos usuarios de Internet realizan estos ataques como una forma de pasar el rato delante de su ordenador.

- Ideología: ataques realizados contra determinadas organizaciones, empresas y Websites gubernamentales, con un contenido claramente político.

- Autorrealización.

- Búsqueda de reconocimiento social y de un cierto estatus dentro de una comunidad de usuarios.

Los fraudes y estafas financieras a través de Internet se han hecho muy frecuentes en estos últimos años. Se utiliza el término de **phishing** para referirse al tipo de ataques que tratan de obtener los números de cuenta y las claves de acceso a servicios bancarios, para realizar con ellos operaciones fraudulentas que perjudiquen a los legítimos propietarios. Generalmente, se utilizan páginas Web falsas que imitan a las originales de los servicios bancarios que pretenden suplantar.

El **pharming** es una variante del *phishing* en la que los atacantes utilizan un virus que conecta a las víctimas desde su ordenador a páginas falsas en lugar de a las legítimas correspondientes a sus propias entidades financieras, para sustraer sus datos (números de cuenta y claves de acceso).

El *pharming* y el *phishing* también pueden ser empleados para robar y utilizar de forma fraudulenta números de tarjetas de crédito. Estos datos podrían ser utilizados para realizar ataques del tipo "salami", consistentes en la repetición de gran cantidad de pequeñas operaciones, como transferencias bancarias de importe reducido, que podrían pasar inadvertidas a nivel individual, pero que en conjunto ocasionan un importante daño económico.

Por otra parte, se han desarrollado virus y otros programas dañinos para facilitar las extorsiones y estafas a usuarios de Internet. Es lo que se conoce como *ransom-ware*, software malicioso cuyo fin es el lucro de su creador por medio de rescates. Así, podríamos mencionar casos como el del troyano PGPCoder, de mayo de 2005, que cifraba determinados archivos en el sistema infectado, dejando a continuación un mensaje solicitando dinero a los usuarios perjudicados si querían volver a restaurar sus ficheros (mediante el envío de una clave para descifrarlos).

También podemos considerar dentro de este tipo de ataques la difusión de correos electrónicos con ofertas falsas o engañosas, así como la publicación de falsas noticias en foros y grupos de noticias, con distintas intenciones, como podría ser el caso de intentar alterar el valor de las acciones de una empresa (de hecho, ya se han producido varias de estas actuaciones en Estados Unidos y en Europa).

En mayo de 2005 se informaba de varios casos de *crackers* que habían conseguido "secuestrar" archivos o páginas Web de otros usuarios, solicitando un rescate para proceder a su "liberación". Para ello, los atacantes codificaban los documentos afectados para impedir que su propietario los pudiera abrir, solicitando a continuación un importe de 200 dólares en concepto de "rescate" para devolver al usuario el acceso a sus archivos.

Los casos de chantaje y extorsión on-line se están extendiendo en países como Estados Unidos. En muchos de estos casos, los chantajistas aseguran tener información confidencial sobre la empresa y amenazan con difundirla si no reciben una determinada cantidad de dinero. También han aumentado los casos de extorsión a particulares a través de Internet, consistentes en la publicación o amenaza de publicación de alguna información difamatoria sobre la víctima, utilizando algún medio de la Red (páginas Web, foros, grupos de noticias…).

Los ataques contra redes de ordenadores y sistemas informáticos suelen constar de las etapas o fases que se presentan a continuación:

- Descubrimiento y exploración del sistema informático.

- Búsqueda de vulnerabilidades en el sistema.

- Explotación de las vulnerabilidades detectadas (para ello, se suelen utilizar herramientas específicamente construidas para tal fin, conocidas como *exploits*).

- Corrupción o compromiso del sistema: modificación de programas y ficheros del sistema para dejar instaladas determinadas puertas traseras o troyanos; creación de nuevas cuentas con privilegios administrativos que faciliten el posterior acceso del atacante al sistema afectado; etcétera.

- Eliminación de las pruebas que puedan revelar el ataque y el compromiso del sistema: eliminación o modificación de los registros de actividad del equipo (*logs*); modificación de los programas que se encargan de monitorizar la actividad del sistema; etcétera. Muchos atacantes llegan incluso a parchear la vulnerabilidad descubierta en el sistema para que no pueda ser utilizada por otros intrusos.

Para poder llevar a cabo un ataque informático los intrusos deben disponer de los medios técnicos, los conocimientos y las herramientas adecuadas, deben contar con una determinada motivación o finalidad, y se tiene que dar además una determinada oportunidad que facilite el desarrollo del ataque (como podría ser el caso de un fallo en la seguridad del sistema informático elegido). Estos tres factores constituyen lo que podríamos denominar como el "**Triángulo de la intrusión**", concepto que se presenta de forma gráfica en la siguiente figura:

Figura 10.3. El "Triángulo de la intrusión"

En cuanto a los medios y herramientas disponibles en la actualidad para llevar a cabo sus ataques (*hacking tools*), podríamos citar las siguientes:

- Escáneres de puertos, que permiten detectar los servicios instalados en un determinado sistema informático.

- *Sniffers*: dispositivos que capturan los paquetes de datos que circulan por una red. Existen *sniffers* especializados en la captura de contraseñas u otros datos sensibles (como los números de cuenta o de tarjetas de crédito).

- *Exploits*: herramientas que buscan y explotan vulnerabilidades conocidas.

- *Backdoors kits*: programas que permiten abrir y explotar "puertas traseras" en los sistemas.

- *Rootkits*: programas utilizados por los atacantes para ocultar "puertas traseras" en los propios ficheros ejecutables y servicios del sistema, que son modificados para facilitar el acceso y posterior control del sistema.

- *Auto-rooters*: herramientas capaces de automatizar totalmente un ataque, realizando toda la secuencia de actividades para localizar un sistema, escanear sus posibles vulnerabilidades, explotar una determinada vulnerabilidad y obtener el acceso al sistema comprometido.

- *Password crackers*: aplicaciones que permiten averiguar las contraseñas de los usuarios del sistema comprometido.

- Generadores de virus y otros programas malignos.

- Herramientas que facilitan la ocultación y la suplantación de direcciones IP (técnicas de *spoofing*), dificultando de este modo la identificación del atacante.

- Herramientas de cifrado y protocolos criptográficos (como PGP, SSH o SSL): cada vez es más frecuente que el atacante utilice protocolos criptográficos en sus conexiones con los sistemas y máquinas que ha conseguido comprometer, dificultando de este modo su detección y estudio.

10.4 SEGURIDAD EN LA CONEXIÓN DE UNA ORGANIZACIÓN A INTERNET

Tal y como se comentó en un capítulo anterior de este libro, Internet es una red de redes de ordenadores que fue diseñada en los años setenta partiendo de unos recursos bastante limitados, sobre todo si los comparamos con los que se encuentran disponibles en la actualidad en cualquier organización. Así, en aquel momento la capacidad de memoria y de procesamiento de los equipos informáticos era bastante limitada, varios órdenes de magnitud inferior a la de los actuales equipos, y debemos tener en cuenta además que la capacidad de las líneas de comunicaciones para datos era extremadamente reducida, del orden de unos pocos cientos de bits por segundo.

Por tanto, el diseño inicial de Internet se realizó con la premisa de utilizar protocolos y servicios muy sencillos, poco exigentes en cuanto a recursos informáticos y a ancho de banda consumido. Además, el entorno de trabajo de la primera etapa de Internet estaba constituido por varias universidades y centros de investigación de Estados Unidos, con el objetivo fundamental de facilitar el intercambio de información entre los profesores e investigadores: básicamente, envío de mensajes de correo electrónico en formato texto, así como difusión de algunos documentos de texto con resultados de estudios y trabajos de investigación.

En consecuencia, teniendo en cuenta los limitados recursos disponibles y que se estaba trabajando en un entorno "confiable", con aplicaciones y servicios sencillos y que no manejaban datos especialmente sensibles, se prestó una atención escasa o prácticamente nula a los aspectos relacionados con la seguridad.

Por todo ello, en la actualidad debemos asumir que la inseguridad es una parte intrínseca de Internet, como una consecuencia de las limitaciones de su diseño inicial. Una organización puede tratar de gestionar la seguridad informática en la conexión a Internet, pero nunca podría eliminar totalmente los posibles riesgos o amenazas que traten de aprovechar las limitaciones en algunos de los protocolos y servicios de Internet.

Podemos señalar distintas cuestiones a tener en cuenta a la hora de gestionar la seguridad en la conexión de una empresa a Internet:

- Garantizar la confidencialidad e integridad de las comunicaciones, mediante la utilización de protocolos criptográficos suficientemente robustos.

- Implantar un sistema de autenticación de los usuarios de los servicios.

- Controlar los accesos a los servicios ofrecidos por la organización, tanto por parte de los usuarios internos como de los usuarios externos.

- Controlar y supervisar la utilización de los servicios públicos de Internet por parte de los empleados de la organización.

- Garantizar la disponibilidad de los servicios y del funcionamiento de la red de la organización.

- Controlar los accesos a los equipos de la propia organización.

- Evitar los intentos de intrusión que exploten "agujeros de seguridad" en los ordenadores y dispositivos de conexión a la red, etcétera.

La correcta implantación de soluciones técnicas, basadas en dispositivos hardware y/o aplicaciones software, requiere disponer de personal con un conocimiento detallado del funcionamiento de Internet y de la familia de protocolos TCP/IP, así como con experiencia en la configuración de los equipos y las soluciones implantadas. Otros aspectos importantes son el adecuado mantenimiento y actualización con los parches y revisiones publicadas por los fabricantes, además de llevar a cabo una monitorización continua del funcionamiento de las soluciones implantadas.

Una empresa u organización puede proporcionar una serie de servicios a los usuarios de Internet a través de uno o varios servidores dedicados, equipos informáticos de altas prestaciones que ofrecen recursos e información y que se encuentran permanentemente conectados a Internet, con el objetivo de facilitar información corporativa y sobre los productos (catálogo electrónico de productos), poder realizar transacciones comerciales (venta de productos), prestar servicio y apoyo técnico posventa a los clientes, etcétera.

Estos servicios se deben facilitar de una forma segura, controlando el acceso a los datos y a los recursos del servidor o servidores conectados a Internet y garantizando en todo momento la disponibilidad de la conexión y del servidor, evitando posibles ataques de denegación de servicio.

En este sentido, se pueden adoptar dos estrategias de defensa: **Defensa equipo a equipo** y **Defensa perimetral**.

En la estrategia de **Defensa equipo a equipo**, cada equipo de la red de la empresa conectado a Internet debe estar perfectamente configurado y será auditado de forma sistemática, para monitorizar su utilización y registrar los intentos de acceso no autorizados. Se trata de una estrategia difícil de poner en práctica, ya que se pueden cometer errores en la configuración al tener que comprobar un número importante de equipos y se dificulta el trabajo de las personas dentro de la organización por la adopción de estrictas medidas de control y seguridad.

Por su parte, en la estrategia de **Defensa perimetral** se crea una barrera entre la red interna de la organización y el mundo exterior, canalizando todo el tráfico potencialmente hostil a través de un único punto de acceso que se encuentra bien protegido y monitorizado: un dispositivo denominado "**cortafuegos**", cuya finalidad es auditar todos los intentos de conexión desde la red de la empresa hacia el exterior, y viceversa, permitiendo sólo aquéllos que hayan sido expresamente autorizados por los responsables informáticos de la empresa.

10.4.1 Cortafuegos

Un **cortafuegos** (también conocido como *firewall*) es un dispositivo que realiza un filtrado de paquetes de datos a partir de unas reglas definidas por el administrador de la red, teniendo en cuenta las direcciones IP fuente o destino (es decir, de qué ordenador provienen y a qué ordenador van dirigidos los paquetes de datos) y el servicio de red al que se corresponden.

Un cortafuegos está constituido por un dispositivo hardware, es decir, por una máquina específicamente diseñada y construida para esta función, aunque también podría utilizarse un software que se instala en un ordenador conectado a la red de la organización.

Al emplear un cortafuegos todo el tráfico entrante o saliente a través de la conexión corporativa debe pasar por una única máquina, por lo que el administrador puede permitir o denegar el acceso a Internet y a los servicios de la empresa de manera selectiva. Se consigue, de este modo, que todo el tráfico de la organización pueda ser filtrado por esta máquina, obligando a los usuarios, tanto internos como externos, a cumplir las restricciones que se hayan impuesto.

De este modo, el cortafuegos permite establecer dos zonas de trabajo independientes: la zona fiable o de confianza, correspondiente a los equipos de la red interna de la organización, en contraposición con la zona no fiable, en la que se ubicarían todos los demás equipos externos.

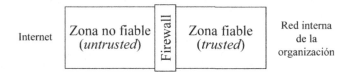

Figura 10.4. Implantación de la seguridad perimetral mediante un cortafuegos

En la actualidad algunos *routers* también incluyen funciones básicas de filtrado de paquetes, por lo que se conocen como **screening routers** (*routers* apantallados), introduciendo de este modo un nivel adicional de seguridad, ya que pueden eliminar parte del tráfico no deseado antes de que actúe el cortafuegos. El propio proveedor de acceso a Internet se puede encargar de las tareas de filtrado de paquetes (en muchas ocasiones el *router* externo de la organización pertenece al proveedor de acceso a Internet).

Podemos destacar los siguientes servicios de protección ofrecidos por un cortafuegos:

- Bloqueo del tráfico no autorizado por la organización: servicios de Internet que se deseen restringir, bloqueo de determinadas direcciones de equipos o de ciertas páginas Web, etcétera.

- Ocultación de los equipos internos de la organización, de forma que éstos puedan resultar "invisibles" ante posibles ataques provenientes del exterior. Así mismo, los cortafuegos pueden ocultar información sobre la topología de la red interna, los nombres de los equipos, los dispositivos de red utilizados, etcétera.

- Registro de todo el tráfico entrante y saliente de la red corporativa.

- Redirección del tráfico entrante hacia determinadas zonas restringidas o especialmente vigiladas (zonas DMZ).

En lo que se refiere a la función principal de filtrado de paquetes de un cortafuegos, las reglas de filtrado se pueden definir teniendo en cuenta las direcciones IP origen y destino de los paquetes de datos, el tipo de protocolo utilizado, así como el servicio al que se corresponden (especificado mediante un número de puerto de comunicaciones).

Estas reglas de filtrado se configuran mediante las listas de control de acceso (ACL, *Access Control List*). Así, por ejemplo, en algunos equipos Cisco la sintaxis de estas listas de control de acceso es la siguiente:

```
access-list 50 deny 192.168.0.25
log
```

que, en este caso, establece la condición de prohibir (*deny*) todo el tráfico para el equipo de dirección IP 192.168.0.25 y establece un registro del tráfico (*log*).

Por supuesto, para definir correctamente los filtros es necesario conocer en profundidad los protocolos y servicios de Internet. Estas reglas de filtrado son difíciles de definir y de verificar, por lo que deberían ser revisadas con frecuencia por parte de los administradores de la red.

Otra función adicional que puede realizar un cortafuegos es la de ocultar el rango de direcciones IP de los equipos de la red interna de la organización, llevando a cabo una traducción de direcciones a través del protocolo NAT (*Network Address Translation*). También se puede recurrir a una técnica conocida como PAT (*Port Address Translation*) para realizar la traducción ("mapeo") de puertos internos a puertos externos.

De esta manera, es posible utilizar una única dirección IP o un rango reducido de direcciones válidas en Internet, compartidas por todos los equipos de la red interna, que utilizarán direcciones privadas (en los rangos definidos por el estándar RFC 1918) no enrutables en Internet, por lo que estos equipos no serán visibles desde el exterior. También sería posible emplear direcciones IP sin clase (*claseless*[20]) dentro de la organización.

---

[20] Se han propuesto las direcciones IP sin clase (*claseless*) ante la escasez de direcciones IP dentro de Internet, debido a las limitaciones en el diseño de la versión actual del protocolo IP (IPv4).

Así mismo, podemos destacar otras funciones ofrecidas hoy en día por los cortafuegos:

- Limitación del ancho de banda utilizado por tipo de tráfico o protocolo.

- Cifrado extremo-a-extremo para crear túneles seguros.

- Seguimiento del tráfico cursado, proporcionando estadísticas sobre el ancho de banda consumido por la organización, distribuido entre los distintos servicios y los distintos equipos de los usuarios.

- Monitorización de los ataques o intentos de intrusión: seguimiento del número y tipo de ataques desde el exterior; detección y bloqueo de las actividades de reconocimiento, como el escaneo de puertos; protección frente a los intentos de intrusión y ataque más frecuentes (*IP Spoofing*, *SYN Flooding...*); generación de alarmas, alertas e informes.

En la práctica, podemos distinguir tres tipos de cortafuegos:

- **Cortafuegos que actúan a nivel de paquetes de datos:** se encargan del filtrado de los paquetes IP teniendo en cuenta las direcciones origen y destino, así como los puertos utilizados. Son los más sencillos y los que ofrecen mejores prestaciones, ya que consumen menos recursos computacionales y de ancho de banda.

- **Cortafuegos que actúan a nivel de circuito:** en este caso, además de la información sobre las direcciones origen y destino y de los puertos utilizados, también tienen en cuenta los estados de la sesión (*stateful inspection*). De este modo, las reglas de filtrado tienen en cuenta la información de la cabecera de los paquetes IP (*flags*) relativa al estado de la sesión y los números de secuencia de los paquetes. Por este motivo, al tener conocimiento del paquete que se espera en cada caso, estos cortafuegos pueden detectar y evitar cierto tipo de ataques, como los que intenten llevar a cabo un secuestro de sesión (*session hijacking*).

- **Cortafuegos que actúan como "pasarelas de aplicación" (*gateways*)[21]:** se encargan de analizar todos los paquetes de datos correspondientes a un determinado servicio o aplicación, teniendo en cuenta las reglas del protocolo en cuestión y los estados de la sesión, y no sólo los datos de

---

[21] En algunos casos se considera a estos cortafuegos equivalentes a los servidores *proxy* descritos en el epígrafe anterior de este capítulo.

los paquetes individuales. Por este motivo, sólo se pueden utilizar para el servicio o aplicación para el que han sido diseñados, por lo que se requiere un *gateway* o "pasarela de aplicación" por cada servicio, utilizando un protocolo como SOCKS para la comunicación con los equipos internos.

En los *gateways* o pasarelas de aplicación, la interpretación de la semántica de los paquetes los hace más seguros que los basados en el simple filtrado de puertos y direcciones IP, pero a costa de resultar menos transparentes para los usuarios. Son cortafuegos con inspección de estado, que comprueban si el contenido de cada paquete de un determinado servicio o aplicación se corresponde con lo que realmente se espera, por lo que pueden hacer un seguimiento de los datos intercambiados a través del servicio en cuestión, con el objetivo de impedir ataques o manipulaciones de los datos que traten de comprometer la seguridad o el normal funcionamiento de dicho servicio. Por la mayor complejidad de sus funciones son, en términos de velocidad, menos eficientes. Los *gateways* consumen más recursos computacionales que otros cortafuegos y suelen requerir de la instalación de un software especial en los equipos de usuario (motivo por el que son menos transparentes).

En la siguiente figura se muestra una configuración típica de una conexión corporativa protegida por un sistema de defensa perimetral basado en un cortafuegos y en el establecimiento de una "zona desmilitarizada" (DMZ, *Demilitarized Zone*):

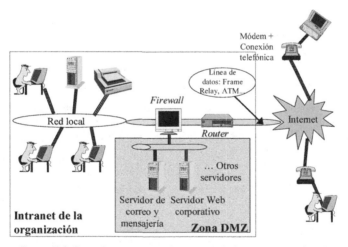

Figura 10.5. Conexión corporativa a Intranet utilizando un router y un firewall

La "**zona desmilitarizada**"[22], también conocida como *screened subnet*, es un segmento de la red de la organización que se encuentra en una zona perimetral, en el cual se van a ubicar los servidores que pueden ser accesibles desde el exterior. Se trata de una red planteada como una zona intermedia que permite mejorar el aislamiento entre la parte pública y la parte privada de la red de una organización.

En la práctica, se suelen utilizar dos *routers* para definir la zona DMZ, uno exterior y otro interior, así como un cortafuegos con tres tarjetas de red (*tri-homed bastion host*), aunque también se podría recurrir a una configuración que utilice varios cortafuegos.

Los servidores ubicados en la zona DMZ, que se encargan de ofrecer determinados servicios a usuarios externos, se tienen que configurar con especial cuidado, reforzando todas las medidas de seguridad: instalación de últimos parches y actualizaciones, desactivación de servicios innecesarios, revisión de los permisos asignados a las cuentas… Además, no se deberían guardar datos sensibles en un servidor ubicado dentro de la DMZ.

El cortafuegos permite realizar conexiones desde el exterior hacia los equipos de esta "zona desmilitarizada" y puede impedir totalmente cualquier intento de conexión hacia el resto de la red local de la organización.

Por este motivo, se recomienda separar los servicios internos de los ofrecidos a usuarios externos, tratando de evitar que en un mismo equipo se puedan instalar ambos tipos de servicios.

Así mismo, convendría emplear direcciones IP privadas para todos los servidores que se encuentran en la parte interna de la red de la organización. También se podría ubicar un servidor *proxy* o un *gateway* dentro de la zona DMZ, que actúe como pasarela de aplicación para algunos servicios ofrecidos a los usuarios internos.

En la práctica, en redes de ordenadores de una cierta complejidad es necesario utilizar varios cortafuegos para reforzar la seguridad, aplicando el principio de "defensa en profundidad", disponiendo de varios niveles o barreras de protección frente a los intrusos.

---

[22] Como curiosidad, el término "zona desmilitarizada" tiene su origen en la Guerra de Corea y se refiere a la franja de terreno que se definió para separar a los dos ejércitos en contienda (el famoso Paralelo 38° N).

Por otra parte, debemos tener en cuenta que un cortafuegos no es la solución definitiva para todos los problemas de seguridad en una red de ordenadores. Así, por ejemplo, un cortafuegos no puede impedir ataques basados en la "ingeniería social": engaños realizados por agentes externos contra usuarios de la red de la organización para conseguir sus claves o para que les envíen determinada información o ficheros de los equipos de la red.

Un cortafuegos tampoco puede impedir determinados actos de los usuarios del sistema contrarios a las políticas de seguridad: grabar información sensible en un CD o en un disquete, envío de dicha información por medio del correo electrónico a terceros, etcétera.

Además, existen determinados tipos de ataques que emplean protocolos comunes, como el HTTP, para poder traspasar el cortafuegos y enviar comandos o recibir información desde los equipos víctimas, aprovechando que los puertos utilizados por el protocolo HTTP suelen estar abiertos en los cortafuegos. En este caso, se trata de una limitación de las técnicas de filtrado de paquetes, que podría solventarse con una pasarela de aplicación (*gateway*).

Por otra parte, determinadas aplicaciones, como las de mensajería instantánea o de intercambio de ficheros P2P (*peer to peer*), también se las han ingeniado para cambiar con frecuencia de puerto o para utilizar puertos destinados a otros servicios como el HTTP y poder saltarse, de este modo, los filtros de un cortafuegos.

Un cortafuegos tampoco resulta efectivo contra los ataques internos realizados por un virus u otro código dañino que haya conseguido tomar el control de un ordenador de la red. Aunque las redes privadas se encuentren protegidas en su perímetro, no debemos olvidar que en ocasiones se conectan a ellas dispositivos móviles, como los ordenadores portátiles. Además, se da con bastante frecuencia el caso de los usuarios que conectan sus ordenadores portátiles a Internet desde sus hogares o desde un cibercafé, se infectan con un virus o troyano por no contar con una protección adecuada y, posteriormente, conectan el portátil a la red local de su empresa provocando la propagación de la infección a los sistemas corporativos.

Los cortafuegos tampoco pueden ofrecer una protección adecuada contra ataques del tipo *flooding*, provocados por un *router* mal configurado o por un equipo malicioso. En estos casos sería necesario identificar el origen del ataque y ponerse en contacto con la organización o el proveedor de acceso a Internet al que pertenece para que éste pueda ser desconectado.

Por último, debemos tener en cuenta ciertas consideraciones sobre el consumo de ancho de banda, ya que un cortafuegos puede provocar una notable caída de prestaciones en la red protegida (sobre todo si éste tiene poca capacidad computacional), puesto que hoy en día las redes locales trabajan a 100 Mbps o incluso a 1 Gbps, generando un volumen muy alto de paquetes de datos que puede desbordar la capacidad de análisis del cortafuegos.

10.4.2 Sistemas de detección de intrusiones

Los **Sistemas de detección de intrusiones** (*Intrusion Detection Systems*, IDS) son los sistemas encargados de detectar y reaccionar de forma automatizada ante los incidentes de seguridad que tienen lugar en las redes y equipos informáticos.

Para ello, estos sistemas se encargan de monitorizar el funcionamiento de los equipos y de las redes en busca de indicios de posibles incidentes o intentos de intrusión, avisando a los administradores del sistema informático ante la detección de cualquier actividad sospechosa mediante una serie de alarmas e informes.

En la arquitectura de un IDS podemos distinguir los siguientes elementos funcionales básicos:

- Una fuente de información que proporciona eventos del sistema o red informática.

- Una base de datos de patrones de comportamiento considerados como normales, así como de los perfiles de distintos tipos de ataque.

- Un motor de análisis encargado de detectar evidencias de intentos de instrucción.

- Un módulo de respuesta capaz de llevar a cabo determinadas actuaciones a partir de las indicaciones del motor de análisis.

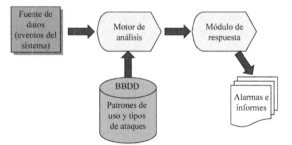

Figura 10.6. Arquitectura de un Sistema de detección de intrusiones (IDS)

Por otra parte, un IDS puede utilizar dos modelos de detección:

- Detección de un mal uso (*misuse*): tipos ilegales de tráfico, secuencias utilizadas para realizar ataques contra los equipos (*exploits*), escaneo de puertos, etcétera.

- Detección de un uso anómalo: análisis estadístico del tráfico en la red, monitorización de procesos y del comportamiento de los usuarios, con el fin de poder detectar aquellos comportamientos que se puedan considerar anómalos según los patrones de uso registrados hasta el momento: franjas horarias, utilización de puertos y servicios...

  Se trataría, por tanto, de detectar cambios de comportamiento no justificados en lo que se refiere a ficheros accedidos, aplicaciones utilizadas en el trabajo, cantidad de tráfico cursado en la red, conexiones de usuarios en horarios poco habituales, etcétera.

Gracias a su módulo de respuesta, un IDS es capaz de actuar de forma automática a los incidentes detectados. Las **respuestas pasivas** se limitan a registrar las posibles intrusiones o usos anómalos, así como a generar informes y alertas dirigidas a los administradores de la red (correos electrónicos, mensajes SMS...).

Por su parte, mediante las **respuestas activas** el IDS podría responder a la situación anulando conexiones o bloqueando el acceso a determinados equipos o servicios de la red, para tratar de limitar las consecuencias del incidente.

Anular las conexiones TCP inyectando paquetes de reinicio en las conexiones del atacante.
Reconfiguración de los cortafuegos de la red para filtrar el tráfico que pueden estar causando el incidente.
Desconexión automática de servidores y dispositivos de red.
Bloqueo de cuentas o prohibición de la ejecución de determinados comandos.
Localización del origen del ataque y notificación a los proveedores de acceso a Internet u organizaciones implicadas.

Tabla 10.2. Ejemplos de respuestas activas de un IDS

No obstante, los sistemas IDS también presentan una serie de problemas y limitaciones, como podrían ser la generación de falsas alarmas, ya sean éstas **falsos negativos**, que se producen cuando el IDS no es capaz de detectar algunas actividades relacionadas con incidentes de seguridad que están teniendo lugar en la red o en los equipos informáticos, o bien **falsos positivos**, que se producen cuando el IDS registra y genera alertas sobre determinadas actividades que no resultan problemáticas, ya que forman parte del funcionamiento normal del sistema o red informático.

Por otra parte, en los entornos conmutados, es decir, en las redes locales que utilizan *switches*, resulta más difícil monitorizar el tráfico de la red. Por este motivo, en estos casos resulta conveniente la instalación en la red de *switches* dotados de puertos especiales, conocidos como *spanning ports* o *mirrored ports*, que faciliten la captura de todo el tráfico cursado por parte de un sistema IDS.

Así mismo, es necesario tener en cuenta la imposibilidad de analizar las comunicaciones cifradas (conexiones que empleen protocolos como SSH, SSL, IPSec…). Por este motivo, resulta conveniente examinar los datos una vez hayan sido descifrados por los equipos destinatarios dentro de la red de la organización.

Los sistemas IDS también pueden tener un cierto impacto en el rendimiento de la red y podrían ocasionar una sobrecarga de tareas administrativas si generasen un elevado número de informes y registros de actividad.

Los *Host IDS* pueden detectar las intrusiones a nivel de *host*, es decir, a nivel de un equipo informático, observando para ello si se han producido alteraciones significativas de los archivos del sistema operativo o analizando los *logs* del equipo en busca de actividades sospechosas.

Un *Host IDS* requiere de la instalación de un dispositivo sensor, conocido como "agente", en el equipo informático objeto de monitorización. Este sensor software trabaja a bajo nivel, interceptando las llamadas a las funciones básicas del sistema operativo. Además, se encarga de analizar cada actividad y proceso en ejecución dentro del equipo, razón por la que también presenta el inconveniente de disminuir el rendimiento del equipo.

Por su parte, los *Network IDS* se instalan en una red de ordenadores para monitorizar el tráfico de red en busca de cualquier actividad sospechosa: escaneo de puertos; intentos de explotación de agujeros de seguridad en los servicios instalados en los equipos de la red; ataques conocidos contra determinados protocolos; intentos de ejecución de *scripts* CGI vulnerables en los servidores; etcétera.

Para ello, un *Network IDS* trata de detectar el tráfico anómalo que suele acompañar a los intentos de intrusión, analizando para ello el contenido de los paquetes de datos que se transmiten a través de la red de la organización.

Uno de los sistemas NIDS más conocidos es SNORT. Este sistema decide qué paquetes de los que circulan por una red resultan sospechosos, empleando para ello una base de datos de reglas que se aplican teniendo en cuenta el contenido y los formatos de cabecera de los paquetes de datos. Además, se pueden descargar nuevas reglas directamente desde bases de datos disponibles en Internet, que permiten catalogar nuevos tipos de incidentes, *exploits* y vulnerabilidades de sistemas.

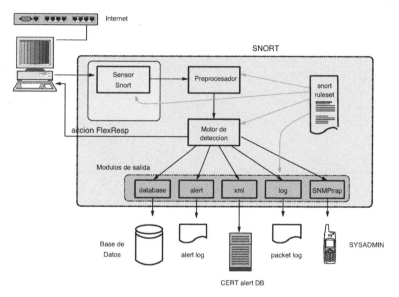

Figura 10.7. Arquitectura del IDS Snort

Capítulo 11

CRIPTOGRAFÍA Y FIRMA ELECTRÓNICA

11.1 CRIPTOGRAFÍA *VERSUS* CRIPTOANÁLISIS

La **Criptografía** es la ciencia que se encarga de estudiar las distintas técnicas empleadas para transformar ("encriptar" o "cifrar"[23]) la información y hacerla irreconocible a todos aquellos usuarios no autorizados de un sistema informático, de modo que sólo los legítimos propietarios puedan recuperar ("desencriptar" o "descifrar") la información original.

El término "criptografía" proviene del griego "*kriptos*" (oculto) y "*grafos*" (escritura), por lo que significa etimológicamente el "arte de escribir de un modo secreto o enigmático".

Mediante la criptografía es posible garantizar la confidencialidad, la integridad y la autenticidad de los mensajes y documentos guardados en un sistema o red informático.

El **Criptoanálisis** es la ciencia que se ocupa de estudiar herramientas y técnicas que permitan romper los códigos y sistemas de protección definidos por la criptografía.

---

[23] Algunos autores consideran más correcto el término "cifrar" en lugar de "encriptar", si bien en la práctica es habitual encontrar cualquiera de estas dos posibilidades en los libros y artículos sobre Criptografía. La Real Academia de la Lengua Española sólo reconoce por ahora el término "cifrar". Sin embargo, en la literatura anglosajona el término utilizado habitualmente es *to encrypt*.

La Criptografía y el Criptoanálisis están muy relacionados con varias disciplinas científicas como la Teoría de la Información, la Teoría General de Números o las Leyes y Teoremas de la Matemática Discreta.

Por último, a la ciencia de inventar sistemas de cifrado de la información (Criptografía) y de desbaratarlos (Criptoanálisis) se la conoce colectivamente con el término de **Criptología**.

11.2 FUNCIONAMIENTO DE UN SISTEMA CRIPTOGRÁFICO

Un criptosistema o sistema criptográfico está constituido por un conjunto de algoritmos y técnicas criptográficas que permiten ofrecer una serie de servicios de seguridad de la información: confidencialidad, autenticidad e integridad.

Un sistema criptográfico moderno se basa en un determinado **algoritmo de encriptación o cifrado** que realiza unas transformaciones sobre el texto original, conocido como **texto claro**, para obtener un texto modificado, conocido como **texto cifrado** o **criptograma**.

Mediante el procedimiento inverso, utilizando un determinado **algoritmo de desencriptación o descifrado**, se puede recuperar el texto original. El funcionamiento de los algoritmos de cifrado y descifrado depende de unas claves, que determinan totalmente el resultado obtenido. De este modo, aunque los algoritmos sean públicos y conocidos por todos, si no se dispone de las claves, resulta imposible (siempre y cuando los algoritmos sean lo suficientemente robustos) realizar el proceso de descifrado.

Figura 11.1. Esquema del proceso de cifrado

De hecho, hoy en día se recomienda que el algoritmo de cifrado sea público y se encuentre bien documentado, ya que de esta forma podrá ser sometido a estudios rigurosos por parte de expertos criptográficos a nivel internacional para determinar su robustez. Por ello, no es recomendable confiar en "productos milagrosos" de fabricantes que oculten los detalles de sus algoritmos propietarios (práctica de seguridad basada en el "oscurantismo").

Algunos algoritmos criptográficos se han querido mantener en secreto (como en el caso de los empleados en la telefonía móvil digital) y al cabo de un cierto tiempo se han publicado los detalles técnicos de su funcionamiento, gracias a la utilización de técnicas de "ingeniería inversa" o al acceso a información confidencial de las propias empresas responsables del diseño y comercialización de los productos basados en estos algoritmos.

En definitiva, la robustez del sistema criptográfico se basa en la clave utilizada. Esta condición ya fue planteada por primera vez por el investigador Kerckhoffs en el siglo XIX: en un sistema criptográfico se debería asumir que tarde o temprano un atacante podrá conocer los detalles del algoritmo y disponer de textos en claro y sus correspondientes textos cifrados. Esta situación es, en la práctica, más frecuente de lo que se pudiera pensar a priori, ya que muchos mensajes que se van a cifrar pueden contener palabras o determinados patrones conocidos (tal es el caso del formato de las tramas de determinados protocolos, como las cabeceras de los mensajes de correo electrónico).

La clave actúa como modificador del algoritmo, de tal modo que un mismo algoritmo criptográfico podrá ser utilizado por multitud de usuarios y de organizaciones. Además, un cambio de clave permite modificar el método de cifrado, sin tener que modificar el programa informático que lo implementa. De este modo, no es necesario inventar, probar e instalar nuevos métodos de cifrado a cada paso.

No obstante, conviene distinguir entre la "**clave**" del sistema, término que se suele emplear cuando nos referimos a la información generada por una máquina, en un formato no legible por un humano ya que se trata de una secuencia de bits o de símbolos de una determinada longitud, y el término "**contraseña**" (*password*), reservado para la secuencia de información establecida por una persona mediante una determinada combinación de caracteres alfanuméricos que debe memorizar para poder utilizarla posteriormente.

En la actualidad la mayor parte de los algoritmos criptográficos son públicos y se basan en una serie de operaciones elementales sobre los datos que constituyen el texto original: **transposiciones** (cambiar el orden de los símbolos que forman parte del texto) y **sustituciones** (reemplazar unos símbolos por otros). Los símbolos del texto original (caracteres alfanuméricos) se codifican mediante bits y, sobre estos bits, se realizan varias secuencias de transposiciones y sustituciones, de acuerdo con los pasos definidos por el algoritmo en cuestión.

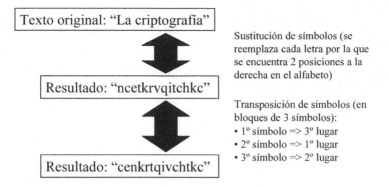

Sustitución de símbolos (se reemplaza cada letra por la que se encuentra 2 posiciones a la derecha en el alfabeto)

Transposición de símbolos (en bloques de 3 símbolos):
• 1º símbolo => 3º lugar
• 2º símbolo => 1º lugar
• 3º símbolo => 2º lugar

Figura 11.2. Sustituciones y transposiciones de símbolos

Podemos distinguir entre los sistemas criptográficos simétricos y los asimétricos, atendiendo a la naturaleza de la clave utilizada. En los primeros se emplea la misma clave en el proceso de cifrado y en el de descifrado, mientras que los segundos se caracterizan por utilizar dos claves distintas pero relacionadas entre sí, una para el cifrado de los datos y otra para el descifrado.

Figura 11.3. Clasificación de los sistemas criptográficos

11.3 SISTEMAS CRIPTOGRÁFICOS SIMÉTRICOS

En los **sistemas criptográficos simétricos** se emplea la misma clave para realizar tanto el cifrado como el descifrado del texto original, tal y como se representa en las siguientes figuras. En estas figuras se ilustra cómo el usuario A emplea una clave para cifrar la información que desea transmitir a otro usuario B; este último deberá utilizar la misma clave para recuperar la información original:

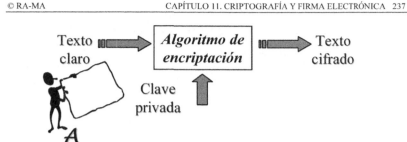

Figura 11.4. Cifrado mediante un algoritmo simétrico

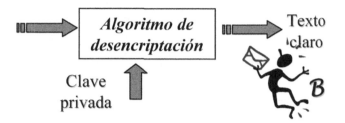

Figura 11.5. Descifrado mediante un algoritmo simétrico

Estos algoritmos se caracterizan por ser muy rápidos y eficientes desde el punto de vista computacional, ya que se basan en operaciones matemáticas sencillas realizadas sobre los símbolos del mensaje original.

Sin embargo, presentan un importante problema: cómo intercambiar la clave utilizada para el cifrado/descifrado a través de un canal seguro. Sin duda se trata de una cuestión de especial relevancia, ya que toda la seguridad del sistema depende de la confidencialidad de la clave (ésta sólo puede ser conocida por los usuarios A y B). Por este motivo, a este tipo de sistemas criptográficos también se les da el nombre de **sistemas criptográficos de clave privada**.

Por otra parte, también debemos tener en cuenta el problema de la gestión de claves, ya que se requiere una clave distinta para cada posible interacción entre dos usuarios del sistema, por lo que el número de claves secretas necesarias crece en un orden igual a n^2, siendo n el número de usuarios distintos del sistema.

Entre los algoritmos simétricos más utilizados hoy en día podemos citar DES (y sus variantes, como triple-DES), RC2, IDEA, AES, etcétera.

11.4 SISTEMAS CRIPTOGRÁFICOS ASIMÉTRICOS

Los **sistemas criptográficos asimétricos** surgen a principios de los años setenta para dar respuesta al problema de intercambio de la clave de los sistemas simétricos. Se basan en problemas numéricos muy complejos (como la factorización en números primos o el cálculo de logaritmos discretos). En estos sistemas se utilizan dos claves distintas: una para realizar el cifrado y otra para el proceso de descifrado; por este motivo, reciben el nombre de asimétricos.

En 1976, William Diffie y Martin Hellman propusieron un innovador sistema de cifrado en el que se empleaban claves de cifrado y descifrado diferentes, pero que se encontraban relacionadas entre sí mediante un determinado algoritmo o función matemática. En 1978, Ron Rivest, Adi Shamir y Leonard Addleman publicaron el conocido algoritmo RSA, desarrollando así la idea de Diffie y Hellman.

Veamos con el siguiente ejemplo cómo es el funcionamiento de un sistema criptográfico asimétrico:

Un determinado usuario B genera dos claves que están relacionadas entre sí mediante una compleja función matemática (para ello, se aprovechan las propiedades de la aritmética modular, si bien queda fuera del alcance de este curso profundizar en la base matemática que hay detrás de estos algoritmos).

Una de estas claves se hace pública, ya que es la que otros usuarios del sistema deberán emplear para cifrar los datos enviados a B. Si el usuario A tiene que enviar datos de forma confidencial a B, debe proceder a su cifrado empleando la clave pública de B.

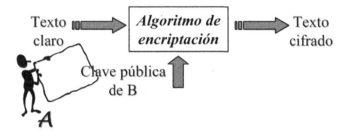

Figura 11.6. Cifrado mediante un algoritmo asimétrico

El texto cifrado obtenido a partir de la clave pública de B sólo puede ser descifrado utilizando el correspondiente algoritmo y la clave privada de B.

Figura 11.7. Descifrado mediante un algoritmo asimétrico

Por tanto, en los sistemas asimétricos, también conocidos como **sistemas de clave pública**, cada usuario posee una pareja de claves: su "clave privada" (que debe guardar en secreto y que utiliza para descifrar) y su "clave pública" (que será conocida y que otros usarán para cifrar).

Como ya se ha comentado, las claves privada y pública de cada usuario están relacionadas entre sí mediante una serie de características matemáticas, a través de lo que se conoce como funciones unidireccionales "con trampa": se utiliza la función en sentido directo o de cálculo fácil para cifrar y descifrar (es la operación llevada a cabo por los usuarios legítimos) y, en cambio, se fuerza el sentido inverso o de cálculo muy difícil de la función para aquellos impostores que pretendan criptoanalizar el mensaje cifrado.

Con este planteamiento se resuelve el problema del intercambio de la clave privada, que presentaban los sistemas simétricos.

De este modo, la gestión de claves (*key management*) es mucho más sencilla en los sistemas asimétricos. La gestión de claves se refiere a los procesos y mecanismos utilizados para la generación y el mantenimiento de las claves que facilitan las comunicaciones seguras entre los usuarios de un sistema. Con estos sistemas criptográficos asimétricos, cada usuario sólo debe memorizar su clave privada, ya que las claves públicas son conocidas por todos. De este modo, se reduce el número de claves necesarias en el sistema, y ya no es necesario realizar una comunicación inicial con un servidor de claves (servidor KDC) antes del establecimiento de una sesión entre dos usuarios.

Sin embargo, los algoritmos empleados son más lentos y consumen mayores recursos computacionales, ya que deben realizar operaciones matemáticas más complejas. De hecho, sólo algunos de los algoritmos propuestos son seguros y realizables desde un punto de vista práctico:

- RSA (1978).

- Diffie-Hellman (1976).

- ElGamal (1985), variante propuesta del algoritmo Diffie-Hellman.

- Schnorr (1990).

Estos algoritmos emplean claves mucho más largas para ofrecer un nivel de protección equivalente a la de los algoritmos simétricos: 512, 1.024 o 2.048 bits, trabajando sobre bloques de bits del mensaje a cifrar. Por este motivo, son entre 100 y 1.000 veces más lentos que los simétricos, ya que requieren de mayores recursos computacionales, por lo que algunos autores se han referido al algoritmo RSA como *Really Slow Algorithm* (Algoritmo Realmente Lento).

No obstante, se está investigando el desarrollo de nuevos algoritmos de clave pública basados en las curvas elípticas (la primera propuesta en este sentido ya es del año 1985). Estos criptosistemas de curvas elípticas (ECC –*Eliptic Curve Cryptosystems*–) podrían reducir de forma considerable el tamaño de las claves, por lo que sus algoritmos serían bastante más rápidos que los empleados actualmente en los sistemas criptográficos asimétricos, por lo que podrían ser implementados en tarjetas criptográficas de bajo coste.

Por otra parte, la aparición de los sistemas asimétricos ha permitido desarrollar otra serie de funciones criptográficas, como la autenticación y la integridad de los mensajes transmitidos, tal y como se describe en el siguiente apartado.

11.5 AUTENTICACIÓN MEDIANTE LOS SISTEMAS CRIPTOGRÁFICOS ASIMÉTRICOS

Supongamos ahora que el usuario A cifra un mensaje con su clave privada. Con esta forma de proceder no consigue garantizar, ni mucho menos, la confidencialidad del sistema de telecomunicación, ya que cualquier otro usuario que conozca la clave pública de A (y no olvidemos que se llama "clave pública" porque precisamente se ha dado a conocer y se encuentra a disposición de los usuarios del sistema) podrá recuperar el mensaje original.

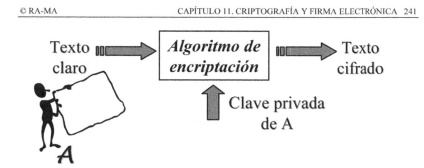

Figura 11.8. Autenticación mediante un sistema criptográfico asimétrico (I)

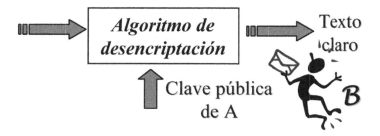

Figura 11.9. Autenticación mediante un sistema criptográfico asimétrico (II)

Sin embargo, con este planteamiento se consigue garantizar la **autenticidad** del mensaje: si el mensaje se puede descifrar con la clave pública de A, es porque ha sido generado con la clave privada de A y, por tanto, podemos asumir que lo ha generado A (porque sólo este usuario conoce su clave privada).

11.6 ALGORITMOS DE DIGESTIÓN DE MENSAJES. CONCEPTO DE "HUELLA DIGITAL"

La función de integridad en un sistema de telecomunicación se puede conseguir utilizando un algoritmo de "digestión", que se caracteriza por reducir el mensaje original a una secuencia de bits que lo identifica y que se denomina "huella digital" del mensaje.

Los algoritmos de digestión de mensajes (*Message Digestion*) realizan una serie de operaciones matemáticas sobre el mensaje original para calcular un valor de tamaño fijo (de 128, 160, 256, 384 o 512 bits), la "huella digital", que cumple una serie de propiedades criptográficas como:

- Conociendo la "huella digital", no obtenemos ninguna información sobre el mensaje original.

- No es factible encontrar dos mensajes originales que generen la misma "huella digital".

- Un cambio cualquiera en el mensaje de entrada debe modificar, en media, la mitad de los bits que se generan a la salida del algoritmo, es decir, un pequeño cambio en el mensaje cambia totalmente su "huella digital".

Estos algoritmos también se conocen como "**algoritmos *hash***" y, entre los más populares, se encuentran MD4, MD5 y SHA.

Figura 11.10. Obtención de la "huella digital" de un mensaje

11.7 FIRMA ELECTRÓNICA O DIGITAL

Después de haber revisado los principales conceptos sobre criptografía asimétrica, autenticación y generación de huellas digitales de mensajes, nos encontramos en disposición de introducir el concepto de **firma electrónica o digital** de un mensaje, fundamental para posibilitar el desarrollo del comercio electrónico de forma segura a través de Internet.

En primer lugar, se presenta la definición de firma digital propuesta por el organismo internacional ISO (documento ISO 7498-2): "datos añadidos a un conjunto de datos, o transformación de datos, que permiten al receptor probar el origen y la integridad de los datos, así como protegerlos contra falsificaciones".

Por tanto, la firma electrónica de un mensaje o transacción permite garantizar la integridad, la autenticación y la no repudiación en un sistema informático. Para su obtención, se sigue un esquema bastante sencillo: el creador de un mensaje debe cifrar la "huella digital" del mensaje con su clave privada y enviarla al destinatario acompañando al mensaje cifrado. El cifrado asimétrico (mediante un algoritmo como RSA) se aplica sobre la "huella digital" del mensaje y no sobre el propio mensaje, debido al elevado coste computacional que supondría el cifrado de todo el mensaje, ya que esta alternativa resultaría mucho más lenta y compleja.

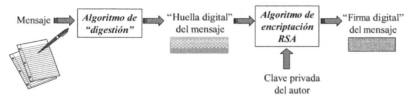

Figura 11.11. Obtención de la "firma digital" de un mensaje

En la siguiente figura se muestra el procedimiento seguido por un usuario A para enviar un mensaje cifrado a otro usuario B acompañado de la correspondiente firma digital:

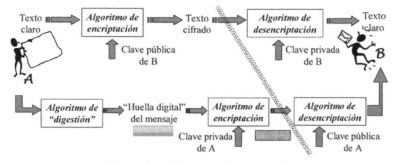

Figura 11.12. Utilización de la firma digital (I)

Una vez recibido el mensaje cifrado por A, el usuario B realiza los siguientes pasos para comprobar la autenticidad e integridad del mensaje:

1. Recupera el mensaje original descifrando el texto cifrado con su clave privada. Como sólo él conoce esta clave, se garantiza la confidencialidad del sistema de telecomunicación.

2. Aplica un algoritmo de digestión para generar la huella digital del mensaje que acaba de recibir.

3. Utiliza la clave pública de A para descifrar la huella digital del mensaje original. Conviene recordar que esta huella digital había sido cifrada por

el usuario A con su clave privada (constituía la firma digital de A sobre el mensaje original).

4. Compara la huella digital descifrada con la que acaba de generar a partir del mensaje recibido y, si ambas coinciden, podrá estar seguro de que el mensaje es auténtico y se ha respetado su integridad.

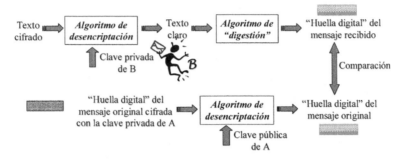

Figura 11.13. Utilización de la firma digital (II)

En definitiva, con el sistema propuesto basado en un sistema criptográfico y la firma digital, se consigue garantizar la confidencialidad, la integridad y la autenticación de los mensajes transmitidos.

En 1991 se adoptó el primer estándar para la firma electrónica, el ISO/IEC 9796, que utiliza el algoritmo de clave pública RSA. También se ha propuesto otro estándar conocido como *Digital Signature Standard* (DSS), basado en el algoritmo ElGamal.

Seguidamente se presentan las principales características de la firma electrónica:

*   Es **personal**, ya que sólo el legítimo propietario la puede generar. La firma electrónica asocia al firmante con un determinado documento y prueba su participación en el acto de la firma.

*   Podemos considerar que es **prácticamente infalsificable**. El intento de un usuario ilegal de falsificar tal firma resulta prácticamente imposible con los recursos computacionales disponibles en la actualidad.

*   Es **fácil de autenticar**.

*   Es **fácil de generar**.

- Es **no repudiable**.

- Además de depender del autor, garantizando de este modo la **autenticidad**, también depende del mensaje que se firma, garantizando así también su **integridad**, es decir, la validez del contenido firmado.

11.8 CERTIFICADOS DIGITALES Y AUTORIDADES DE CERTIFICACIÓN

Los sistemas criptográficos de clave pública, tal y como se han descrito en los apartados anteriores, plantean dos importantes problemas para su implementación práctica:

- ¿Cómo puede un usuario estar seguro de que la clave pública enviada por un determinado sujeto se corresponde con dicho sujeto?

- ¿Cada usuario debe almacenar las claves públicas de todos los sujetos con los que se pueda comunicar?

Por otra parte, el firmante debe garantizar la seguridad de su clave privada, ya que en caso contrario alguien podría firmar en su nombre. Además, el acto de firma debe ser consciente: dado que se ha asumido desde siempre que la firma manuscrita representa la manifestación física del consentimiento de un individuo, este mismo principio se aplica ahora a la firma electrónica.

Para resolver estos problemas y proporcionar mayores garantías en los sistemas que emplean firmas digitales, surgen las **Autoridades de certificación**, que actúan como Terceras partes de confianza (*Third Trusty Party*). El papel de estas autoridades consiste en garantizar la identidad de todos los usuarios registrados mediante la emisión de **Certificados digitales**. Estos Certificados digitales constituyen, además, un método seguro para distribuir las claves públicas de los usuarios.

Para poder cumplir con su misión, las Autoridades de certificación también cuentan con la colaboración de las Agencias de registro locales, que se encargan de la comprobación de la identidad del usuario antes de la expedición del certificado, así como de las Autoridades de validación, que pueden comprobar la validez de un Certificado digital ante la petición de un interesado.

En España, las Agencias de registro locales son las oficinas de la Seguridad Social, de la Agencia Tributaria o de otros organismos públicos.

Gracias al papel desempeñado por las Autoridades de certificación, cada usuario del sistema criptográfico no necesita almacenar las firmas digitales de todos los demás usuarios. En cada transmisión de un mensaje cifrado el emisor procederá al envío de un certificado digital que lo identifique con el "sello de validez" de una Autoridad de certificación (es decir, estará firmado electrónicamente por ésta).

Para obtener dicho certificado, el usuario debe aportar una serie de credenciales que la correspondiente Autoridad de certificación se encargará de verificar. Así, por ejemplo, en España, la Fábrica Nacional de Moneda y Timbre (FNMT) requiere la presentación del DNI y de la firma manuscrita de la persona que solicita un certificado digital, quien podrá aportar esta documentación ante una Agencia de registro local.

Tras haber verificado todos los datos que se van a incluir como identificador en el certificado, la Autoridad de certificación genera dicho certificado y el usuario podrá obtenerlo de múltiples formas: obteniendo en persona un disquete que contiene el certificado digital, descargándolo de un servidor Web previa identificación mediante un número de petición y una contraseña, etcétera. El certificado en sí es público, por lo que el poseer los certificados de otras personas no permite suplantar su identidad.

Cada certificado digital contiene el nombre del usuario y su clave pública, así como su período de validez y, para dotarlo de mayor seguridad (garantizar su autenticidad e integridad), está firmado con la clave privada de la Autoridad de certificación.

En la siguiente tabla se especifican los campos incluidos en un Certificado digital, según la norma X.509 de la ITU:

❖ Versión
❖ Número de serie
❖ Nombre del emisor (AC)
❖ Inválido antes de UTC, *Universal Time Clock*
❖ Inválido después de UTC
❖ Nombre del sujeto
❖ Clave pública del sujeto

Tabla 11.1. Estructura de un certificado X.509

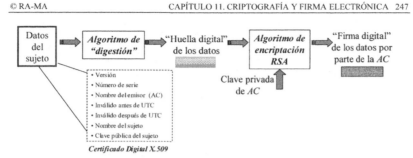

Figura 11.14. Generación de un Certificado digital por una Autoridad de certificación

El estándar X.509v1 se presentó en 1988 como una definición de la ITU. Posteriormente, el estándar X.509v2 añadió dos campos más a la versión anterior. Finalmente, en 1999 se aprobó el estándar X.509v3 (RFC 2459), que introduce el campo de extensiones del certificado para facilitar la inclusión de información adicional.

Este campo de extensiones del certificado permite definir, entre otras cuestiones, cómo puede ser utilizado el certificado por parte del usuario: uso para la firma electrónica; no repudiación de documentos; intercambio cifrado de claves de sesión; autenticación de cliente o de servidor; firma de código; sellado temporal de documentos (*time stamping*); etcétera.

Las principales funciones desempeñadas por una Autoridad de certificación son las que se indican a continuación:

- Generación y actualización de las claves de los usuarios.

- Emisión y actualización de los certificados digitales.

- Gestión del directorio y distribución de las claves.

- Revocación de las claves y certificados digitales.

En relación con esta última función, conviene tener en cuenta que un **certificado revocado** es aquél que ha perdido su validez antes de su fecha de expiración, debido a diversas circunstancias: la clave privada del usuario ha sido comprometida, la persona ha sido despedida de la empresa y no puede firmar en su representación, etcétera.

Para informar a los usuarios del sistema de este tipo de incidencias, las Autoridades de certificación se encargan de generar y distribuir una **Lista de certificados revocados** (CRL), que todos los usuarios deberían consultar antes de dar por válido un determinado certificado.

La infraestructura necesaria para el uso de los sistemas de clave pública, incluyendo las Autoridades de certificación, se llama **Infraestructura de clave pública** (*Public Key Infrastructure* –PKI–).

Seguidamente, se enumeran las principales Autoridades de certificación en funcionamiento en España:

- Fábrica Nacional de la Moneda y Timbre (FNMT): emite los certificados para la declaración de la renta *on-line*, así como para realizar otros trámites con las Administraciones Públicas a través de Internet (http://www.fnmt.es/).

- Camerfirma: iniciativa del Consejo Superior de Cámaras de Comercio para la emisión de certificados en el ámbito empresarial (http://www.camerfirma.com/).

- *Internet Publishing Service Certification Authority* (IPSCA, http://www.ipsca.com/).

- Autoridad de Certificación de la Abogacía (http://www.acabogacia.org/).

- Agencia Notarial de Certificación (http://www.ancert.com/).

- IZENPE (http://www.izenpe.com/), impulsada por el gobierno del País Vasco.

Así mismo, podemos mencionar otras Autoridades de certificación a nivel internacional, como Verisign (www.verisign.com/), Thawte (http://www.thawte .com/) o Entrust (http://www.entrust.net/).

11.9 EL SELLADO TEMPORAL DE MENSAJES

Muchas transacciones registradas en documentos públicos requieren de una validación temporal de dichos documentos (para garantizar la veracidad de una fecha de vencimiento de un contrato, por citar un ejemplo). En un documento en papel la fecha se incluye dentro del mismo documento y, posteriormente, se firma autográficamente por las partes interesadas. Sin embargo, en los documentos electrónicos podemos recurrir a la autenticación de la fecha y hora mediante una entidad que interviene a modo de "notario digital", ofreciendo el servicio conocido como "sellado temporal" (*time stamp*) del mensaje.

El sellado de fecha y hora resulta imprescindible, por ejemplo, en el caso de un concurso público o privado de ofertas, para garantizar que se presentó la oferta dentro del plazo. Así mismo, conocer el momento preciso de la firma de un contrato de seguro puede resultar esencial para el cobro de una indemnización.

Este "notario digital" actúa sobre los datos enviados por el creador de un determinado mensaje (estos datos son el mensaje cifrado, la firma digital del mensaje original y la clave de cifrado, tal y como se muestra en la siguiente figura), añadiendo una fecha en formato UTC (*Universal Time Clock*) que registra el momento en que se realiza el sellado temporal y generando a continuación la firma digital de los datos obtenidos utilizando para ello su clave privada.

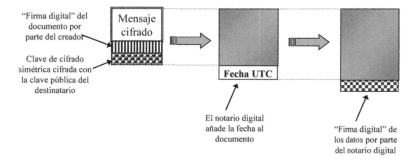

Figura 11.15. Sellado temporal de un mensaje por un notario digital

11.10 LIMITACIONES DE LOS SISTEMAS CRIPTOGRÁFICOS

La seguridad de los sistemas criptográficos descritos en los apartados anteriores depende de varios factores:

- Correcta implementación de los algoritmos definidos por parte de los fabricantes de software: estas empresas pueden cometer errores de programación que provocan agujeros de seguridad en los sistemas.

- Longitud de las claves: el número de bits utilizados para construir las claves determinan la robustez de los algoritmos.

Si se emplean claves de un tamaño reducido, el algoritmo sería vulnerable a un ataque de "fuerza bruta", consistente en probar todas las posibles combinaciones mediante ordenadores muy rápidos, capaces de realizar millones de operaciones por segundo. Por este motivo, a medida que se incrementa la potencia de cálculo de los ordenadores, se recomienda aumentar el tamaño de las claves para mejorar la robustez de los algoritmos criptográficos.

No obstante, en este aspecto nos encontramos con una importante limitación: la política restrictiva de muchos gobiernos, que consideran el material criptográfico avanzado como tecnología militar, e impiden su utilización por parte de civiles y su exportación fuera de sus fronteras, justificando esta política para tener un mayor control sobre el crimen organizado y el terrorismo.

En estos últimos años los gobiernos de Estados Unidos y de la Unión Europea han decidido flexibilizar en parte las normas que controlan la venta de programas de seguridad, posibilitando utilizar claves de hasta 128 bits para algunos tipos de aplicaciones.

Un último aspecto a considerar es la elección de un soporte adecuado para guardar las claves privada y pública de cada usuario. En este sentido, se han propuesto en los últimos años distintas alternativas, como la utilización de una tarjeta chip o de un soporte magnético (disquete flexible). Así mismo, algunos fabricantes han diseñado lectores de tarjetas que se pueden incorporar fácilmente a los teclados de los ordenadores, lo cual contribuiría a extender el uso de los sistemas criptográficos de clave pública. En la actualidad todavía resulta "poco amigable" la utilización de estos sistemas, y en la mayoría de los casos se guardan las claves privada y pública directamente en el disco duro del ordenador del usuario (convenientemente protegidas por una contraseña de acceso, un código PIN similar al de las tarjetas de crédito).

El hecho de que los certificados y las claves secretas deban estar almacenados en el disco duro de los usuarios puede ser fuente de un gran número de problemas. Por este motivo, la utilización de tarjetas inteligentes protegidas por sistemas biométricos supondría un gran avance: los sensores biométricos podrían sustituir los sistemas de identificación tradicionales por una identificación de la persona basada en sus características físicas (**identificación biométrica**).

Los sistemas de seguridad propuestos serán capaces de reconocer al usuario por su retina, la huella de su palma de la mano, su voz, u otras características físicas únicas en cada uno de nosotros. De este modo, cada usuario podrá utilizar de una forma mucho más cómoda y segura sus claves privada y pública, sin necesidad de recurrir a una contraseña de acceso (código PIN).

11.11 PROTOCOLOS CRIPTOGRÁFICOS

Para garantizar la seguridad en las transacciones realizadas a través de redes de ordenadores como Internet, se emplean determinados protocolos criptográficos, que permiten ofrecer varios de los servicios de seguridad mencionados en el apartado anterior (idealmente un protocolo tendría que cumplir con todos los requisitos expuestos).

Los **protocolos criptográficos** son algoritmos distribuidos que constan de una secuencia de pasos o etapas que tienen que ser realizados por dos o más entidades para alcanzar unos determinados objetivos de seguridad.

Los protocolos criptográficos emplean, entre otros, esquemas de cifrado simétricos y asimétricos, firmas electrónicas, funciones *hash*, generadores de números pseudoaleatorios, etcétera.

Para desarrollar las plataformas de comercio electrónico se han propuesto protocolos específicos, que permiten realizar transacciones de forma segura a través de Internet, cuyas principales características se describen en los siguientes epígrafes de este capítulo.

Conviene destacar, no obstante, que estos protocolos sólo permiten proteger los datos intercambiados en una transacción entre un navegador y un servidor Web. Sin embargo, no garantizan la seguridad más allá de esta comunicación, por lo que si estos datos no son protegidos posteriormente de forma adecuada en los equipos participantes (por ejemplo, en la base de datos del servidor Web), podrían ser vulnerables a ataques y robos por parte de usuarios remotos, independientemente de que hayan sido transmitidos de forma segura a través de Internet.

11.11.1 Los protocolos SSL y TLS

El protocolo SSL (*Secure Sockets Layer*) fue desarrollado por la empresa Netscape en 1994 para garantizar la seguridad en el intercambio de datos entre un navegador y un servidor Web, siendo en la actualidad el más utilizado para realizar transacciones comerciales en Internet. SSL permite garantizar la confidencialidad, la autenticación y la integridad[24] de los mensajes intercambiados.

---

[24] Para ofrecer el servicio de integridad de los mensajes se recurre a un código de autenticación de mensajes (MAC, *Message Authentication Code*).

Por su parte TLS (*Transport Layer Security*) es una nueva propuesta que nace como una evolución de SSL 3.0, desarrollada por el IETF (explicada en el documento RFC 2246). Tanto SSL como TLS son protocolos de nivel de transporte, por lo que podrían ser utilizados para el cifrado de protocolos de aplicación como Telnet, FTP, SMTP, IMAP o el propio HTTP. Se ubican, por tanto, entre el protocolo TCP y la capa de aplicación.

El esquema de funcionamiento de SSL es bastante sencillo:

1. Se produce un intercambio inicial de claves públicas entre cliente y servidor, utilizando para ello certificados digitales. Tanto el navegador como el servidor se encargan de comprobar la validez de los certificados digitales. Para simplificar el funcionamiento del protocolo y los requisitos exigidos al cliente, también se admite un modo de operación en que sólo envía su certificado el servidor Web con su clave pública, lo cual permite verificar la identidad de dicho servidor, pero no la del cliente.

2. Se negocian los parámetros del protocolo de cifrado simétrico (DES, T-DES, RC4, IDEA) que se va a emplear en la sesión. Básicamente se trata de definir el tamaño de la clave, dependiendo de las características soportadas por el navegador del cliente.

3. Se genera una clave privada de cifrado simétrica para la sesión. Esta clave sólo será válida para esta sesión, por lo que la seguridad del sistema en posteriores sesiones de trabajo no se verá comprometida aunque se consiga interceptar esta clave.

4. Se intercambia de forma segura la clave privada mediante un algoritmo de cifrado asimétrica como RSA, utilizando para ello la clave pública del servidor Web.

5. Desde este momento todos los datos que intercambien el servidor Web y el navegador del cliente serán cifrados con la clave privada generada para la sesión.

Las conexiones SSL sobre HTTP se establecen a través del puerto 443, a diferencia del tráfico HTTP normal, que utiliza el puerto 80. Además, las conexiones SSL se pueden distinguir en la URL (dirección de la página Web) por el comienzo "https://".

La actual limitación de este protocolo viene dada por no garantizar la autenticación del cliente, ya que no se exige que éste disponga de una clave pública avalada por un certificado digital (aunque SSL 3.0 sí contempla la utilización de certificados digitales en el cliente), por lo que con este protocolo no se puede cumplir la función de "no repudiación", dejando de este modo las puertas abiertas a la realización de transacciones fraudulentas en Internet o a ataques del tipo *man-in-the-middle*.

Por otra parte, existe la posibilidad de utilizar un servidor *proxy* para facilitar la conexión segura de equipos remotos que envíen peticiones sin cifrar: el *proxy* se encarga de establecer el canal seguro SSL con el servidor, actuando de intermediario con los equipos remotos que no puedan trabajar directamente con el protocolo SSL.

Para garantizar la seguridad de la conexión, en la actualidad se recomienda emplear un servidor SSL con un tamaño de clave mínimo de 128 bits para el cifrado simétrico y de 1.024 bits para el algoritmo de cifrado asimétrico (clave pública de 1.024 bits). Un tamaño de clave inferior se considera bastante vulnerable frente a ataques de fuerza bruta.

11.11.2 Protocolo S-HTTP

S-HTTP es un protocolo que fue diseñado para proporcionar seguridad en las aplicaciones basadas en el World Wide Web. Este protocolo actúa a nivel de aplicación, cifrando los mensajes intercambiados entre el navegador y el servidor Web, ofreciendo los servicios de confidencialidad, autenticación e integridad de los mensajes.

Así mismo, extiende el protocolo HTTP para poder llevar a cabo transacciones seguras a través de Internet.

Este protocolo está soportado por algunos servidores Web comerciales y por la mayoría de los navegadores. Sin embargo, apenas se utiliza en la actualidad, ya que se prefiere recurrir a un protocolo de nivel de transporte como SSL, que permite cifrar no sólo los datos del servicio World Wide Web, sino también los de otros servicios y aplicaciones de Internet.

11.11.3 Protocolo SSH

El protocolo SSH permite establece una conexión segura a máquinas remotas, con autenticación mutua robusta, cifrado de los datos transmitidos y chequeo de la integridad de los datos.

SSH fue desarrollado en 1995 por el informático Tatu Ylönen con la intención de reemplazar servicios inseguros como Telnet, rlogin, rcp, rsh o FTP.

Este protocolo utiliza un proceso seguro de autenticación del usuario (ya que no se envían las contraseñas al servidor sin cifrar), permitiendo ejecutar comandos y copiar ficheros desde y hacia máquinas remotas de forma segura, a través de una comunicación cifrada. De hecho, permite una canalización segura de cualquier conexión TCP/IP con una máquina remota.

El protocolo consta de tres bloques o partes fundamentales:

- **Nivel de transporte** (sobre TCP/IP), que se encarga de la autenticación del servidor, del establecimiento de un canal cifrado para garantizar la confidencialidad de la comunicación, de la comprobación de la integridad de los mensajes, así como de la generación de un identificador único de sesión.

  Para el intercambio de claves entre los dos equipos intervinientes en la comunicación se utiliza el algoritmo de Diffie-Hellman. Así mismo, se recurre a algoritmos de clave pública para la autenticación del servidor (certificados X.509 y certificados PGP), a algoritmos de clave simétrica para la confidencialidad de la comunicación (Triple-DES, Blowfish IDEA…) y a funciones *hash* para comprobar la integridad de los datos y mensajes transmitidos (MD5, SHA1).

  A la hora de establecer la comunicación, tanto el cliente como el servidor SSH negocian los algoritmos criptográficos que se van a utilizar a lo largo de la comunicación.

  La autenticación del servidor tiene lugar antes de que el usuario pueda transmitir sus credenciales de autenticación, para evitar de este modo que algunos programas troyanos se intenten hacer pasar por el servidor para obtener el nombre y la contraseña del usuario.

- **Nivel de autenticación de usuario**, ofreciendo varios mecanismos de autenticación:

  - Autenticación basada en un algoritmo de clave pública, de modo que la autenticación del usuario se establece en base a la posesión de la clave privada correspondiente a una clave pública. Se trata de la opción recomendada por los fabricantes que ofrecen SSH en sus productos.

– Autenticación basada en un nombre de usuario y una contraseña (*password*).

– Autenticación basada en la procedencia de la conexión (dirección IP del equipo que se conecta al servidor).

A través de una autenticación robusta, SSH puede ofrecer protección frente a ataques de suplantación de identidad, como IP Spoofing, DNS Spoofing, ataques del tipo man-in-the-middle, etcétera.

- **Nivel de sesión**, responsable de la asignación de identificadores de sesión, los cuales permiten multiplexar varias comunicaciones distintas a través de un mismo "túnel cifrado".

Podemos citar algunas aplicaciones desarrolladas con un planteamiento similar al del protocolo SSH, como la aplicación conocida como "Secure FTP" (SFTP), un cliente del protocolo FTP que utiliza los mismos métodos de cifrado y autenticación que SSH para establecer conexiones seguras con servidores FTP.

Capítulo 12

REDES PRIVADAS VIRTUALES

12.1 LA NECESIDAD DE UNA RED PRIVADA DE DATOS

Las empresas y organizaciones necesitan conectar sus centros de producción, oficinas y puntos de venta para intercambiar datos en tiempo real sobre la situación de los *stocks*, los pedidos realizados, los servicios solicitados por los clientes y empleados, etcétera.

Para ello se requieren enlaces dedicados que proporcionen un medio de comunicación fiable y seguro entre los distintos centros y delegaciones de la organización. No obstante, estas líneas dedicadas de una cierta capacidad tienen un coste muy elevado, por lo que sólo están al alcance de las grandes empresas.

Además, hoy en día muchos empleados necesitan acceder de forma remota a los recursos informáticos de la organización: teletrabajadores que realizan buena parte del trabajo desde sus hogares, comerciales que acceden a la información comercial actualizada desde sus equipos portátiles, directivos que se encuentran de viaje y necesitan seguir conectados a la oficina central de la empresa desde un hotel o una oficina remota, etcétera. Para todas estas situaciones resulta inviable establecer un enlace dedicado punto a punto.

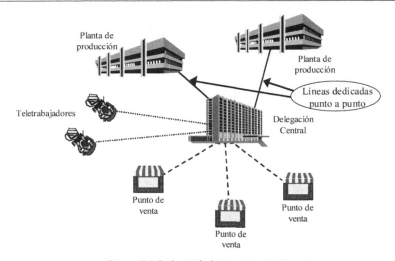

Figura 12.1. Red privada de una organización

12.2 CONCEPTO DE RED PRIVADA VIRTUAL

Una **red privada virtual** (*Virtual Private Network* –VPN–) es un sistema de telecomunicación consistente en una red de datos restringida a un grupo cerrado de usuarios, que se construye empleando en parte o totalmente los recursos de una red de acceso público, es decir, es una extensión de la red privada de una organización usando una red de carácter público.

Una red privada virtual constituye una alternativa económica y flexible para la conexión de teletrabajadores, empleados móviles y oficinas y delegaciones remotas a la red local central de una empresa.

Al utilizar una red privada virtual, las empresas pueden desentenderse de la complejidad y costes asociados a la conectividad telefónica y las líneas dedicadas punto a punto. Los usuarios de la organización simplemente se conectan al nodo geográficamente más cercano del operador de telecomunicaciones que ofrece su red pública para construir la red privada virtual. Es este operador el que se encarga de la gestión de bancos de módem y servidores de comunicaciones, realizando el grueso de la inversión en tecnologías de acceso.

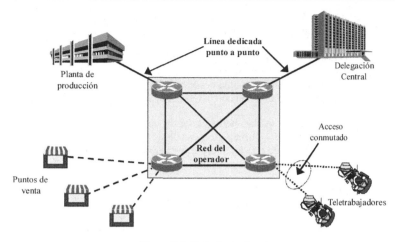

Figura 12.2. Red privada virtual

Dos son los factores que explican el desarrollo experimentado por las redes privadas virtuales en los últimos tiempos: el primero es el económico, pues resulta más barato usar medios de comunicación públicos con recursos compartidos por muchos usuarios, que otros que exigen una mayor cantidad de recursos dedicados y por los que los operadores de telecomunicaciones cobran precios mayores.

El otro motivo es la flexibilidad que aportan estos sistemas, pues los puntos remotos pueden llegar a conectarse a la red del operador de telecomunicaciones mediante accesos conmutados a través de conexiones ADSL, UMTS, RDSI, etcétera. Además, pueden mezclarse diferentes formas de acceso para dar respuesta a las necesidades de cada tipo de extremo a comunicar.

De este modo, se distinguen dos tipos de accesos en una red privada virtual:

- **Accesos dedicados**, mediante líneas dedicadas punto a punto, enlaces Frame Relay, enlaces ATM, etcétera.

- **Accesos conmutados**, a través de la red telefónica básica mediante conexiones ADSL, UMTS, RDSI, etcétera, constituyendo una red privada virtual del tipo VPDN (*Virtual Private Dial-In Network*).

Una red privada virtual ofrece una serie de ventajas a la organización que la utiliza, entre las que podemos citar:

- Difusión del conocimiento corporativo: la base de conocimientos y documentos de la organización se encuentra a disposición de cualquier empleado, siendo accesible desde cualquier punto del mundo que pueda establecer una conexión con la red del operador de telecomunicaciones.

- Comunicación de las políticas de la empresa y de los manuales de procedimientos y normas de actuación, facilitando el aprendizaje y la consolidación de una cultura y unos valores corporativos a nivel global (en todas las delegaciones de la organización).

- Información técnica y comercial sobre los productos, plenamente actualizada, a disposición de toda la fuerza de ventas.

- Acceso a bases de datos y sistemas de gestión de la organización.

- Integración con los principales proveedores y clientes, a quienes se les pueden facilitar accesos a la red privada virtual, buscando fortalecer y mejorar la relación:

  - Información en tiempo real sobre pedidos.

  - Integración de sistemas informáticos.

  - Intercambio electrónico de documentos.

  - Intercambio de conocimientos y experiencias.

Sin embargo, una red privada virtual basada en redes públicas puede presentar problemas relacionados con la seguridad de las comunicaciones, el ancho de banda disponible o la calidad de servicio (*Quality of Service* –QoS–). Por la propia naturaleza de las redes públicas usadas como soporte a la red privada virtual, se comparte el canal de comunicación con una gran cantidad de usuarios que podrían tener acceso a los datos de la organización si no se empleasen las medidas y protocolos de seguridad adecuados, como los analizados en el siguiente apartado.

Por las ventajas ofrecidas, los servicios de telecomunicaciones para redes privadas virtuales constituyen un mercado en plena expansión. La existencia de nuevos operadores de datos que ofrecen diversas posibilidades tanto en el acceso a Internet como a otras redes públicas IP con calidades y costes mejorados ha contribuido de forma decisiva al desarrollo de las redes privadas virtuales.

12.3 PROTOCOLOS PARA REDES PRIVADAS VIRTUALES

Las tecnologías de seguridad clave en las redes privadas virtuales son los protocolos de encapsulamiento o *tunneling*, que permiten cifrar y encapsular los paquetes de datos enviados a través de las redes públicas. De este modo, gracias al "encapsulamiento" de los datos es posible trabajar con protocolos distintos en la red pública del operador y en la red privada de la organización: los datos de un protocolo se envían usando los medios ofrecidos por otro protocolo, como sucede, por ejemplo, en el transporte de IPX (el protocolo de las redes Novell) a través de redes TCP/IP.

12.3.1 PPTP, L2F y L2TP

Los primeros protocolos de *tunneling* fueron **Point to Point Tunneling Protocol** (**PPTP**, Protocolo para túneles en conexiones punto a punto), desarrollado por Microsoft y otros fabricantes y **Layer 2 Forwarding** (**L2F**, Reenvío a nivel 2), de Cisco.

El protocolo **PPTP** encapsula paquetes PPP (*Point to Point Protocol*, el protocolo más utilizado para el acceso remoto a Internet a través de conexiones punto a punto) en "datagramas" del protocolo IP (protocolo de nivel de Red). PPTP ha tenido una importante difusión gracias a su incorporación en los sistemas operativos de Microsoft. Entre sus características más destacadas se encuentra la de implementar un control de flujo que permite evitar saturaciones de tráfico tanto en clientes como en servidores, mejorando el rendimiento al minimizar el número de paquetes descartados y, por tanto, las retransmisiones.

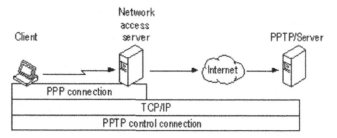

Figura 12.3. Funcionamiento del protocolo PPTP (esquema de la propia Microsoft)

Por su parte, el protocolo **L2F** utiliza protocolos de nivel 2 como Frame Relay o ATM para la creación de túneles, por lo que se considera una solución más extensible que PPTP, que trabaja exclusivamente sobre el protocolo IP, en el nivel

3 de la arquitectura de redes. Además, a diferencia de PPTP, el protocolo L2F ofrece autenticación de los extremos del túnel y soporta varias comunicaciones independientes a través de un único túnel.

Gracias a un acuerdo alcanzado por todas las compañías involucradas, ambos protocolos han convergido en uno nuevo denominado *Layer 2 Tunneling Protocol* (**L2TP**, Protocolo para túneles a nivel 2), que permite aprovechar las mejores características de PPTP y de L2F. De este modo, **L2TP** ofrece múltiples túneles simultáneos en un solo cliente, lo que será de gran importancia en el futuro, cuando los túneles soporten reserva de ancho de banda y calidad de servicio (*Quality of Service*).

12.3.2 IPSec

Para mejorar la seguridad del protocolo IP y facilitar la construcción de redes privadas virtuales sobre Internet, el *Internet Engineering Task Force* (IETF), entidad independiente y de reconocido prestigio, responsable de la mayoría de los protocolos de Internet, ha desarrollo una nueva versión de IP (dentro del proyecto IPv6), denominada **IPSec** (*Internet Protocol Security*, RFC 2401), planteado como un lenguaje universal independiente de los protocolos propuestos por distintos fabricantes.

IPSec es una ampliación del protocolo IP que puede funcionar de modo transparente en las redes existentes, y que además permite establecer conexiones seguras en redes privadas virtuales, mediante la creación de túneles seguros y garantizando la autenticación de los equipos. IPSec se considera como una opción en IPv4, pero su utilización será obligatoria en la versión IPv6.

El protocolo IPSec proporciona confidencialidad, autenticidad del remitente, integridad de los datos transmitidos y protección contra reenvíos no autorizados de datos. Para ello, consta de tres protocolos:

- *Authentication Header* (AH, RFC 2402), que proporciona la autenticación del remitente, la integridad de los datos y, opcionalmente, protección contra el reenvío.

- *Encapsulating Security Payload* (ESP, RFC 2406), que se encarga del cifrado de los datos para garantizar la confidencialidad. También puede proporcionar las funciones de autenticación del remitente, de integridad de los datos transmitidos y de protección contra el reenvío, cuando ESP se utiliza conjuntamente con AH.

- *Security Association* (SA, Asociación de seguridad), que permite definir el conjunto de políticas y claves para establecer y proteger una conexión, es decir, qué protocolos y algoritmos criptográficos se emplean, cuáles son las claves de sesión establecidas y cuál es el período de validez de la conexión. Una Asociación de seguridad queda determinada mediante un valor conocido como *Security Parameter Index* (SPI), una dirección IP de destino y un identificador de protocolo.

Estos protocolos emplean métodos criptográficos como DES (*Data Encryption Standard*) o Triple-DES para el cifrado y mecanismos de firma electrónica para la autenticación mediante funciones resumen (como MD5 o SHA-1).

En el protocolo IPSec, para cada sesión en la que se comunican dos redes o equipos terminales, se emplean una clave de sesión y una de autenticación en cada sentido (cuatro en total). Por este motivo, se utilizan mecanismos de distribución y gestión de claves como IKE (*Internet Key Exchange*, RFC 2409), basado en algoritmos de criptografía asimétrica como Diffie-Hellman y RSA, para la creación y el intercambio seguro de claves de sesión entre los usuarios de la red.

En el protocolo IPSec se han previsto dos modos de funcionamiento:

- **Modo transporte**, que permite establecer una comunicación segura extremo a extremo, ya que los propios equipos terminales utilizan el protocolo IPSec para cifrar los datos transmitidos. En este caso no se cifra la cabecera de los paquetes IP.

- **Modo túnel**, estableciendo una comunicación segura entre *routers*, en la que se lleva a cabo el cifrado de los paquetes IP (incluyendo su cabecera) y se les añade a continuación otra cabecera para facilitar su enrutamiento. Este modo de funcionamiento permite establecer túneles VPN sin que los equipos terminales tengan que emplear directamente el protocolo IPSec.

12.3.3 Redes privadas virtuales basadas en SSL

Otra posible opción para la creación de una red privada virtual consiste en la utilización de conexiones mediante el protocolo SSL entre los equipos y servidores que intervienen en la comunicación, estableciendo túneles basados en conexiones seguras sobre TCP, a través del puerto 443/tcp. Conviene destacar, además, que este puerto, al igual que el puerto 80/tcp (utilizado por el protocolo HTTP) suele estar abierto en casi todos los cortafuegos y proxies, por lo que no se tiene que reconfigurar la red (abriendo nuevos puertos, por ejemplo) para poder crear los túneles VPN.

Así mismo, con esta alternativa tampoco es necesario cumplir con ningún requisito especial en los equipos remotos (instalación de software específico), ya que se puede utilizar el propio navegador Web para establecer la conexión segura a través del protocolo SSL, con lo que se reducen los costes relacionados con la implantación y operación de la red privada virtual. En algunos casos se podría optar por instalar un pequeño componente en el navegador (*plugin*, control ActiveX o componente Java) que se puede encargar de establecer la conexión segura y canalizar todo el tráfico TCP del equipo remoto a través del canal SSL.

Por este motivo, en la actualidad se han propuesto numerosos productos y servicios que emplean el protocolo SSL como base para la creación de redes privadas virtuales, aprovechando las ventajas de esta alternativa: ubicuidad (se puede establecer una conexión VPN desde cualquier punto, sin necesidad de dispositivos hardware o aplicaciones software específicas), flexibilidad y sencillez (la modificación en la red y en los equipos remotos es mínima).

En los últimos años se han integrado otros servicios de seguridad dentro de las conexiones VPN mediante el protocolo SSL: verificación de la versión del sistema operativo y de los parches instalados en el equipo remoto, verificación de la dirección URL de destino, comprobación de la dirección IP y de la dirección física (dirección MAC de la tarjeta de red) del equipo remoto, autenticación mutua mediante certificados digitales X.509v3, verificación de la configuración del equipo remoto (clases y valores dentro del Registro de Windows).G

En definitiva, frente a otros protocolos como IPSec o L2TP, la opción de utilizar SSL para crear conexiones VPN proporciona una mayor transparencia frente a cortafuegos y *proxies*, permite utilizar equipos remotos con menos requerimientos (no se necesitan dispositivos hardware ni aplicaciones software específicas, ya que basta con disponer de una navegador Web) y puede ofrecer servicios de seguridad adicionales.

12.3.4 Otras consideraciones

Dado que los *routers* son los dispositivos que tienen que examinar todos los paquetes que salen de una red local, empiezan a incorporar los protocolos utilizados para encapsular los datos en túneles y garantizar de este modo la seguridad en las comunicaciones a través de redes públicas como Internet.

De hecho, algunos fabricantes de *routers* han definido protocolos específicos para facilitar el encapsulamiento de los datos y la creación de túneles seguros, como el protocolo **GRE** (*Generic Routing Encapsulation*, RFC 1701 y 2784) propuesto por la empresa Cisco y que es capaz de soportar tráfico *multicast* (de multidifusión).

Para escenarios VPN en entornos dinámicos (conexiones remotas de trabajadores que pueden acceder a la red de la organización desde su casa, desde un hotel o desde un cibercafé) se están adoptando soluciones basadas en el protocolo SSL, mientras que para redes privadas estáticas (como en el caso de una conexión permanente entre delegaciones o centros de trabajo de una misma empresa) se siguen utilizando protocolos "tradicionales" como IPSec, PPTP o L2TP para la creación de los túneles VPN sobre líneas Frame Relay, ATM o Punto a Punto.

Algunas empresas también están utilizando protocolos como SSL o IPSec dentro de sus propias redes locales, para reforzar la seguridad en la conexión desde algunos equipos clientes a servidores u otros equipos críticos. Al utilizar túneles cifrados, se garantiza un aislamiento frente al resto del tráfico de la red interna, evitando problemas derivados de la presencia de *sniffers* o de códigos maliciosos que hayan sido introducidos por un atacante en algún equipo de la organización. Por este mismo motivo, también se están utilizando estos protocolos para mejorar la seguridad en las conexiones a la red corporativa provenientes de redes locales inalámbricas.

PRINCIPALES ELEMENTOS DE LAS TECNOLOGÍAS DE LA INFORMACIÓN

Las Tecnologías de la Información (TI) presentes en las empresas pueden clasificarse en dos grandes grupos:

- **Infraestructuras:** que incluyen el *hardware*, *software* básico (sistemas operativos, bases de datos, etcétera) y las redes de comunicaciones.

- **Aplicaciones informáticas:** aplicaciones de soporte a la gestión empresarial (entre los que podríamos destacar los ERP y los CRM), herramientas ofimáticas, *workflows*, aplicaciones de *business intelligence*, etcétera.

A.1 EQUIPAMIENTO INFORMÁTICO

El equipamiento informático de una organización está formado por el conjunto de equipos, dispositivos y periféricos utilizados como infraestructura para el procesamiento y almacenamiento de la información.

Dentro de este equipamiento el principal elemento a tener en cuenta es el ordenador. Un ordenador es una máquina constituida por dispositivos microelectrónicos (chips construidos mediante la integración de cientos de miles de transistores de silicio u otro material semiconductor), en la que podemos distinguir tres elementos o unidades funcionales principales:

- **Unidad Central de Proceso (CPU):** se trata del elemento principal de un ordenador, verdadero cerebro de la máquina, que se encarga de recibir los datos de las unidades de entrada, procesarlos y proceder a enviar los resultados a las unidades de salida. Para ello, esta unidad central cuenta con dos partes diferenciadas, la *unidad de control* y la *unidad aritmético-lógica*: la primera de ellas se encarga de identificar y ejecutar las distintas instrucciones codificadas en los programas, utilizando para ello el resto de elementos del equipo; por otra parte, la segunda se limita a realizar cálculos aritméticos y operaciones lógicas, de acuerdo con los comandos de la unidad de control. La información se transmite por el interior del ordenador por medio de los buses de comunicaciones, pudiendo distinguirse el bus de datos, el bus de direcciones y el bus de control.

- **Memoria:** el segundo de los elementos esenciales de un ordenador lo constituye la memoria del equipo. Éste es el dispositivo donde se almacenan tanto la información (datos) como las instrucciones que constituyen los distintos programas que se van a ejecutar. Podemos distinguir entre memoria interna o principal y memoria externa o de almacenamiento secundario.

  – En la memoria interna residen los datos que están siendo procesados en un determinado momento, así como el código de los programas que se encuentran en ejecución. Esta memoria interna se divide en memoria ROM (que no puede ser modificada –memoria de sólo lectura– y que conserva su contenido de forma permanente, incluso en ausencia del suministro eléctrico) y memoria RAM (sobre la que se pueden realizar operaciones de lectura y de escritura y que depende de la existencia de suministro eléctrico para su funcionamiento, ya que se trata de una memoria volátil).

  – La memoria externa o de almacenamiento secundario tiene una mayor capacidad y se utiliza para guardar la información que se quiere conservar de forma permanente en el sistema. La constituyen los discos duros, los discos flexibles, cintas magnéticas, CD-ROM, etcétera.

- **Periféricos:** el tercer elemento esencial son los periféricos. Éstos se encargan de intermediar entre los dos primeros elementos y el exterior. Estos periféricos pueden ser dispositivos de entrada, dispositivos de salida, dispositivos de memoria auxiliar y dispositivos de comunicación:

- Dispositivos de entrada de datos: elementos como el teclado, el ratón, la tableta digitalizadora, los *scanners* o los lectores de códigos de barras. Su función es capturar información que es transmitida a la unidad central.

- Dispositivos de salida y presentación de datos:

  - *Los monitores*, que pueden estar basados en la tecnología de rayos catódicos, similares a los equipos de televisión clásicos, o los monitores de tecnología TFT, que se caracterizan por sus pantallas planas y de un menor consumo.

  - *Las impresoras*, que pueden ser de tecnología de impacto (como las impresoras de margarita o de agujas), de inyección de tinta o de tecnología láser.

  - *Plotters*: dispositivos similares a las impresoras, pero de un mayor tamaño y precisión, empleados para diseño gráfico. Pueden ser de dos tipos: de sobremesa (en los cuales un brazo articulado dibuja directamente sobre el papel) o de tambor (el papel va avanzando y un dispositivo dibuja sobre él).

  - *Tarjetas de sonido* y *altavoces*.

- Dispositivos de comunicación, como los módems o las tarjetas de comunicaciones.

A.2 SISTEMAS OPERATIVOS

El sistema operativo es el programa que actúa de interfaz entre los usuarios y el hardware de un sistema informático, ofreciendo un entorno para que se puedan ejecutar otros programas.

Su principal objetivo es facilitar el uso del sistema informático y garantizar que sus recursos se utilizan de forma eficiente. Podemos considerar que todo sistema informático está constituido por cuatro componentes o elementos:

- El hardware (CPU, memoria, discos duros, periféricos, etcétera).

- El sistema operativo.

- Los programas de aplicación (gestores de bases de datos, aplicaciones de gestión, hojas de cálculo, procesadores de textos…).

- Los usuarios (personas u otros ordenadores).

Por tanto, el sistema operativo actúa como un asignador de los recursos disponibles (tiempo de CPU, memoria, dispositivos de entrada/salida de datos, espacio de almacenamiento en disco…) para facilitar la ejecución de otros programas y ofrecer una serie de servicios a los usuarios mediante el intérprete de comandos y un entorno gráfico.

Los sistemas operativos modernos presentan una arquitectura por niveles, que simplifica su diseño e implementación. Seguidamente, se muestra una estructura típica de un sistema operativo, desde las funciones esenciales más básicas a las de mayor nivel:

1. Planificación de la CPU (ejecución de procesos).

2. Gestión de la memoria principal.

3. Control de los dispositivos de entrada/salida.

4. Gestión del sistema de ficheros.

5. Interfaz de usuario (intérprete de comandos y entorno gráfico).

Las aplicaciones y programas de usuarios acceden a los recursos de la máquina mediante llamadas a funciones del sistema operativo, definidas en una API (*Application Program Interface*, Interfaz de programación de aplicaciones).

Los primitivos sistemas operativos eran "monousuario" y "monotarea" (no podían ejecutar varias aplicaciones de forma simultánea). Para aprovechar al máximo los recursos de los grandes sistemas informáticos de las empresas, se diseñaron sistemas operativos de tiempo compartido, que permitían atender a varios usuarios a la vez, mediante un reparto del tiempo de ejecución de la máquina entre ellos.

Hoy en día, los modernos sistemas operativos son "multitarea", es decir, permiten ejecutar varios programas de forma simultánea, repartiendo el tiempo de CPU y la memoria disponible entre todos los programas que se encuentran en ejecución en un momento dado.

Mediante la técnica de "memoria virtual", el sistema operativo permite ofrecer a las aplicaciones más memoria de la realmente disponible en el equipo, recurriendo a un fichero de intercambio ubicado en el disco duro de la máquina, incrementando de este modo el nivel de multiprogramación.

Los sistemas operativos más populares en el mercado de los ordenadores personales pertenecen a la familia Windows de Microsoft. En el segmento de los servidores destaca desde los años setenta el sistema UNIX, por su robustez y seguridad. Existen múltiples versiones de UNIX en el mercado: BSD, Solaris de Sun, AIX de IBM, SCO, HP-UX, etcétera. Desde mediados de los noventa también se ha hecho muy popular el sistema Linux, una variante de UNIX desarrollada de forma gratuita por miles de programadores que se ponen en contacto y comparten información y experiencias a través de Internet.

Otras arquitecturas de sistemas informáticos cuentan con sus propios sistemas operativos: los ordenadores Macintosh y el sistema MacOS, los servidores AS-400 de IBM y el sistema OS/400, los *mainframes* S-390 de IBM y el sistema OS/390, etcétera.

Por último, podemos citar otros sistemas operativos que han tenido una cierta aceptación en el mercado: OS/2 de IBM, Netware de Novell, VMS, etcétera.

A.3 BASES DE DATOS

Desde la aparición de los sistemas informáticos, una de sus principales aplicaciones ha sido el almacenamiento y el tratamiento de grandes cantidades de datos para permitir su posterior consulta y utilización.

La manipulación directa de los datos entraña una complejidad importante, además de que, de esta forma, se corre el riesgo de realizar operaciones incorrectas o no deseadas con dichos datos. Por este motivo, se han desarrollado una serie de programas informáticos que tratan de aislar al usuario final de los archivos de datos: son los llamados **sistemas gestores de bases de datos** (SGBD, DBMS, *Data Base Management Systems*), programas que se encargan de gestionar y controlar el acceso a los datos ofreciendo una representación más sencilla de ellos.

Los sistemas gestores de bases de datos más conocidos y extendidos hoy en día son Access de Microsoft, dBase, FileMaker y Paradox, en el segmento de aplicaciones para particulares y pequeñas empresas, y SQL Server de Microsoft, Oracle, DB2 de IBM, Informix y Sybase, en el segmento de las medianas y grandes bases de datos.

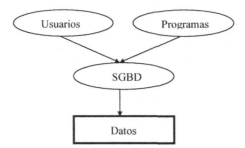

Figura A.1. El sistema gestor de bases de datos

Podemos definir una base de datos como "un conjunto estructurado de datos que se guardan en un sistema informático y sobre los cuales es posible efectuar una serie de operaciones básicas de consulta, modificación, inserción o eliminación".

Una base de datos está formada por una secuencia de registros, entendiendo por "registro" al conjunto de información asociada a una entrada en la base de datos. Ahora bien, cada registro está constituido por varios datos que representan distintos aspectos o atributos de él y que se denominan "campos".

Con objeto de acelerar la búsqueda de la información, se han ideado distintos métodos de acceso rápido a los archivos, siendo el más extendido el basado en la utilización de "índices". Básicamente, un índice se puede construir mediante un archivo auxiliar que permite localizar rápidamente dónde se encuentra cada uno de los registros del archivo principal de datos.

Otro concepto importante es el de "tipo de datos", que permite especificar el tipo de información que se va a almacenar en un determinado campo de la base de datos: números, fechas, cadenas de texto, imágenes... De esta forma, se dota de un contenido semántico a la estructura de la base de datos. Además, hay que tener en cuenta que el SGBD reserva para cada tipo de datos un determinado espacio físico en el dispositivo de almacenamiento.

Una característica adicional de los tipos de datos es que permiten al SGBD controlar la inserción o modificación de datos, de manera que éste se va a encargar de detectar e impedir que se introduzcan valores inapropiados en un determinado campo de un registro.

El "modelo relacional", propuesto por E. F. Codd, es el más utilizado por las modernas bases de datos, ya que resulta muy sencillo y potente a la vez y cuenta con una sólida base conceptual lógico-matemática. En este modelo los archivos de datos se representan de manera abstracta mediante tablas de valores.

Este concepto proporciona una mayor flexibilidad en la ordenación y presentación de los datos, a la vez que oculta los detalles reales de almacenamiento y manipulación: el modelo no especifica exactamente cómo se representan físicamente las tablas, de manera que todo lo que ven los usuarios finales de la base de datos son filas y columnas.

El modelo relacional no se aplicó en la práctica hasta que a finales de los años setenta los miniordenadores y grandes ordenadores empezaron a disponer de suficiente capacidad de procesamiento para el desarrollo de grandes bases de datos. IBM fue pionero en estas experiencias y desarrolló un lenguaje de consulta denominado SQL (*Structure Query Language*) que, a la postre, ha llegado a convertirse en el estándar de las bases de datos relacionales.

A diferencia de los sistemas basados en ficheros de datos (tipo VSAM), en un sistema relacional los datos se relacionan por sus valores y no mediante punteros (herramienta utilizada por el modelo jerárquico y el modelo en red, ampliamente superados hoy en día por el modelo relacional).

En el modelo relacional, por tanto, las filas de una determinada tabla constituyen los registros guardados en el archivo de datos y, a su vez, las columnas representan los campos o atributos de dichos registros. La "clave candidata" es el atributo o conjunto de atributos que permite identificar de manera unívoca a un registro de la tabla (en la tabla no pueden existir dos o más registros en los cuales ese atributo o conjunto de atributos tenga el mismo valor).

Por su parte, la "clave primaria" (o principal) es la clave que se utiliza para identificar de manera unívoca a un registro (es la escogida de entre las posibles claves candidatas).

Con los datos de las tablas es posible realizar múltiples operaciones, conocidas por el nombre genérico de "consultas" (*queries*). La característica que confiere una mayor potencia y flexibilidad al modelo relacional es la posibilidad de establecer relaciones entre dos o más tablas por medio de determinados campos clave.

De este modo, es posible realizar operaciones de cruce de datos entre tablas, así como llevar a cabo "uniones de tablas" (*joins*), obteniendo nuevas tablas cuyos registros se forman al combinar los datos de las tablas de partida. La relación entre tablas se establece mediante "claves extranjeras".

El modelo relacional impone una serie de restricciones sobre los valores que pueden tomar los campos: son las conocidas como "reglas de integridad". De esta forma, el propio sistema limita los estados válidos de la base de datos. Las situaciones que se deben tener en cuenta son las siguientes:

- Protección de la integridad de entidad: para ello el sistema debe evitar que el valor de un campo clave se pueda repetir en más de un registro, garantizando así la propiedad de unicidad.

- Protección de la integridad referencial: el sistema debe actualizar de manera automática el contenido de todos aquellos registros que se encuentren relacionados con otros por medio de claves extranjeras, es decir, los cambios que se produzcan en una tabla tienen que ser propagados a todas las demás tablas que estén relacionadas con la primera.

Además, sobre los campos de las tablas es posible definir una serie de restricciones:

- Valor único: no se puede repetir el mismo valor de un campo en dos o más registros.

- Valor por defecto: automáticamente se asigna un valor predeterminado a un campo de todos los registros que se añadan a la tabla.

- Valor requerido: el propio SGBD obliga al usuario a introducir un valor en el campo en cuestión de cada registro, es decir, dicho campo nunca podrá ir en blanco.

- Valor dentro de un rango: el valor introducido en un campo ha de pertenecer a un determinado intervalo o cumplir unos ciertos criterios.

Al aplicar las reglas de integridad y las restricciones sobre los posibles valores de los campos, el SGBD relacional impide una incorrecta manipulación de la base de datos por parte de los usuarios, obligando a respetar las reglas y políticas definidas por la organización.

Para validar y depurar el diseño de una base de datos, se sigue un "proceso de normalización", proceso que consiste en distribuir los distintos atributos en las tablas adecuadas (definiendo así las columnas de las tablas) y elegir cuidadosamente los atributos que van a ser claves.

La normalización es, por tanto, un método de análisis de datos que organiza los atributos de datos de manera que se agrupen entre sí para formar entidades estables, flexibles y adaptables. Este procedimiento se utiliza para simplificar las entidades, eliminar las redundancias y dotar a los modelos de datos de flexibilidad y capacidad de adaptación.

A.4 LENGUAJES Y ENTORNOS DE PROGRAMACIÓN

Un lenguaje de programación consiste en una serie de instrucciones, de operadores y de reglas que permiten controlar el hardware de un equipo informático para que realice un determinado proceso o función. Se trata de la herramienta básica para el desarrollo del software, entendiendo como tal al conjunto de aplicaciones y programas que se van a ejecutar en un sistema informático.

A lo largo de la historia de la Informática podemos distinguir varias generaciones de lenguajes informáticos, en función de su nivel de abstracción y de su dependencia de la arquitectura hardware de la máquina sobre la que se van a ejecutar las aplicaciones desarrolladas.

El primer tipo de lenguaje de programación es el **código máquina**, totalmente dependiente del conjunto de instrucciones del ordenador en que se va a ejecutar y en el que la programación se debe realizar en el sistema binario, codificando mediante ceros y unos las instrucciones y los datos a procesar. Se trata de la primera generación de lenguajes, muy difícil y engorrosa de utilizar y totalmente dependiente de la arquitectura del equipo (hardware).

El segundo tipo de lenguaje de programación es el conocido como **lenguaje ensamblador**, que representó en su día un importante avance al utilizar instrucciones y etiquetas que eran posteriormente traducidas por las correspondientes secuencias de ceros y unos (código máquina), que es lo que, en definitiva, entiende el ordenador. El lenguaje ensamblador mantiene su total vinculación con la arquitectura del equipo, de forma que cada equipo tiene su propio lenguaje ensamblador y el programador debe conocer en profundidad la arquitectura del ordenador en cuestión.

Además, dado que las instrucciones son muy básicas, es necesario utilizar gran cantidad de estas instrucciones para realizar cualquier tipo de proceso, por muy sencillo que éste parezca (por ejemplo, imprimir un mensaje en pantalla o generar un listado por impresora), por lo que la programación con este tipo de lenguajes lleva una cantidad considerable de tiempo. No obstante, permiten construir programas muy rápidos y eficientes, que aprovechan al máximo los recursos de la máquina en la que se van a ejecutar.

Con la aparición de los **lenguajes de alto nivel**, surge una nueva generación, más orientada a la resolución general de operaciones, con independencia de la máquina en que se realice tal operación, incorporando un nuevo nivel de abstracción. Con ello se facilita enormemente la programación, al utilizar un conjunto de expresiones y operadores más amigables y próximos al lenguaje natural, que equivalen a varias decenas de instrucciones básicas en código máquina.

De este modo, se mejora la legibilidad del código fuente de los programas y se reduce su tamaño, con la ventaja añadida que supone su portabilidad, es decir, que un mismo programa de alto nivel pueda ser traducido al código máquina de distintos ordenadores. En estos lenguajes procedimentales de tercera generación, como Basic, C, Fortran, Cobol, Pascal, etcétera, el programador debe indicar el algoritmo con la secuencia de comandos que debe ejecutar el ordenador para cumplir con las distintas funcionalidades de la aplicación.

Más recientemente han aparecido los **lenguajes de cuarta generación**, soportados por máquinas con muchos más recursos de memoria y capacidad de procesamiento. Se trata de lenguajes de tipo declarativo, donde el programador indica qué es lo que desea conseguir del programa, sin tener que especificar la secuencia de comandos a ejecutar y en los que, además, muchas de las tareas de programación se realizan con apoyo de un entorno gráfico muy amigable e intuitivo (similar al manejo de una aplicación ofimática).

Gracias a estas nuevas herramientas, es posible desarrollar aplicaciones en mucho menos tiempo y con menos conocimientos de informática, si bien el código generado es menos eficiente, por lo que los programas obtenidos son más largos y consumen más recursos informáticos (no obstante, hoy en día esto no supone un problema para la mayoría de las aplicaciones, dada la enorme velocidad y capacidad de memoria con que cuentan los ordenadores actuales).

Los **entornos de programación** cuentan con herramientas que posibilitan y facilitan la labor de programación, entre las que podemos citar:

- **Editor:** es la herramienta que permite escribir y revisar el código fuente, de acuerdo con el léxico (conjunto de instrucciones) y las reglas sintácticas del lenguaje de programación utilizado.

- **Depurador** (*debugger*): se trata de una herramienta que analiza el código generado para detectar errores lógicos o de sintaxis, así como posibles fallos en la aplicación, con el objeto de eliminar los errores en la codificación del programa.

- **Compilador** (*compiler*): los "lenguajes interpretados" van traduciendo las instrucciones a código máquina a medida que se va ejecutando la aplicación. A su vez, los "lenguajes compilados" son traducidos a código máquina una sola vez (al finalizar la creación del programa), obteniendo así un programa ejecutable directamente en la máquina. Esta labor es realizada por el compilador y proporciona una aplicación más rápida y eficiente, por cuanto no tiene que ser traducida cada vez que se va a ejecutar en el ordenador.

- **Enlazador** (*linker*): es el encargado de enlazar el código máquina obtenido del compilador con las distintas librerías del sistema operativo. Estas librerías facilitan una serie de funciones básicas sobre las que se puede apoyar el programador para simplificar la creación de sus aplicaciones.

A.5 OFIMÁTICA

Las herramientas o aplicaciones ofimáticas son el conjunto de aplicaciones que dan soporte a las tareas administrativas y burocráticas realizadas en una oficina. El núcleo fundamental de los paquetes ofimáticos lo constituyen los procesadores de texto, las hojas de cálculo y los programas de presentaciones, si bien suelen estar apoyadas por otras aplicaciones como las bases de datos, las agendas electrónicas o las herramientas de dibujo y tratamiento de imágenes.

En la actualidad existen diferentes paquetes ofimáticos en el mercado, siendo los más conocidos Microsoft Office (de la empresa Microsoft, líder indiscutible en este segmento), Lotus Smart Suite (de IBM-Lotus) u OpenOffice (de la empresa Sun).

Una característica fundamental de estas aplicaciones es la integración de los distintos componentes, lo que permite compartir información entre documentos generados en distintas aplicaciones, mediante las populares funciones de "copiar y pegar" (*copy & paste*).

Normalmente, el núcleo central del paquete ofimático lo conforman un procesador de textos (con el que se pueden crear y editar documentos), un gestor de bases de datos (con el que introducir y almacenar multitud de datos, crear y ejecutar consultas sobre ellos y reflejar los resultados en informes), un programa de presentaciones (con el que se podrán generar diapositivas y efectos de animación para llevar a cabo una presentación profesional), una hoja de cálculo (con la que se pueden realizar cálculos con expresiones y fórmulas matemáticas para analizar una serie de datos) y una agenda personal o gestor de información (con la que gestionar horarios, citas e, incluso, el correo electrónico).

El software principal de un paquete ofimático puede incluir la posibilidad de utilizar macros para construir nuevas funcionalidades basadas en una serie de instrucciones (generalmente en un lenguaje de programación propio o en un lenguaje de "macros") que se ejecuten de forma automática, permitiendo de este modo generar pequeñas aplicaciones con una apariencia semiprofesional.

A.6 ERP

Podemos definir un sistema ERP (*Enterprise Resource Planning*, Planificación de recursos empresariales) como un sistema integrado de software de gestión empresarial, compuesto por un conjunto de módulos funcionales (logística, finanzas, recursos humanos, etcétera) susceptibles de ser adaptados a las necesidades de cada empresa u organización.

Un sistema ERP combina la funcionalidad de los distintos programas de gestión en uno solo, basándose en una única base de datos centralizada. Esto permite garantizar la integridad y unicidad de los datos a los que accede cada departamento, evitando que éstos tengan que volver a ser introducidos en cada aplicación o módulo funcional que los requiera.

Los ERP suelen adoptar una estructura modular que responde a las diferentes áreas funcionales de una empresa. Todos estos módulos están interconectados y comparten una base de datos común, garantizando de este modo la coherencia e integración de los datos generados.

Este esquema modular facilita la implantación de un sistema de estas características, que puede ser realizado por etapas, reduciendo el impacto global en la organización al facilitar la transición desde los sistemas anteriores.

El sistema básico del ERP está formado por las aplicaciones técnicas y la arquitectura necesaria para servir de plataforma al resto de los módulos. Proporciona herramientas de administración para controlar tanto el sistema en sí (rendimiento, comunicación con otras aplicaciones y otros sistemas, etcétera) como la base de datos que constituye el núcleo del producto. Las principales plataformas de servidores son Microsoft NT Server y Windows 2000, UNIX y OS 400, mientras que las bases de datos más utilizadas son ORACLE, Microsoft SQL Server e IBM DB2.

Los principales módulos de un ERP podrían ser los siguientes:

- **Módulo de aprovisionamiento:** gestiona los materiales y su relación con los proveedores. La gestión de materiales debe dar soporte a la definición de los datos necesarios para el tratamiento de los materiales a lo largo de toda la cadena logística, así como las transacciones realizadas con ellos, facilitando el control de los *stocks*, la generación de nuevos pedidos, la valoración de inventarios de acuerdo con distintos criterios, etcétera.

  En lo que se refiere a la relación de la empresa con los proveedores, el sistema debe proporcionar toda la información sobre precios y condiciones de entrega, historial de compras, disponibilidad, etcétera, facilitando de este modo el proceso de toma de decisiones de compra.

- **Módulo de producción:** se encarga de gestionar los materiales y servicios empleados en la cadena de producción de una empresa, así como los recursos (máquinas, utillaje, personal) utilizados en ella. Este módulo facilita la planificación de los materiales y de las capacidades de los recursos, lanzando las órdenes de fabricación o montaje.

- **Módulo de ventas:** se ocupa de la relación de la empresa con los clientes, dando soporte a todas las actividades comerciales de preventa (contactos, presupuestos, búsqueda de clientes...) y posventa (entrega, factura, devoluciones...). Así mismo, facilita la gestión y configuración de los pedidos.

- **Módulo de finanzas:** se encarga de la contabilidad y de la gestión financiera de la empresa. Se trata de un módulo esencial dentro del sistema ERP, ya que va a estar totalmente integrado con los restantes módulos. Por este motivo, resulta fundamental para la correcta implantación del ERP. Este módulo proporciona herramientas flexibles y aplicaciones orientadas tanto a la contabilidad financiera como a la contabilidad analítica o de costes.

- **Módulo de recursos humanos:** permite gestionar la información relacionada con los empleados de una organización (datos personales, formación recibida, experiencia, ocupación, salario, historial profesional, períodos vacacionales, bajas por enfermedad, premios, sanciones, etcétera).

Los proyectos de implantación de un sistema ERP suelen ser complejos y costosos, debido a la dificultad técnica y organizativa que conllevan. La adquisición de estos productos tiene un coste bastante elevado, así como los servicios de consultoría requeridos para su correcta implantación en una empresa.

Por otra parte, la implantación de un sistema ERP requiere en ocasiones llevar a cabo una revisión de los procesos de la empresa y una gestión del cambio organizativo, que puede afectar tanto a la estructura organizativa como a las actividades y puestos de trabajo desempeñados por el personal.

A.7 CRM

Las aplicaciones de CRM (*Customer Relationship Management*) son herramientas que facilitan una gestión integral de las relaciones con los clientes. Para ello, realizan un seguimiento personalizado de cada cliente, analizando su comportamiento y su rentabilidad para la organización.

Estas aplicaciones permiten registrar los datos recabados en todos los posibles contactos de cada cliente con la organización:

- Contactos preventa.

- Gestiones asociadas a una venta.

- Servicios posventa.

De este modo, es posible disponer de información unificada y completa de cada uno de los clientes: los productos y servicios que ha contratado, las campañas y promociones a las que ha respondido, las agendas del servicio posventa, etcétera, con un tratamiento homogéneo multicanal (contactos en persona, por teléfono, por fax, por correo, a través del Web, por *e-mail* ...).

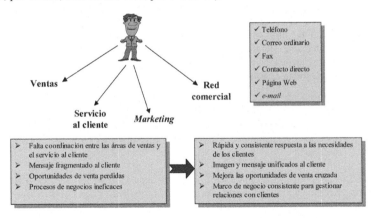

Figura A.2. Ventajas de las aplicaciones de CRM

Estas herramientas permiten generar estadísticas completas sobre los niveles de calidad del servicio posventa, los resultados de las campañas promocionales, el comportamiento de los clientes, etcétera.

Así mismo, relacionados con estas aplicaciones, encontramos otros sistemas, que pueden estar incluidos dentro de un paquete de CRM:

- Automatización de fuerza de ventas (*Sales Force Automation*, SFA).

- Sistemas de gestión de *call centers*.

- Sistemas de integración telefonía-computador (*Computer-Telephony Integration*, CTI).

Las empresas son cada vez más conscientes de la necesidad de invertir en este tipo de herramientas, una vez completado el desarrollo de sus sistemas de gestión empresarial (ERP).

Estas aplicaciones han recibido un fuerte impulso coincidiendo con el desarrollo de espacios Web y tiendas *on-line*. En estos entornos las aplicaciones CRM adquieren una especial importancia, puesto que permiten analizar, identificar y atraer a los usuarios de la página Web de una determinada empresa, a la vez que incrementar la efectividad del proceso de *marketing* y las funcionalidades de la página Web.

Así, se pueden analizar los comportamientos más comunes de los visitantes de una página, sus hábitos más repetidos, la duración de la visita, la efectividad de la página Web y los puntos de entrada y salida de los futuros clientes.

A.8 SISTEMAS DE *DATAWAREHOUSING* Y HERRAMIENTAS DE *DATAMINING*

Para mejorar el servicio y la atención a los clientes y poder anticiparse en la medida de lo posible a sus necesidades futuras, las empresas necesitan conocer mucho mejor a sus clientes, respondiendo a preguntas del tipo:

- ¿Quién nos compra?

- ¿Por qué nos compra a nosotros?

- ¿Con cuánta frecuencia lo hace?

- ¿Qué es lo que busca cuando nos compra?

- ¿Y qué necesita realmente?

- ¿Podemos llegar a conocer y predecir su comportamiento?...

Así mismo, las empresas deben obtener información sobre las tendencias de los mercados y sobre los movimientos de sus competidores.

Parte de esta información se puede extraer de los datos acumulados por el sistema transaccional de la empresa: venta de los productos, reclamaciones, servicios posventa... Otros datos llegan a la empresa y no entran en el sistema: datos de las visitas realizadas por los comerciales, consultas de los propios clientes...

Los avances en las Tecnologías de la Información han hecho posible el desarrollo de los sistemas de *datawarehousing* y *datamining*, objeto de estudio en este apartado y que constituyen el núcleo de las aplicaciones de la *Business Intelligence* (Inteligencia de negocio).

Estos sistemas constan de tres elementos principales:

- Recogida y gestión de grandes volúmenes de datos: tecnología de *data-warehousing*.

- Análisis de los datos almacenados: tecnología OLAP y herramientas de *datamining*.

- Software de consulta amigable e intuitivo, asequible al usuario final.

Podemos considerar que un *datawarehouse* es un gran almacén de datos, en el que se integran datos procedentes de varias fuentes.

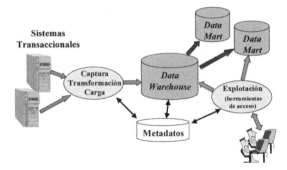

Figura A.3. Estructura de un sistema de datawarehouse

Las herramientas de explotación del *datawarehouse* facilitan el análisis de los datos acumulados para generar informes y gráficos útiles para la toma de decisiones. Podemos distinguir tres grandes grupos de herramientas disponibles para la explotación del *datawarehouse*:

- Herramientas *Queries and Reporting*: típicas herramientas de generación de consultas e informes de los sistemas de bases de datos relacionales, que permiten generar informes predefinidos a partir de los campos calculados, así como preparar consultas ad-hoc.

- Análisis multidimensional (OLAP, *On Line Analytical Processing*): herramientas que facilitan el análisis de los datos a través de dimensiones y de jerarquías (niveles de agrupamiento dentro de las dimensiones) y que utilizan consultas rápidas predefinidas y subtotales previamente calculados.

- Herramientas de *datamining* (minería de datos): son técnicas avanzadas que permiten detectar y modelizar relaciones entre los datos y obtener información no evidente: patrones de consumo, predicción del comportamiento de los clientes, asociaciones de productos, etcétera.

Entre las aplicaciones típicas de las técnicas de *datamining*, podemos citar las siguientes:

- Asociación de productos: análisis de la cesta de la compra y de asociaciones de productos.

- La información obtenida se suele utilizar en el diseño de catálogos de productos, en la organización de lineales en un almacén, en la definición de políticas de promoción de ciertos productos, etcétera.

- Clasificación de clientes: identificación del grupo al que pertenece un determinado cliente. En este caso resulta de interés, por ejemplo, para el análisis de riesgos en operaciones a crédito.

- Segmentación y agrupamiento de clientes (*clustering*): identificación de grupos con patrones de comportamiento similares.

- Con esta información es posible llegar a predecir el comportamiento de los clientes: cuál va a ser su evolución previsible en el tiempo, cómo puede reaccionar frente a determinadas campañas comerciales, etcétera.

Con los sistemas de *datawarehousing/datamining* los directivos de la organización pueden disponer de la información necesaria en muy poco tiempo y con el mínimo esfuerzo. De este modo, pueden centrar sus esfuerzos en el análisis de la información obtenida.

Con estas herramientas se profundiza en el conocimiento del comportamiento de los clientes, lo cual permite personalizar la oferta y conseguir una mayor eficacia de las acciones comerciales.

Por otra parte, dado que la información se encuentra disponible en series temporales, a partir de la acumulación de los datos del negocio y de la experiencia de la organización, es posible detectar tendencias y realizar previsiones de cara al futuro.

A.9 SISTEMAS DE *WORKFLOW*

Un **sistema de gestión de flujos de trabajo** (*Workflow Management System*) está constituido por un conjunto de aplicaciones que permiten automatizar los procesos de negocio de una organización.

Un sistema de *workflow* consta de tres elementos esenciales:

* Herramientas que permiten analizar, modelar y definir los procesos de la organización.

* El motor del sistema de *workflow*, que se encarga de interpretar las definiciones de los distintos procesos y crear un entorno donde se puedan ejecutar varias instancias de dichos procesos, responsable de controlar las distintas etapas de la ejecución de un proceso, invocando en cada etapa a la persona y/o aplicación a la que corresponda actuar, distribuyendo, de este modo, las tareas que se tienen que realizar para completar el proceso.

* La interfaz del sistema de *workflow* con los usuarios y las aplicaciones, puesto que las actividades que constituyen un "flujo de trabajo" requieren de la intervención de una persona que utilice una determinada aplicación informática. La interfaz de usuario se encarga de controlar la interacción entre el motor del sistema de *workflow* y las aplicaciones y los usuarios, invocando la aplicación adecuada en cada caso. También se ocupa de gestionar las colas de trabajo, presentando las tareas que tiene pendientes cada uno de los usuarios del sistema.

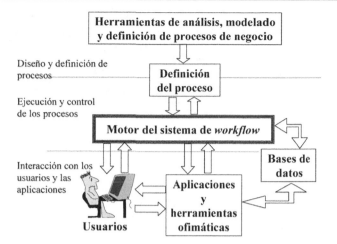

Figura A.4. Elementos de un sistema de workflow

Así mismo, un sistema de *workflow* puede incorporar otra serie de funcionalidades, entre las que podemos citar:

- Herramientas para el procesado de imágenes: permiten llevar a cabo la digitalización de documentos en papel para su posterior tratamiento informático, con la posibilidad de utilizar aplicaciones de OCR (reconocimiento óptico de caracteres) para interpretar documentos de texto.

- Gestión documental: facilitan el almacenamiento de documentos electrónicos, el control de versiones y su utilización, así como la asignación a quien deba manipularlos.

- Servicios de directorio: registran la localización de recursos y personas dentro de una organización.

- Servicios de mensajería y correo electrónico.

- Herramientas de *groupware* (conocidas como *Computer Supported Cooperative Work*, CSCW): se trata de herramientas que facilitan el trabajo en equipo, dando soporte a agendas compartidas, boletines de noticias, foros de discusión, intercambio de datos, ejecución compartida de aplicaciones, etcétera. Sin duda, el producto líder en este segmento del mercado es Lotus Notes.

- Software de gestión de proyectos: permite gestionar la planificación y el desarrollo de un proyecto, definiendo las tareas a realizar y los objetivos temporales, facilitando la asignación de tareas a los miembros integrantes del proyecto, etcétera.

- Herramientas de análisis, modelado y definición de procesos: facilitan el análisis y definición de los procesos de una organización.

Los sistemas de *workflow* también se están viendo afectados por el fenómeno Internet/Intranet/Extranet. Desde mediados de la década de los noventa se han desarrollado nuevos sistemas de *workflow* que se basan en la tecnología World Wide Web, utilizando el protocolo HTTP para intercambiar documentos y formularios que han sido definidos en el lenguaje HTML.

De este modo, los programas navegadores Web se convierten en herramientas perfectamente válidas para intercambiar datos con los sistemas gestores del *workflow*. Esto proporciona nuevas oportunidades, ya que hace posible la comunicación entre los usuarios y el motor del sistema a través de Internet, constituyendo la solución ideal para aquellas empresas y organizaciones que necesitan enlazar varias delegaciones que se encuentran dispersas geográficamente.

GLOSARIO

AMPS	*Advanced Mobile Phone Service* (Servicio de telefonía móvil avanzado). Estándar americano de telefonía móvil analógica de primera generación.
Acceso básico	Conexión RDSI que provee dos canales B (voz y datos) de 64 Kbps y un canal D de señalización a 16 Kbps.
Acceso conmutado	Acceso a una red pública realizado a través de una central de conmutación.
Acceso dedicado	Acceso a una red pública mediante un enlace permanente y dedicado en exclusiva para un usuario.
Acceso primario	Conexión RDSI que provee 30 canales B (voz y datos) de 64 Kbps y un canal D de señalización a 64 Kbps.
ADSL	*Asymmetric Digital Subscriber Line* (Línea digital de abonado asimétrica). Tecnología que permite establecer una conexión a Internet sobre una línea telefónica analógica, empleando un módem especial que posibilita alcanzar una tasa de transferencia de hasta 9 Mbps en sentido descendente (desde Internet hacia el ordenador del usuario) y hasta 640 Kbps en sentido ascendente.
Algoritmo de "digestión"	Transformación matemática que se caracteriza por reducir el mensaje original a una secuencia de bits que lo identifica.
Ancho de banda	Representa la capacidad de un medio para transmitir información, que depende fundamentalmente de sus características físicas. En función de las técnicas de

	modulación y de los esquemas de codificación empleados, con el ancho de banda del medio se podrá ofrecer a los usuarios una determinada tasa de transferencia, medida en bits por segundo.
ANSI	*American National Standards Institute* (Instituto de estándares de Estados Unidos). Organismo estadounidense dedicado a emitir estándares para la industria. Fue el encargado de definir el conjunto de caracteres que emplean los ordenadores (código ASCII).
APD	Agencia de Protección de Datos. Organismo oficial creado en España en 1993 como consecuencia de la aprobación de la Ley Orgánica de Regulación del Tratamiento Automatizado de los Datos de Carácter Personal. Su finalidad es proteger a los ciudadanos contra las invasiones de su intimidad realizadas mediante medios informáticos, según establece el artículo 18.4 de la Constitución Española.
Archie	Herramienta que permite disponer de un índice de servidores FTP.
ARPANET	*Advanced Research Projects Agency Network* (Red de la Agencia de Proyectos de Investigación Avanzada). Red militar norteamericana que funcionaba a través de líneas telefónicas, precursora de la actual Internet.
ARQ	*Automatic Request for Retransmission*. Procedimiento por el cual el equipo receptor solicita al emisor la retransmisión de una celda o trama errónea en una comunicación.
Asíncrono	Modo de transmisión de datos en el que el instante de emisión de cada carácter o bloque de caracteres se fija arbitrariamente.
Atenuación	Diferencia entre la intensidad de la señal transmitida y la recibida, ocasionada por las pérdidas en los equipos o en el medio de transmisión.
ATM	*Asynchronous Transfer Mode* (Modo de transferencia asíncrono). Es un protocolo de redes WAN que se basa en la transmisión de celdas de información de un tamaño fijo, concretamente de 53 bytes. Este tamaño, que además es muy reducido en comparación con otros protocolos, permite la integración de distintos tipos de datos (voz, imágenes, ficheros…) con un alto rendimiento.

Autenticación	Verificación de la identidad de una persona o de un proceso para acceder a un recurso o poder realizar una determinada actividad. También se aplica a la verificación de identidad de origen de un mensaje.
Autenticidad	Función de seguridad en las redes de comunicaciones cuyo cometido es garantizar que las partes que intervienen en una comunicación sean quienes realmente dicen ser (auténticas).
Authentication Header	Protocolo incluido dentro de IPv6 que permite la autenticación del remitente en una comunicación, así como garantizar la integridad de la información enviada.
Autoridades de certificación	El papel de estas autoridades consiste en garantizar la identidad de todos los usuarios registrados mediante la emisión de certificados digitales.
Backbone	Segmento central de una red de datos que soporta una gran capacidad de tráfico.
Baudio	Velocidad de transmisión de señales digitales a través de un canal. Representa la cantidad de símbolos transmitidos por unidad de tiempo, donde cada símbolo puede representar a uno o varios bits, por lo que, en general, no coincide con la velocidad expresada en bits por segundo.
Bidireccional	Una comunicación bidireccional es aquélla en la cual puede ser enviada información tanto desde un transmisor hacia un receptor, como desde este último hacia el primero.
Bit	*Binary Digit.* Número binario que representa la unidad básica de información y que puede adoptar un valor 0 o 1.
Bit/s	Abreviatura de bit por segundo.
Bluetooth	Tecnología propuesta para el desarrollo de redes locales inalámbricas de corto alcance y ámbito doméstico.
Bps	Abreviatura de bit por segundo.
BRI	*Basic Rate Interface.* Acceso básico en una RDSI.
Bucle local	También conocido como bucle de abonado o última milla. Es el último tramo de una red telefónica, que une la central de conmutación telefónica con el domicilio del abonado.
Bus	Línea o canal de transmisión que transporta datos.
Byte	Octeto, conjunto de ocho bits. Se utiliza como unidad de medida de la capacidad de almacenamiento de un dispositivo.

Cable coaxial	Cable constituido por un conductor central recubierto por un aislante y un conductor externo. Se ha utilizado en la transmisión de información en redes locales y para la transmisión de señal de radio y televisión. También constituye el medio utilizado para cubrir los últimos metros hasta llegar a los clientes en las redes híbridas HFC (de fibra óptica y cable coaxial).
Canal	Medio a través del cual se envía la información en un sistema de telecomunicaciones.
Carrier	Operador de telefonía que proporciona conexión a Internet a alto nivel.
Caudal	Flujo máximo de datos permitido a través de un canal sin que se produzcan errores en la transmisión.
CCITT	*Consultive Commitee for International Telegraphy and Telephony* (Comité Consultivo Internacional de Telegrafía y Telefonía). Es el órgano encargado de establecer las recomendaciones referentes a telecomunicaciones. Hoy en día se denomina ITU (*International Telecommunitations Union*, Unión Internacional de Telecomunicaciones).
CDMA	*Code Division Multiple Access* (Multiplexación por división en el código).
Celda	Paquete de información en el protocolo ATM. Por otra parte, en un sistema de telefonía móvil, una celda es el área cubierta por una estación base.
Central de conmutación	Elemento de un sistema de telecomunicación que se encarga de establecer la ruta de enlace entre los terminales de los usuarios que intervienen en una comunicación.
CERN	Centro Europeo de Investigación Nuclear, con sede en Berna (Suiza). Es el organismo que desarrolló el WWW a principios de los años noventa.
Certificado digital	Contiene el nombre del usuario y su clave pública, así como su período de validez y, para dotarlo de mayor seguridad (garantizar su autenticidad e integridad), está firmado con la clave privada de la Autoridad de certificación (AC).
CGI	*Common Gateway Interface* (Interfaz de salida común). Interfaz desarrollado en el World Wide para facilitar el intercambio de datos entre el programa navegador y un servidor Web.

CHAP	*Challenge Handshake Authentication Protocol* (Protocolo de autenticación de desafío-respuesta). Mecanismo de identificación basado en la utilización de un nombre de usuario y una contraseña.
CIR	*Commited Information Rate* (Tasa de transmisión de información comprometida). Es el caudal mínimo de información que garantiza el operador de telecomunicaciones al cliente. El resto del ancho de banda está, pues, sujeto al estado de la red y las necesidades del operador de telecomunicaciones.
Cliente/Servidor	Esquema de funcionamiento de determinada aplicación informática, en la que un programa (cliente) solicita información o la realización de operaciones a otro equipo (servidor).
Cluster	Agrupación de celdas en un sistema de telefonía móvil.
Códec	Codificador-Decodificador. Dispositivo que toma una señal analógica a la entrada y la convierte en digital. También realiza el proceso inverso.
Codificación	Generación de una secuencia de bits o de símbolos que representa la información contenida en una señal de partida.
Código	Conjunto de reglas y convenios según los cuales se debe formar, enviar, recibir o tratar las señales de datos que forman un mensaje.
Colisión	Intento de transmisión simultánea de dos o más estaciones que están en una red y que provoca la destrucción de los datos enviados al medio.
Compresión	Técnica que permite reducir el volumen de información de un mensaje, eliminando las redundancias detectadas dentro de él.
Comunicación asíncrona	Modo de transmisión en el que los relojes de los equipos que intervienen en la comunicación no se encuentran sincronizados, por lo que cada transmisión va precedida de unas señales de sincronización que especifican cuándo comienza cada uno de los símbolos o bits enviados.
Comunicación síncrona	Modo de transmisión bit a bit de forma sincronizada entre emisor y receptor (no se requieren en este caso señales de sincronización antes de cada envío).

Concentrador	Dispositivo que permite conectar los equipos de una red local a un punto central, desplegando una topología en estrella y que puede ser del tipo *hub* o *switch*.
Conectividad	Capacidad de un dispositivo informático para comunicarse con otros de diferente tipo.
Confidencialidad	Función de seguridad en las redes de comunicaciones que permite garantizar que una comunicación no puede ser conocida o intervenida por un usuario ajeno a esa comunicación.
Congestión	Situación que se produce cuando todos o parte de los recursos de una red presentan una gran carga de tráfico, lo cual puede provocar que se pierdan paquetes y se degrade la calidad del servicio.
Conmutación de circuitos	Técnica de transmisión que establece un circuito dedicado mientras dure la comunicación. Existe una conexión a nivel físico entre los equipos emisor y receptor.
Conmutación de paquetes	Técnica de envío de información en paquetes, con la ventaja de compartir los recursos de la red entre varias comunicaciones.
Cookie	Pequeño archivo que entrega el programa servidor de un Website al navegador WWW para que éste lo guarde. Normalmente, se trata de información sobre la conexión o un código de identificación que permite reconocer al usuario en posteriores visitas a ese servidor Web.
Cracker	Pirata informático cuyo interés reside en atacar un sistema para obtener beneficios de forma ilegal o para ocasionar daños.
Criptoanálisis	Es la ciencia que se encarga de estudiar las técnicas e instrumentos matemáticos que permiten descifrar criptogramas cuando se ignora la clave.
Criptografía	Ciencia que estudia los algoritmos y técnicas empleados para cifrar la información antes de ser transmitida o almacenada, con el fin de que, ante eventuales interceptaciones de ella, no pueda ser interpretada.
CRL	Lista de certificados digitales revocados.
CSMA/CD	*Carrier Sense Multiple Access/Collision Detection* (Acceso múltiple por detección de portadora/detección de colisión). En este protocolo las estaciones escuchan el bus de datos

	compartido y sólo transmiten cuando el bus está desocupado. Si se produce una colisión, el paquete es transmitido tras un intervalo (*time out*) aleatorio.
DAMPS	*Digital Advanced Mobile Phone Service* (Servicio de telefonía móvil avanzado digital). Estándar americano de telefonía móvil digital de segunda generación.
Datagrama	Usualmente se refiere a un paquete de datos que se envía a través de una red como Internet.
DES	*Data Encryption Standard* (Estándar de cifrado de datos). Algoritmo de cifrado simétrico de datos estandarizado por la Administración de Estados Unidos.
Descifrado	Recuperación del contenido real de una información cifrada previamente.
DNS	*Domain Name Server* (Servidor de nombres de dominio). Equipo que se encarga de resolver nombres de dominio, traduciéndolos a sus correspondientes direcciones IP.
Dominio	Nombre asignado a un equipo conectado a Internet. Se emplea el sistema de nombres de dominio para simplificar el acceso a los recursos de la Red, ya que nos evita el tener que utilizar directamente las direcciones IP, más engorrosas y difíciles de memorizar.
Download	Hace referencia a la transmisión de uno o más ficheros desde un servidor a nuestro equipo informático (descarga de un fichero).
Downstream	Flujo de datos desde un ordenador remoto hacia el nuestro.
DS-0	Señal digital 0. Interfaz física para la transmisión digital a una velocidad de 64 Kbps, de un canal básico de voz.
EIR	*Excess Information Rate* (Tasa de transmisión de información en exceso). En el protocolo Frame Relay, margen en que se puede superar el caudal mínimo contratado (CIR) para esa línea de datos.
e-mail	Correo Electrónico. Sistema de mensajería telemática similar en muchos aspectos al correo ordinario, cuya principal ventaja radica en la velocidad y el coste.
Encapsulamiento	Es un proceso que consiste en introducir un paquete de datos de un protocolo en un nuevo paquete de otro protocolo. Es la técnica empleada para ofrecer la seguridad en las redes privadas virtuales, "encapsulando" los paquetes

	de datos en túneles virtuales que atraviesan las redes públicas utilizadas para enlazar los nodos de las redes privadas virtuales.
Encriptación	Cifrado. Es el tratamiento de un conjunto de datos, contenidos o no en un paquete, a fin de impedir que nadie, excepto su destinatario, pueda leerlos. Se utilizan distintas técnicas de cifrado de datos, que constituyen la base de la seguridad de las redes informáticas.
Enrutar	Establecer el camino que debe seguir un paquete de información para llegar a su destino.
ESP	*Encapsulating Security Payload*. Protocolo incluido dentro de IPv6 que realiza un cifrado de la información para garantizar la confidencialidad.
Ethernet	Tipo de red local (LAN). Es el protocolo más utilizado hoy en día en las redes locales, debido sobre todo al soporte de la industria y la amplia oferta de componentes a precios muy económicos. Se pueden alcanzar velocidades de hasta 1 Gbps.
ETSI	*European Telecommunication Standards Institute* (Instituto Europeo de Estándares de Telecomunicaciones), equivalente al ANSI americano. Organismo cuyo cometido es definir estándares para la industria de las telecomunicaciones.
Extranet	Interconexión de Intranets a través de redes públicas.
Fast Ethernet	Variante del protocolo Ethernet que permite alcanzar una velocidad de transmisión de 100 Mbps en una LAN.
FDDI	*Fiber Distributed Data Interface* (Interfaz de datos distribuidos por fibra). Estándar definido por el ANSI para la implementación de una red LAN de alta velocidad (100 Mbps) sobre un anillo dual de fibra óptica.
FDM	*Frecuency Division Multiplexing* (Multiplexación por división de frecuencia). Técnica de multiplexación consistente en la asignación de una banda de frecuencias distinta a cada una de las señales que se transmiten por el mismo medio compartido.
FDX: *Full-Duplex*	Transmisión simultánea de datos en los dos sentidos de un mismo canal, lo que significa que el canal de comunicaciones puede enviar y recibir datos al mismo tiempo.

Fibra óptica	Medio constituido por fibras de silicio por cuyo interior se propagan señales luminosas que transmiten la información, aprovechando el fenómeno físico de la reflexión total.
Firewall	Cortafuegos. Dispositivo que permite auditar todos los intentos de conexión desde la red de la empresa hacia el exterior, y viceversa, permitiendo sólo aquellos tipos de conexión que hayan sido autorizados por los responsables informáticos de la empresa.
Firma digital	Datos añadidos a un mensaje que permiten al receptor probar el origen y la integridad del mensaje, así como protegerlo contra falsificaciones.
Frame Relay	Protocolo para redes WAN basado en la técnica de conmutación de paquetes, que permite la entrega fiable de paquetes sobre circuitos virtuales.
FTP	*File Transfer Protocol.* Protocolo de transferencia de ficheros, que posibilita la copia de ficheros entre equipos remotos a través de una red.
Full-Duplex	Circuito o dispositivo que permite la transmisión de datos en ambos sentidos simultáneamente.
Gbps	Gigabits por segundo. Velocidad de transmisión de mil millones de bits por segundo.
GIF	*Graphics Interchange Format* (Formato de intercambio de gráficos). Formato utilizado para comprimir imágenes.
Gopher	Herramienta de búsqueda de información basada en índices y enlaces entre documentos, pero que no permite incluir imágenes ni elementos multimedia, por lo que ha tenido un desarrollo muy limitado.
GSM	*Global System for Mobile communications* (Sistema global para comunicaciones móviles). Estándar de telefonía móvil digital de segunda generación utilizado en Europa.
Hacker	Persona que se dedica a irrumpir en sistemas a través de redes con el objetivo de extraer información o, simplemente, como pasatiempo o reto técnico: entra en los sistemas para demostrar su inteligencia y conocimientos de los entresijos de Internet, pero no pretende provocar daños en estos sistemas.
Half-Dúplex	Un circuito que permite la transmisión y la recepción de señales, pero no de forma simultánea en los dos sentidos.

Handover	Transferencia de llamada. En un sistema de telefonía móvil, proceso que tiene lugar cuando se realiza un cambio de celda durante una llamada (debido a que el usuario del terminal móvil se encuentra en movimiento como, por ejemplo, durante un desplazamiento en automóvil).
Hardware	Término que hace referencia a todo aquel equipo informático que puede físicamente ser "visto y tocado": son los elementos tangibles, como la CPU, los periféricos, la pantalla, etcétera, en contraposición a los elementos intangibles que constituyen el software (programas que se ejecutan en el equipo informático).
HDSL	*High bit rate Digital Subscriber Line* (Línea digital de abonado de alta velocidad). Sistema de transmisión de datos de alta velocidad que utiliza dos pares trenzados. Se consiguen velocidades superiores a 1 Mbps en ambos sentidos.
HDX	*Half-Dúplex* (Semidúplex).
Hiperenlace	Vínculo entre distintos documentos Web o entre diversas partes de un documento Web.
Host	Anfitrión. Ordenador conectado a Internet.
HTML	*Hyper Text Mark-up Language* (Lenguaje de marcación de hipertexto). Lenguaje que interpretan los navegadores para ofrecer el contenido de una página Web.
HTTP	*Hyper Text Transfer Protocol* (Protocolo de transferencia de hipertexto). Es un protocolo utilizado para transmitir el contenido de las páginas Web desde un servidor a un programa navegador.
HTTPS	*Hyper Text Transfer Protocol Secure* (Protocolo de transferencia de hipertexto seguro). Es un protocolo utilizado para transmitir el contenido de las páginas Web en Internet de modo que la información asociada se envía cifrada, por lo que, en principio, no podrá ser interpretada si alguien la intercepta dentro de la Red.
Hub	Concentrador elemental en una red Ethernet, que retransmite los datos que recibe de una estación a todas las demás estaciones que se encuentran conectadas a él.

Hz	*Hertz* o hercio. Unidad de medida de la frecuencia, que representa el número de oscilaciones completas por segundo de una señal.
IAB	*Internet Architecture Board* (Junta Directiva para la Arquitectura de Internet). Organismo que asume las decisiones en cuestiones técnicas y políticas sobre Internet.
IANA	*Internet Assigned Number Authority*. Organismo que estaba encargado de asignar las direcciones IP dentro de Internet y que ha sido sustituido por la ICAAN (*Internet Corporation for Assigned Names and Numbers*).
ICAAN	*Internet Corporation for Assigned Names and Numbers*. Organismo encargado de la asignación de direcciones IP dentro de Internet.
IETF	*Internet Engineering Task Force* (Grupo de Trabajo de Ingeniería de Internet). Organización constituida por un grupo de expertos que se encargan del desarrollo de nuevos protocolos para Internet.
IKE	*Internet Key Exchange* (Intercambio de claves en Internet). Mecanismo de distribución de claves basado en un sistema de clave pública.
IMAP	*Internet Messages Access Protocol* (Protocolo de acceso a mensajes de Internet). Se utiliza para el acceso a buzones de correo electrónico, como una alternativa al protocolo POP (*Post Office Protocol*).
Infovía	Red de acceso a Internet puesta en marcha por Telefónica en 1996. Pese a las críticas que suscitó durante su existencia por su deficiente calidad de servicio, posibilitó el desarrollo del mercado de los proveedores de acceso a Internet en España, al facilitar la conexión con una tarifa de llamada local desde cualquier parte de la geografía nacional.
Integridad	Función de seguridad que permite garantizar que el contenido de una comunicación no ha sido manipulado ni modificado.
Internet	Es el sistema global de redes de ordenadores, basado en los protocolos TCP/IP y en el que participan organismos públicos, empresas, universidades e, incluso, particulares desde sus hogares.

InterNIC	Organismo que registra las direcciones IP y los nombres de dominio en Internet.
Interoperabilidad	Capacidad que presentan distintos sistemas informáticos de poder comunicarse e interactuar entre sí.
Intranet	Conjunto de ordenadores y equipos conectados en red y en un ámbito privado, utilizando los protocolos TCP/IP para su gestión. Su finalidad es compartir recursos e información.
IP	Protocolo básico de Internet, encargado de encaminar los paquetes de información a través de las distintas redes que la constituyen.
IP Multicast	Variante del protocolo IP que permite la transmisión de información en tiempo real a un grupo de usuarios (direcciones IP) definido.
IPSec	*Internet Protocol Secure* (Protocolo de Internet seguro). Nuevo protocolo de Internet que permite la construcción de redes privadas virtuales y la transmisión segura de datos en un entorno abierto.
IPX	Protocolo similar a IP desarrollado por la empresa Novell.
IRC	*Internet Relay Chat* (Canal de charla de Internet). Sistema que permite transmitir texto entre varios usuarios en tiempo real a través de un servidor central, facilitando de este modo el establecimiento de conversaciones multiusuario *on-line*.
ISDN	*Integrated Services Digital Network* (Red digital de servicios integrados). Red desarrollada por los operadores de telecomunicaciones con la intención de sustituir el sistema telefónico analógico por uno digital que permita integrar nuevos servicios (transmisión de voz, vídeo, datos...).
ISO	*International Standards Organization* (Organización de estándares internacional).
ISOC	*Internet Society* (Sociedad de Internet). Organización sin ánimo de lucro que se encarga de definir los estándares de Internet.
ISP	*Internet Service Provider* (Proveedor de servicios de Internet). Empresa que proporciona acceso a Internet y otra serie de servicios relacionados, como el hospedaje de páginas Web o los buzones de correo electrónico.

Itinerancia	En un sistema de telefonía móvil, capacidad de seguimiento de la posición de los terminales móviles.
ITU	*International Telecommunications Union* (Unión Internacional de Telecomunicaciones). Organismo internacional encargado de definir los estándares en el sector de las telecomunicaciones.
Jitter	Parámetro que hace referencia al tiempo de variación de llegada de paquetes de datos en una comunicación a través de una red IP.
JPEG	*Joint Photographic Experts Group* (Grupo de expertos en fotografías). Se trata de un estándar para la compresión de imágenes, con una elevada tasa de compresión a cambio de una cierta pérdida de calidad de la imagen (sistema de compresión con pérdidas).
Kbps	Kilobit por segundo. Velocidad de transmisión de mil bits por segundo.
KHz	Mil hercios.
LAN	*Local Area Network* (Red de área local). Un tipo de red de ordenadores que facilita la interconexión entre PC, terminales, estaciones de trabajo, servidores, impresoras y otros periféricos a una alta velocidad sobre distancias cortas.
Layer	Capa. Se refiere a los distintos niveles en los que se estructuran los protocolos de comunicaciones.
MAC	*Media Access Control* (Control de acceso al medio). Protocolo que define las condiciones en las cuales las estaciones de trabajo acceden a un medio compartido. Se emplea especialmente en las redes de área local.
MAN	*Metropolitan Area Network* (Red de área metropolitana). Este término describe a una red con una extensión geográfica que abarca un área metropolitana o un campus universitario y que puede ofrecer elevadas tasas de transferencia de datos a sus usuarios.
Mbps	Megabit por segundo. Velocidad de transmisión de un millón de bits por segundo.
MHz	Un millón de hercios.

MIME	*Multipurpose Internet Mail Extensions* (Extensiones multipropósito de correo de Internet). Estándar que permite la inclusión de ficheros adjuntos en un mensaje de correo electrónico.
Módem	Modulador-Demodulador. Dispositivo que permite convertir las señales digitales en analógicas (y viceversa) para que puedan ser transmitidas (recibidas) por la red telefónica básica (que funciona en modo analógico).
MPEG	*Moving Picture Experts Group* (Grupo de expertos en imágenes en movimiento). Familia de estándares para la compresión de audio y vídeo.
MTU	*Maximum Transmission Unit* (Unidad máxima de transmisión). Tamaño máximo de un paquete de datos en el protocolo IP.
Muestreo	Proceso mediante el cual se representa una señal continua por medio de valores discretos de ella, denominados muestras (*samples*).
Multiplexación	Técnica que permite la transmisión simultánea de varias señales a través de un mismo canal o medio compartido, sin que interfieran entre sí.
Navegador	Programa que interpreta el código generado en lenguaje HTML para ofrecerlo visualmente en forma de página Web.
NCP	*Network Control Protocol* (Protocolo de control de red).
Network	Traducción al inglés de la palabra "Red".
NetBEUI	Interfaz de usuario de NetBIOS extendida. Se trata de una implementación del protocolo de red NetBIOS.
NetBIOS	Sistema básico de entrada/salida de red. Es un protocolo diseñado para pequeñas redes de ordenadores personales.
Netiquette	Formas y usos comunes para la utilización de los servicios de Internet. Se podría considerar como las "reglas de cortesía y educación" de los usuarios de Internet.
NetWare	Sistema operativo de Novell para gestionar redes locales.
Newsgroups	Grupos de noticias. Servicio de Internet con una estructura de "tablón de anuncios", con una división en temas y áreas de interés que configuran distintos grupos de debate virtuales. En la actualidad existen varias decenas de miles

	de estos grupos de debate en la Red y los usuarios de cada uno de estos grupos pueden dejar o responder a mensajes electrónicos relacionados con la temática del mencionado grupo.
NFS	*Network File System* (Sistema de archivos de red). Protocolo para compartir unidades de red en un entorno UNIX, desarrollado por la empresa Sun Microsystems.
NIC	*Network Interface Card* (Tarjeta de interfaz de red). Tarjeta encargada de la transmisión y recepción de datos en un ordenador conectado a una red.
Nodos	Puntos en los cuales se ubican equipos de procesamiento de datos en una red, de los que parten los enlaces que constituyen el esqueleto de la red.
NMT	*Nordic Mobile Telephone* (Telefonía móvil nórdica). Uno de los estándares de telefonía móvil analógica de primera generación, utilizado en los países nórdicos.
NREN	*National Research and Education Network* (Red nacional de la educación y la investigación). Una de las redes de datos de alta capacidad surgidas fruto de la extinción de ARPANET y que, actualmente, forma parte del corazón de Internet.
NSFNet	*National Science Foundation Network* (Red de la Fundación Nacional para la Ciencia). Red creada en Estados Unidos en 1986 y que, gracias al apoyo de la Administración norteamericana, se encargó de mantener los enlaces de datos entre los grandes centros de supercomputación del país, constituyendo de este modo uno de los pilares de lo que hoy en día es Internet.
TNP	*Network News Transport Protocol* (Protocolo de transporte de noticias de red). Protocolo específico para el acceso a los grupos de noticias.
OSI	*Open System Interconnection* (Interconexión de sistemas abiertos). Modelo definido por la organización de estándares ISO, que permite estructurar los problemas asociados a la conectividad de equipos informáticos en siete capas, cada una de las cuales debe ofrecer una serie de servicios empleando para ello determinados protocolos de comunicaciones.

PAP	*Passwords Authentication Protocol* (Protocolo de autenticación de contraseñas). Mecanismo que permite restringir el acceso a una red mediante un sistema de identificación basado en un nombre de usuario y una contraseña.
Par trenzado	Cable de par trenzado de cobre. Existen varios tipos y son utilizados para la construcción de redes de área local, redes de telefonía, etcétera.
PBX	*Private Branch Exchange.* Central de conmutación privada que permite el acceso al sistema de telefonía pública desde las extensiones internas de una organización.
PGP	*Pretty Good Privacy* (Privacidad bastante buena). Sistema criptográfico que permite cifrar los mensajes de correo electrónico, basado en un algoritmo de clave pública.
Phreaker	Saboteador de redes telefónicas con el objetivo de realizar llamadas gratuitas.
PKI	*Public Key Infraestructure* (Infraestructura de seguridad de clave pública).
PLC	*Power Line Communication.* Tecnología de comunicación que permite transmitir señales de datos a través de las líneas de baja tensión de las compañías eléctricas.
Portadora	Señal sobre la que se realizan las modulaciones que incorporan la información que se desea transmitir a través de un determinado canal.
POP	*Post Office Protocol* (Protocolo de estafeta de correos). Protocolo utilizado para el acceso y gestión de buzones de correo electrónico.
PPP	*Point to Point Protocol* (Protocolo punto a punto). Es un protocolo que permite establecer conexiones a una red IP de forma remota a través de líneas telefónicas conmutadas.
PPTP	*Point to Point Tunnelling Protocol* (Protocolo de tunelización punto a punto). Protocolo que simula la construcción de un túnel dentro de una red IP, para que la información pueda viajar de forma segura entre equipos conectados a dicha red.
Protocolo	Conjunto de reglas que definen cómo se debe establecer y ordenar la comunicación de datos entre dos o más equipos.

Proxy	Aplicación informática que incorpora varias funciones de seguridad para una red local en su conexión a Internet (registro de conexiones, configuración de los permisos de los usuarios, etcétera) y que permite actuar de intermediario entre los equipos locales y los servicios de Internet.
PSTN	*Public Switched Telephone Network* (Red telefónica pública conmutada).
Puente	Dispositivo también conocido como *bridge*, que permite la conexión de diversas redes LAN que empleen protocolos similares en el control de acceso al medio, integrándolas en una sola.
Puerta de enlace	Dispositivo también conocido como *gateway*, que permite la traducción completa de una pila de protocolos para facilitar la interconexión de sistemas inicialmente incompatibles.
QAM	*Quadrature Amplitude Modulation* (Modulación de amplitud en cuadratura). Sistema de modulación digital para la transmisión de datos.
QOS	*Quality Of Service*. Calidad de servicio en una red de telecomunicaciones.
RADIUS	*Remote Authentication Dial-In User Service* (Servicio de autenticación de conexiones de usuarios remotos). Mecanismo que permite restringir el acceso remoto a una red mediante un sistema de identificación basado en un nombre de usuario y una contraseña.
RDSI	Red digital de servicios integrados. Red desarrollada por los operadores de telecomunicaciones con la intención de sustituir el sistema telefónico analógico por uno digital que integre nuevos servicios (voz, vídeo, datos...).
Red conmutada	Red de telecomunicaciones que utiliza centrales y equipos de conmutación para establecer los enlaces entre sus usuarios.
Red en estrella	Red constituida por una estación central (que realiza las funciones de conmutación) y varias estaciones remotas.
Red en malla	Red constituida por varias estaciones directamente interconectadas entre sí, sin que exista ninguna estación central que realice las funciones de conmutación.

Red Iris	Organismo dependiente del Consejo Superior de Investigaciones Científicas, pionero en la introducción de Internet en España.
Redundancia	Información digital que se agrega a un mensaje para facilitar la detección y/o corrección de errores en la transmisión.
RFC	*Request For Comment* (Petición de comentarios). Serie de documentos iniciada en 1967 que describe el conjunto de protocolos de Internet. Los RFC son elaborados por la comunidad Internet.
RJ-11	Conector estándar telefónico de dos hilos.
RJ-45	Conector estándar de ocho hilos utilizado para las redes de área local.
Roaming	Véase Itinerancia.
Router	Encaminador. Dispositivo de interconexión de redes, que se encarga de encaminar cada paquete de información recibido hacia su destino a través de la Red.
RSVP	*Resource Reservation Protocol* (Protocolo de reserva de recursos). Protocolo utilizado para reservar recursos para garantizar la calidad de una determinada comunicación a través de una red IP.
RTB	Red telefónica básica. Red telefónica para la transmisión de voz analógica.
RTC	Red telefónica conmutada. Red telefónica para la transmisión de voz. Incluye la RTB (analógica) y la RDSI (digital).
RTCP	*Real Time Control Protocol* (Protocolo de control en tiempo real). Protocolo utilizado para controlar los parámetros de una transmisión de información en tiempo real como, por ejemplo, audio y vídeo en una sesión de videoconferencia.
RTP	*Real Time Protocol* (Protocolo de tiempo real). Protocolo utilizado para la transmisión de información en tiempo real.
RTSP	*Real Time Streaming Protocol*. Protocolo utilizado para la transmisión de un flujo de datos en tiempo real. Permite la ejecución de ficheros sin que su descarga se haya realizado completamente, por lo que es el más indicado para la retransmisión de eventos en directo (conciertos de música, charlas, conferencias, etcétera).

Ruido	Perturbaciones no deseadas que pueden degradar la información transportada por una señal.
Ruta	Sucesión de enlaces que conducen la información a través de una red, desde su origen hasta su destino.
Satélite de comunicaciones geoestacionario	Satélite estacionado en una órbita ecuatorial, siempre en la misma posición respecto a la Tierra ("geoestacionario"), cuya función es retransmitir las señales que recibe, desde un punto de la Tierra, hacia una región de ésta.
Satélite de órbita baja	Satélites no estacionarios cuyas distancias desde la Tierra son de entre 200 y 2.000 kilómetros.
Script CGI	Aplicación que permite acceder a través del Web a un sistema de información o una base de datos.
SDH	*Synchronous Digital Hierarchy* (Jerarquía digital síncrona). Se trata de un estándar que determina las interfaces de señal para los enlaces de fibra óptica de alta capacidad.
SDSL	*Symmetric Digital Subscriber Line* (Línea de abonado digital simétrica). Sistema de transferencia de datos de alta velocidad en líneas telefónicas analógicas.
Señalizar	Proceso mediante el cual se envía una señal de control desde un equipo a otro conectado a una red o sistema de telecomunicación.
Servidor	Ordenador que comparte un recurso con el resto de los equipos informáticos que forman parte de una red.
Sistema de identificación biométrico	Sistema que permite garantizar la autenticación mediante el reconocimiento de un atributo físico del sujeto (huella dactilar, iris del ojo, voz, etcétera).
SMTP	*Simple Mail Transfer Protocol* (Protocolo de transferencia de correo sencillo). Es el protocolo utilizado para el envío de mensajes de correo electrónico. Permite la transmisión de los mensajes entre diversos servidores dentro de Internet.
Sniffer	Programa que permite rastrear los paquetes de información que circulan por Internet en busca de información.
Software	Aplicaciones o programas informáticos que se ejecutan en los ordenadores.
SONET	*Synchronous Optical Network* (Red óptica síncrona). Estándar definido por ANSI (Estados Unidos) que

	determina las interfaces de señal para los enlaces de fibra óptica de alta capacidad y que es el equivalente al estándar europeo SDH.
Spam	Correo electrónico enviado sin consentimiento ni aprobación del destinatario.
SSL	*Secure Sockets Layer* (Capa de *sockets* segura). Protocolo desarrollado por Netscape que ofrece funciones de seguridad para las comunicaciones entre un navegador y un servidor Web sobre redes TCP/IP.
STP	*Shielded Twisted Pair* (Par trenzado apantallado).
Switch	Concentrador "inteligente" en una red Ethernet, que retransmite la información recibida sólo por el puerto al que se encuentra conectado el equipo al que va dirigida la información.
TACS	*Total Access Communication System* (Sistema de comunicación de acceso total). Sistema de telefonía móvil analógica de primera generación, comercializado en España por Telefónica bajo la marca Moviline.
TCP	*Transport Control Protocol* (Protocolo de control de transporte). Es el protocolo encargado de descomponer y recomponer la información en paquetes para que puedan ser transmitidos por la red, así como de garantizar la comunicación libre de errores extremo a extremo (reordenación de paquetes, gestión de retransmisiones, control del flujo, etcétera).
TCP/IP	*Transport Control Protocol/Internet Protocol* (Protocolo de control de transporte/protocolo de Internet). Término utilizado para denominar a la familia de protocolos que rigen el funcionamiento de Internet.
TDM	*Time Division Multiplexing* (Multiplexación por división en el tiempo). Es una técnica de multiplexación basada en la división de los períodos de transmisión, de tal modo que cada comunicación sólo podrá utilizar unos determinados intervalos de tiempo (*slots*).
TDMA	*Time-Division Multiple Access* (Acceso múltiple por división de tiempo). Método de acceso a un medio compartido basado en TDM.
Telefonía IP	Sistema de telefonía a través de Internet que pretende aprovechar la ventaja de comunicarse con cualquier parte

	del mundo al coste de una llamada local (coste de una conexión a Internet). Si bien es una alternativa muy atractiva por su coste, actualmente no ofrece los mismos parámetros de calidad que la telefonía tradicional.
Telnet	Protocolo y aplicaciones que permiten la conexión remota a un ordenador a través de Internet.
Time out	Parámetro que indica a un programa el tiempo máximo de espera antes de abortar una tarea o función.
Token-Ring	Protocolo utilizado en algunas redes locales en anillo, basado en una técnica de control de acceso al medio mediante el paso de testigo (*token*).
Topología	Hace referencia a la disposición, física o lógica, de una red. Así, por ejemplo, en las redes locales se habla de topología en bus, en estrella o en anillo.
Tunneling	"Tunelización". Técnica de encapsulamiento de paquetes de información que simula la creación de un túnel dentro de una red pública, para garantizar que los datos viajan de forma segura hasta llegar a su destino.
UDSL	*Universal ADSL*. Hace referencia a los servicios de ADSL que ofrecen entre 0,5 y 1 Mbps de capacidad de descarga de información.
UMTS	*Universal Mobile Telecommunications System* (Sistema de telecomunicaciones móviles universal). Sistema de telefonía móvil digital de tercera generación.
URL	*Uniform Resource Locator* (Localizador uniforme de recursos). Sistemas de direcciones que permiten identificar recursos dentro de Internet (páginas Web, servidores FTP, direcciones de correo…).
UTP	*Unshielded Twisted Pair* (Par trenzado sin apantallar). Existen varios tipos y son utilizados para la construcción de redes de área local.
UNIX	Popular sistema operativo con un importante soporte a los protocolos y aplicaciones de Internet.
VBNS	*Very-High-Speed Backbone Network Service* (Servicio de red troncal de muy alta velocidad). Una de las entidades surgidas fruto de la extinción de ARPANET y que, actualmente, constituye en parte el núcleo central de Internet.

vCard	*Virtual Card* (Tarjeta virtual). Tarjeta de visita en formato electrónico que contiene una relación de datos acerca de un usuario de Internet.
VDSL	*Very high data rate asymmetric Digital Subscriber Line.* Tecnología que permite velocidades superiores a 25 Mbps de descarga de información.
Veronica	*Very Easy Rodent-Oriented Network Index to Computerized Archives.* Herramienta complementaria del servicio Gopher, que permite realizar búsquedas por palabras clave.
Virus	Programa que se duplica a sí mismo en un sistema informático, incorporándose a otros programas que son utilizados por varios sistemas. Estos programas pueden causar problemas de diversa gravedad en los ordenadores.
VPDN	*Virtual Private Dial-In Network.* Red privada virtual a la que se accede a través de un acceso conmutado (no se dispone de un acceso dedicado).
VPN	*Virtual Private Network* (Red privada virtual). Una red de comunicaciones perteneciente a una organización que utiliza enlaces sobre redes públicas para transmitir de forma económica y segura los datos entre sus distintas delegaciones.
WAIS	*Wide Area Information Servers* (Servidores de información de área amplia). Permiten búsquedas de información en distintas bases de datos presentes a lo largo de Internet.
WAN	*Wide Area Network* (Red de área amplia). Es una red que cubre grandes distancias geográficas, utilizando enlaces X.25, Frame Relay o ATM.
WAP	*Wireless Application Protocol* (Protocolo de aplicaciones inalámbricas). Protocolo que permite acceder a la información de Internet desde un teléfono móvil.
Webpage	Página Web. Es un concepto más restrictivo que Website, por cuanto hace referencia al contenido que se puede ver bajo una sola pantalla presentada por el navegador.
Website	Conjunto de páginas Web pertenecientes a una organización que se puede localizar en una misma dirección de Internet.
Whois	Sistema que permite el acceso a bases de datos de personas y entidades en Internet. Un ejemplo lo constituye el acceso a los datos de los registradores de un dominio específico.

Windows XX	Diversas versiones de los sistemas operativos de Microsoft.
WLAN	*Wireless LAN*. Red local inalámbrica.
WWW	*World Wide Web*. Servicio de publicación de contenidos y acceso a la información basado en páginas que incluyen contenidos multimedia e hiperenlaces que facilitan la navegación por dichas páginas.
X.25	Protocolo utilizado en las redes de conmutación de paquetes, que ofrece servicios orientados a conexión sobre circuitos virtuales.
X.509	Estándar que define el formato de un certificado digital.

BIBLIOGRAFÍA

BLACK, U. (1999): Tecnologías emergentes para Redes de Computadoras, 2ª ed., Prentice-Hall.

COLE, E.; KRUTZ, R.; CONLEY, J. (2005): Network Security Bible. John Wiley & Sons.

DERFLER, F. (1998): Descubre redes LAN y WAN, Prentice-Hall.

FEIT, S. (1998): TCP/IP. Arquitectura, protocolos e implementación, 2ª ed. McGraw-Hill.

FLUCKIGER, F. (1995): UNDERSTANDING Networked Multimedia. Applications and Technology. Prentice-Hall.

GÓMEZ VIEITES, A. (2006): Enciclopedia de la Seguridad Informática. Ra-Ma, Madrid.

GÓMEZ VIEITES, A.; SUÁREZ REY, C. (2009): Sistemas de Información, herramientas prácticas para la gestión empresarial. Ra-Ma, Madrid.

HALSALL, F. (2006): Redes de computadores e Internet, 5ª ed. Addison-Wesley.

HUITEMA, C. (1995): Routing in the Internet. Prentice-Hall.

KESHAV, S. (1997): An Engineering Approach to Computer Networking, Addison-Wesley.

MCDYSAN, D. E.; SPOHN, D. L. (1995): ATM - Theory and Application. McGraw-Hill.

MITNICK, K.; SIMON, W. (2005): The Art of Intrusion. John Wiley & Sons.

PERLMAN, R. (2000): Interconnections Second Edition: Bridges, Routers, Switches and Internetworking Protocols. Addison-Wesley.

SCAMBRAY, J.; MCCLURE, S.; KURTZ, G. (2001): Hacking Exposed: Network Security Secrets & Solutions, 2.ª ed. Osborne/McGraw-Hill.

SCHNEIER, B. (1994): Applied Cryptography, John Wiley & Sons.

SHEMA, M. (2002): Anti-Hacker Tool Kit. Osborne/McGraw-Hill.

SPURGEON, C. E. (1997): Practical Networking With Ethernet. Thomson Computer Press, 1997.

STALLING, W. (1998): Cryptography and Network Security. Prentice-Hall.

TANENBAUM, A. S. (2003): Computer Networks, 4ª ed. Prentice-Hall.

ÍNDICE ALFABÉTICO

Q

R

Made in the USA
Columbia, SC
29 March 2023

14061711R20180